關公崇拜溯源

胡小偉——著

從手持偃月刀到身騎赤兔馬，
那些你以為的關羽形象居然都是假的？

鳳目蠶眉裹綠絳，縱身赤兔顯英豪。
忠肝豹膽雄天下，哪個能逃偃月刀？

自說唱平話至雜劇戲曲，從滿漢貴胄到蒙藏邊民。
時至今日，關老爺的魅力依舊無人能及！

目錄

目錄

第三章　漢民族的自覺與關羽崇拜

第四章　關公信仰的普及

附錄　關公信仰形成發展簡明年表

再版後記

一個特立獨行的人（代序）

—— 懷念胡小偉先生

我和胡小偉先生相識是在一九七五年。當時胡先生在秦皇島農村中學教書，我在河北師範學院教書 —— 原在北京的河北北京師範學院搬到河北宣化，校名去掉「北京」二字，成了河北師範學院；後又搬到石家莊，與河北師大合併成為新的河北師範大學。河北北京師範學院這個學校很老，最早可以追溯到順天府學堂（西元一九〇二年）和順天府高等學堂（西元一九〇七年）。這所學校在強手如林的在京高校中，也堪稱實力雄厚。以我所知的歷史專學而言，著名史學家賴家璧、李光度、胡如雷、苑書義等都在該校任教，中文系有著名語言學家朱星。胡小偉是在這裡畢業的。他在秦皇島教書時，想調到宣化的河北師院工作，但沒有實現。他的同學錢競在那裡講授文藝理論，與我是同事。他來找錢競，我們自然就認識了。印象中他說話嗓門很大，常常哈哈大笑。蘇叔陽先生是他和錢競的大學班主任，我的大學校友，蘇叔陽比我高兩屆。我與蘇叔陽在一九六七年認識，當時是「文化大革命」中，首都大專院校有所謂「天派」和「地派」，兩派各編排演出一臺大歌舞劇互相爭勝，都是模仿《東方紅》大歌舞劇的架勢。參加創作和演出的都是各校師生，創作、排練都在北京體育學院的場館和宿舍。我和同學 —— 人大中文系學生左正一起參加「天派」大歌舞創作，蘇叔陽先生，還有楊金亭先生（後任《詩刊》副主編、中華詩詞學會顧問）作為河北北京師院中文系老師也參加創作組。我們以此結為朋友，這是一層關係；

代序

一九七四年我到宣化的河北師範學院教書，與在那裡工作的錢競成了同事，又認識了他的同學胡小偉，這又是一層關係。掐指一算，五十多年過去了。現在錢競、小偉、蘇叔陽及左正（後為作家）四位朋友都駕鶴西去，正是「知交半零落」，令人不勝唏噓！

胡小偉先生是一個什麼樣的人呢？胡先生去世的追思會我沒能參加，但我為追思會寫了四個字：「特立獨行」。他是個特立獨行的人，很特別、很自我，不在乎別人的看法、不在乎周圍的輿論。不管！就要做我胡小偉，認準一個方向往前走。在中國社會科學院文學研究所做關公文化研究是他的選擇。他認為關公文化是一個大題目，關公文化是中華民族精神的重要體現。經過艱苦的研究，在二〇〇五年出了五卷本的《中國文化史研究·關公信仰研究系列》。在他的推動下，中國文物保護基金會成立關公專項基金管理委員會。關公文化研究的等級一下子提高了，從民間信仰進入學術領域，從文化愛好者的領域提高到學術研究領域。推動深入研究關公文化是他的重大貢獻。他的足跡遍及全國各地的關帝廟、老爺廟、文武廟，研究視野很寬廣，臺灣以及亞洲各國、俄羅斯、美國各地的關公信仰都進入考察範圍。凡是關公文化界的朋友都對他很崇敬。

研究關公，崇拜關公的人，自然也就濡染了關公的忠義、豪邁精神。這在小偉身上表現得很突出。他是一位很與眾不同的人。長期以來，文人之間缺乏包容，社會對與眾不同的人也缺乏包容。特別是「文化大革命」，好多人彼此之間都成了鬥爭關係、競爭關係，不是你上就是我下，甚至是你死我活。胡先生在個性上很強勢，但又顯現出與世無爭的態度，遇到矛盾就繞道走，絕不為自己爭什麼。當今工作、生活中最大的問題是房子和職位，但是他都置之度外。他從不去爭教職員工宿舍，也不申報職稱。他家住海澱區人大萬泉河一帶，離辦公的地方很遠。學院在分宿舍，他不爭。天大的事啊，不爭！他的強勢是在自己認定的工作上付出艱苦努力，完成自己定下的任務，但同時在其他方面又與世無爭。這兩個很矛盾的面向，同時體現在胡先生身上。人活一輩子不容易，活出自我更不容易，多數人活不出自我。很多人是為了活給別人看。胡先生是活出自我的，至於你們怎麼看我我不在意。這是人生的一種境界。有人不理解，說你是否應該對別人的意見多少在意些、多少遷就些，社會就會對你怎麼樣怎麼樣，但那不是小偉的風格。人是多樣的，不能要求人人千篇一律，按同一個模式發展。如果每個人都能活出自我，就能極大發揮個人的創造性，創造性就會更豐富，社會就會更多彩。個性更張揚，貢獻就更大了。如果所有人的稜角都磨平了，所有的人都唱同個調、說同一種話，社會將會缺乏光彩。不是胡小偉需要退讓，而是大家都該充分展現己身性格，同時又能互相包容。展現自己特別的那一面。不是要人損人利己，妨礙別人，而是要充分發揮自己的特長和創造性，做有益於公眾、有益於文化傳承的事業。

一九七八年恢復考試制度，同時首次招收授予學位的研究生。我和錢競、小偉報考研究生，而且都被錄取了。來北京複試時，我竟然和小偉排在同一個隊伍裡等候體檢。那時真是有「科學的春天」的感覺。小偉與錢競在中國社科院研究生院研讀三年之後，進了社科院文學所。兩人再次同學，而且成了同事，後來都各有所成。我則是進入中國人民大學再學習，畢業後留校教書。當時這批研究生被戲稱為「黃埔一期」，是頗感榮耀的。「文革」十年，成千上萬的大學畢業生沒有繼續深造的機會，還有無數渴望進入大學學習的各級中學生。在激烈的競爭中能再回到學校讀書，是多麼不容易！這時蘇叔陽先生已經是著名作家。「文革」期間他堅持創作不懈，寫小說、寫話劇，有時還寫首歌詞、作個小曲什麼的。但多年東奔西走，不得要領，不被認可，甚至挨罵。家人對他說你一天到晚寫劇本有什麼用？每天只能灰頭土臉地回家。這是老同學左正和我說的。粉碎「四人幫」，把一切顛倒的東西又翻轉過來了。蘇叔陽的話劇《丹心譜》一炮打響，創造力突然得以釋放，作品如井噴一般湧現。後來蘇先生不幸得了癌症，但他十分樂觀頑強，被譽為抗癌明星。差不多二十年吧，他還是活躍於各界，出席各種活動。我與蘇先生常常在不同場合見面，每次讚賞他生命力頑強之餘，也往往談到他的兩位高徒錢競和小偉。

「文革」十年，包括此前許多年，知識分子被視為資產階級，是接受改造的對象，整個社會氛圍不利於知識分子發展。小偉等這批人，大學畢業時分配工作的方針是「四個面向」：面向工礦、面向農村、面向部隊、面向邊疆。胡小偉到煤礦挖煤去了，跟他們的文學志趣遠離得不是一點半點！在艱難的環境下，這批人還滿懷理想，保有朝氣，真不容易。他們具有頑強的生活意志，越挫越勇，也是在這種環境下鍛鍊出來的。現在有部分年輕人缺乏奮鬥精神，躺平了。躺平是他們表達態度的一種方式，是一種特有的社會現象。我則希望現在的年輕人，能多少繼承一些老一輩努力進取的精神。老一輩知識分子不懈地追求自己的理想，經受長時期的磨礪和鍛鍊，也表現出他們那個時代的特點，透過自己的艱苦努力為社會、為時代作出了奉獻，多多少少都留下了一些東西。小偉、錢競、左正、蘇叔陽先生都離我們遠去了，一個時代也漸漸遠去了。我們今天懷念老朋友，同時也回顧那一段歷史，回顧這批人的思想、情懷，表現和成就，這在社會史上和文化史上也是值得給予關注和研究的。今天我們閱讀胡小偉的《關公崇拜溯源》，如果不僅僅是從中得到對於關公文化的認知和思考，同時也能夠領會小偉先生那一代知識分子努力奮發的精神軌跡，那麼得到的收穫將會遠遠超越關公文化之外。

言不盡意。懷念胡小偉先生，祝賀《關公崇拜溯源》再版！

毛佩琦

二〇二一年十一月十一日

於北京昌平之壟上

自序

出於個人學術興趣，我曾經花費二十年時間，尋求中國歷史上對於三國時代蜀將關羽崇拜文化的由來演進。

說來由於《三國志演義》及戲劇、說書的影響，對於關羽崇拜，幾乎人人都是「知其然，而不知其所以然」。作為歷史人物，關羽在正史《三國志》中得到的評價實在並不算高。陳壽曾批評他「剛而自矜」，「以短取敗，理數之常也」。但陳壽怎麼也不會料想到，千載以後關羽居然能壓倒群雄，晉升為整個中華民族「護國佑民」的神祇。明清間一度遍布全國城鄉的「關帝」廟宇，不但使劉備、曹操、孫權這些三國時代的風雲人物黯然失色，就連「萬世師表」的文聖人孔夫子也不得不退避三舍。清代史學家趙翼對此也頗不解，他曾歷數關羽崇拜的過程並感慨道：

神之享血食，其盛衰久暫亦皆有運數，而不可意料者。凡人之歿而為神，大概初歿之數百年則靈著顯赫，久則漸替。獨關壯繆在三國、六朝、唐、宋皆未有禋祀，考之史志，宋徽宗始封為忠惠公，大觀二年加封武安王，高宗建炎三年加壯繆武安王，孝宗淳熙十四年加英濟王，祭於當陽之廟。元文宗天曆元年加封顯靈威勇武安英濟王。明洪武中復侯原封。萬曆二十二年因道士張通元之請，進爵為帝，廟曰「英烈」，四十二年又敕封「三界伏魔大帝神威遠鎮天尊關聖帝君」，又封夫人為「九靈懿德武肅英皇后」，子平為「竭忠王」，子興為「顯忠王」，周倉為「威靈惠勇公」，賜以左丞相一員為宋陸秀夫，右丞相一員為張世傑。其道壇之「三界馘魔元帥」則以宋岳飛代，其佛寺伽藍則以唐尉遲恭代。劉若愚《蕪史》云：「太監林朝所請也。」繼又崇為武廟，與孔廟並祀。本朝順治九年，加封「忠義神武關聖大帝」。今且南極嶺表，北極塞垣，凡兒童婦女，無有不震其威靈者，香火之盛，將與天地同不朽。何其寂寥於前，而顯爍於後，豈鬼神之衰旺亦有數耶？[001]

其實所說並不確切，至少在北宋仁宗年代，關羽已經具有官方封祀了，續後再論。清代關廟中的這樣一副對聯，頗能概括關羽在中國傳統社會中的歷史文化地位和巨大影響：

儒稱聖，釋稱佛，道稱天尊，三教盡皈依，式詹廟貌長新，無人不肅然起敬；

漢封侯，宋封王，明封大帝，歷朝加尊號，矧是神功卓著，真所謂蕩乎難名。

這是一個極有意思的現象，而且對審視中華民族的文化心理很有意義。說起來，在有關關羽的「造神」過程中，諸多文體，包括傳說、筆記、話本、戲曲、小說等，與民俗、宗教、倫理、哲學、制度互相影響，有著不可磨滅的功績。在某種意義上也可以說，關公是與中國古代小說、戲劇這些文體共相始終的一個形象。正是在這些人文因素的交互作用下，在清初文學中，關羽已被崇譽為集「儒雅」、「英靈」、「神威」、「義重」於一身，「做事如青天白日，待人如霽月光風」的「古今來名將中第一奇人」了。[002]

大約是「不識廬山真面目，只緣身在此山中」的緣故，盛行關公信仰的漫長時期中，歷代史家對於關羽崇拜的始末根由、曲折轉變，並沒

001 《陔餘叢考》卷三十五〈關壯繆〉。河北人民出版社 1990 年版，第 622 ～ 623 頁。

002 毛宗崗〈讀《三國志》法〉。

有認真的考探辨析。而近代文化斷裂後，中國文學史凡談論及此者，則率以「封建統治階級提倡」和「《三國演義》影響」為由，眾口一詞，幾成定論。美國匹茲堡大學社會學系主任楊慶堃（C. K. Yang）在一九六〇年代的專著《中國社會中的宗教——宗教的現代社會功能與其歷史因素之研究》被認為是以西方視角研究中國社會學的重要成果。在他擷取的全國八個代表性地區「廟宇的功能分配」中，就將關帝廟宇歸類為「C，國家」之「1，公民與政治道德的象徵」中「b，武將」一類，並論說道：

在當時全國性的人格神崇拜中，沒有比關羽更突出的了，關帝廟遍及全國。雖然這位西元三世紀的武將是作為戰神而被西方學者所熟知的，但就像大眾信仰城隍一樣，關公信仰造成了支持普遍和特殊價值觀的作用……神話傳說和定期的儀式活動，激勵著百姓對關公保持虔誠的信仰，使關公信仰得以不斷延續，歷經千年始終保持著其在民間的影響力。[003]

其實與文學史的說法相去不遠。從現在掌握的情況看，對於關公文化略近於現代方式的專題研究，是從一八四〇年由西方傳教士伯奇（Birch）的《解析中國之四：關帝保佑（Analecta Sincnsia, No4: The kwan Te Paou Heum）》開始的。國際知名漢學家李福清（B. Riftin）就說：

關帝信仰這個題目並不是新的題目，有許多國家的學者從十九世紀中葉就開始專門討論這個問題。[004]

003　楊慶堃《中國社會中的宗教》（*Religion in Society: A Study of Contemporary Social Functions of Religion and Some of Their Hisorical Factiors*）范麗珠等譯，世紀出版集團．上海人民出版社 2007 年版，第 155、157 頁。

004　〈關公傳說與關帝信仰〉，輯入《古典小說與傳說——李福清漢學論集》，中華書局 2003 年中譯本，第 61 頁。著者持贈，謹誌高誼。

自序

而中國人自己在現代意義上的研究，則以一九二九年容肇祖在廣州《民俗》雜誌發表的〈關帝顯身圖說〉為最早。1993 年饒宗頤在香港《明報月刊》上發表了一篇〈新加坡：五虎祠〉，副題則是「談到關學在四裔」。「關學」之說，無非強調此中關連甚多，內蘊豐厚，絕非僅持關帝廟或者《三國志演義》一端立論所可道盡的。

「文化研究」據說是當前現當代文學的研究熱點。但究竟何為「文化」，卻言人人殊，據說定義不下二百個。其實這本來是一個專有名詞，出自《周易·賁·象卦》的「觀乎天文，以察時變；觀乎人文，以化成天下」。日本人以此移譯源出拉丁文的 culture（詞根原意是耕種），也是來源於農耕文明，由此產生的歧義又多出一層。從先民說來，「文化」實際上應當是一個動詞。東漢《說文》言，「文，錯畫也」，「化，教行也」。「文」的本義就是「紋」，自然紋理和花紋帶給人美的感受，人們就樂意模仿。聖人所作的詩禮樂書也是美好的，人們如果也樂於模仿，那麼天下就都變得美好了。這就是以文治來教化天下的意思，道出了文化的親和力。後來又出現了對應的概念，比如劉向《說苑》:「凡武之興，為不服也，文化不改，然後加誅。」晉代束皙〈補亡詩·由儀〉說的:「文化內輯，武功外悠。」昭明太子蕭統注曰:「言以文化輯和於內，用武德加於外遠也。」[005] 又道出了文化的固有凝聚力問題。故唐代孔穎達《周易正義》解釋說：

> 言聖人觀察人文，則詩書禮樂之謂，當法此教而成天下也。

我認為，這才是今日文化學者亟應重視的核心問題。大概而言，文化現象雖然呈現出多元的狀況，但是價值體系——或者如唐君毅先生所謂民族「凝懾自固之道」——卻始終是「文化」問題的核心。當我

005 《昭明文選》卷十九。

們從多元聚焦到核心時，就是「文化研究」。這就是我對「文化」的理解，也是我研究關羽崇拜的主要旨趣和方法。

關羽崇拜豐富的文化內涵也引起了西方學者的興趣，同時引進了西方文化人類學的思考。美國學者魯爾曼（Robert Ruhlmann）在〈中國通俗小說與戲劇中的傳統英雄人物〉專章論述了關羽，認為他是一個「綜合型的英雄」。他既是武士，又是書生，並且具有帝王之相。他的故事說明了民間傳說與制度化宗教間的相互作用，也證明著故事文學中的英雄一旦受到官方崇拜，會再影響故事內容。由於這類英雄深入人心，也鼓勵官方設法把他們尊為值得推崇的行為楷模。但同時魯爾曼也陳述了他的困惑：

> 但關羽所代表的主要美德——忠義事實上有多方面的涵義，彼此很容易糾纏不清，而成為解不開的死結。關羽的故事說明同時為父母、朋友、君王、國家和正義盡責是何等困難。儘管官方傳記編寫人做了解釋，這位英雄人物仍表現出人生的複雜。[006]

如果說他與楊慶堃還是從「制度性宗教」和「分散性宗教」兩個不同線索展開論述的，帶有「古典學派」風格的話，那麼近年美國芝加哥大學歷史系教授杜贊奇（Prasenjit Duara）在他著作的前言中，就已自我定位為「對民族主義和民族國家的後現代解釋」，強調「『國家政權建設』和『權力的文化網路（Culture nexus of power）』是貫穿全書的兩個中心概念，兩者均超越了美國歷史學和社會科學研究的思維框架——現代化理論。」[007] 在利用一九四〇至一九四二年滿鐵株式會社的田野調

006 〈《三國志演義》研究、史論、小說、版本、影響〉，譯自《印第安納中國古典文學指南》。輯入（美）安德魯·羅《海外學者評中國古典文學》，濟南出版社 1991 年版，第 138 頁。

007 《文化、權力與國家——1900～1942 年的華北農村》，江蘇人民出版社《海外中國研究叢書》之一種，王福明譯。1996 年版。

查對於中國華北農村調查的史料時，他曾設立專節討論關羽何以成為「華北地區的保護神」問題，且「從歷史的角度」對鄉村關羽崇拜進行追究，結論是：

鄉村菁英透過參與修建或修葺關帝廟，使關帝越來越擺脫社區守護神的形象，而成為國家、皇朝和正統的象徵……關帝聖像不僅將鄉村與更大一級社會（或官府）在教義上、而且在組織上連接起來。

其實關羽崇拜就正是中國傳統社會「國家政權建設」和「權力的文化網路」的交集點。杜氏還主張，儘管社會各階層對於關羽崇拜的理解闡釋或有不同，「卻在一個語義鏈（semantic chain）上連繫起來……特定的解釋有賴於這種語義鏈，並在這種語鏈中產生出它的『意動力（conative strength）』。」[008] 不過限於題目，他無法，也不可能將以關羽崇拜為中心的鄉社祭祀變遷整理明晰，更不用說價值體系的建構過程了。

明清兩代，關羽已經赫然成為國家神，統攝三教，流布全國。用句形象比喻來說，彷彿三根支柱搭成了一個屋頂。但今日宗教學界各自獨立，似乎並不清楚歷史上關羽人而神、神而聖的提升過程，反而將之視為「民間信仰」。一九九〇年代陸續出版了兩種《中國道教史》，一卷本為任繼愈主編，四卷本為卿希泰主編，都是國家級的社科基金專著，卻沒有用多少篇幅談及關羽崇拜。二〇〇七年我曾應香港道教學院邀請，去做過三週短期講學，也會晤了一些道教界的領袖人物。據他們說是國家宗教局將關公信仰定性為「民間崇拜」的。現在佛、道、儒三家各有門牆，都在擴張自己的影響，發揮積極社會功能，自然不錯。只是忘記甚至放棄了長時期來經過「三教圓融」，共同建立起來的國家——民族信仰，不能不說是一個極大的遺憾。

008　同上，第 132 ～ 133 頁。

歷史學界也與此類似。海外華人史學家黃仁宇就表達過他的迷茫，在從現代軍事角度列舉了「失荊州」過程中關羽的種種失誤以後，他以為：

只有此書（按指陳壽《三國志》）之敘關羽，則想像與現實參半……以這樣的記載，出之標準的文獻，而中國民間仍奉之為神，祕密結社的團體也祀之為盟主，實在令人費解。[009]

其實就連開創乾嘉「樸學」先河的顧炎武，也同樣於此表示過疑問，他說：

今南京十廟雖有蔣侯，湖州亦有卞山王，而亦不聞靈響。而梓潼、二郎、三官、純陽之類，以後出而反受世人崇奉。關壯繆之祠至遍天下，封為帝君，豈鬼神之道，亦與時有代謝乎？

畢竟生活在「神道設教」的時代，緊接著他就找到了原因：

應劭言：平帝時，天地大宗已下及諸小神凡千七百所，今營寓夷泯，宰器闡亡。蓋物盛則衰，自然之道，天其或者欲反本也。而《水經注》引吳猛語廬山神之言，謂神道之事亦有換轉。[010]

信仰亦有代謝，本身就是歷史文化演進的正常形態。唯關羽信仰何以能夠「與時消息」，「與時偕行」，[011]經千載而不衰，歷六代而愈盛，似乎成為中國歷史文化一個不解之謎。

如果單以三國史籍立論，後世有關關羽的種種傳說故事自然是贋品，不勞分證。但「關羽崇拜」偏偏就是在這種情勢下歷代相沿，積微

009　黃仁宇《赫遜河畔談中國歷史》，北京三聯書店 1992 年版，第 56 頁。

010　欒保群、呂宗力校點《日知錄集釋》，河北花山文藝出版社 1992 年版，下冊，第 1348 頁。承校點者贈書，謹誌謝忱。

011　兩語實出《易經》。《易．豐卦》言：「日中則昃，月盈則食，天地盈虛，與時消息。」又《乾卦．文言》：「潛龍勿用，陽氣潛藏。見龍在田，天下文明。終日乾乾，與時偕行。」

見到，蔚成大觀的。其中傳說形態的產生、發展和變異，在不同時代呈現出不同的特點。陳寅恪在評審馮友蘭《中國哲學史》時，對於中國思想史曾有一段非常重要的議論，對我啟發頗大。他以為：

> 以中國今日之考據學，已足辨別古書之真偽。然而真偽者，不過是相對問題，而最要在能審定偽材料之時代及作者，而利用之。蓋偽材料亦有時與真材料同一可貴。如某種偽材料，若逕認為其所依託之時代及作者之真產物，固不可也。但能考出其作偽時代及作者，即據以說明此時代及作者之思想，則變為一真材料矣。中國古代史之材料，如儒家及諸子等經典，皆非一時代一作者之產物。昔人籠統認為一人一時之作，其誤固不俟論。今人能知其非一人一時之所作，而不知以縱貫之眼光，視為一種學術之叢書，或一宗傳燈之語錄，而斷斷致辯於其橫切方面，此亦缺乏史學之通識所致。[012]

本書即秉此宗旨，取法乎上。文學研究過去涉及這一課題，主要是從三國戲曲小說故事分析人物形象，或者是以民間敘事角度，從傳說入手探其流變。這當然都是必要的，但也只能反映出近現代關羽傳說的形態，而不能體現出歷史的傳承和曲折。作為一個長期的，影響廣泛的「活」信仰，關羽的形象從來沒有封閉、凝固在文字或傳說中，而是不斷發展變化。如何將各個不同時代的關羽形象，恰如其分地放置在具體生成的背景之中，突顯其變化的因果連繫，以及與同時代其他宗教、社會、民俗、政治、經濟等多種因素的互動影響，然後又如何展現在文學藝術之中，才是更富於挑戰性的課題。錢鍾書曾精闢剖析言：

012　〈馮友蘭中國哲學史審查報告〉，輯入陳寅恪《金明館叢稿二編》，上海古籍出版社 1980 年版，第 248 頁。

人文科學的各個對象彼此繫連，交互映發，不但跨越國界，銜接時代，而且貫穿著不同的學科。由於人類生命和智力的嚴峻局限，我們為方便起見，只能把研究領域圈得愈來愈窄，把專門學科分得愈來愈細。此外沒有辦法。所以，成為某一門學問的專家，雖在主觀願望上是得意的事，而在客觀上是不得已的事。[013]

我自知資質愚魯，屬於「生命和智力嚴峻局限」者，故須得另闢蹊徑，廣納百家，努力突破「圈得愈來愈窄」的研究範圍，也從不以某一學科的「專家」來標榜自己。蓋因關羽崇拜民間自有其傳承的渠道，包括千百年來口傳心授的法則祕訣從未載諸高文典冊者。本書引用的歷代方志，即是這一類饒有興味的證據。我的嘗試是在梳理材料，妥貼歸置的同時，進行「長時期」追蹤式描述。注重從典籍記載和民間資料（包括寺觀供奉和民俗崇拜方式）兩方面夾擊，並重視典籍之外的多重證據，突出關鍵時期的關鍵性的細節，力圖以多重證據求解這個隱藏著中華民族精神建構的「密碼」。

我所利用的「文本」也超出了傳統意義上的文字「典籍」。抱著對於歷史「了解之同情」，將地域民俗、歷代碑刻、造像藝術等亦作為歷史「文本」不可分割的部分，分別置於各自的時代地域環境之中，以便使上層「菁英」的論述回復到當年的文化語境中，復原其本來面目。也許可以說，這是一種歷史文化的「重構」(Reconstruction)。這裡主要借鑑了歷史學「年鑑學派」[014] 提出問題的方式，以便從關羽信仰的生成發

013 〈詩可以怨〉，原文為作者 1980 年 11 月 20 日在日本早稻田大學文學教授懇談會上的講稿。見文祥、李虹選編《錢鍾書楊絳散文》，中國廣播電視出版社 1997 年版，第 226 ～ 227 頁。編者持贈，謹誌高誼。

014 「年鑑學派」是在 20 世紀初歐美新史學思潮的影響下，由跨學科的史學雜誌《經濟與社會史年鑑》創刊號在〈致讀者〉中闡明了自己的宗旨：打破各學科之間的「壁壘」，明確提出了「問題史學」的原則，要求在研究過程中建立問題、假設、解釋等程序，從而為引入其他相關學科的理論和方

展作為特定視角，在縱向上探索中國傳統價值體系的建構和發展過程，一如黃仁宇《萬曆十五年》橫向解剖晚明政治和財政遭遇到的困境。

這種剖析不免關涉一些歷史和文化研究的熱門問題，如中國社會分期、唐宋及明代的幾次社會轉型、江湖社會、神道設教、儒學與「政教合一」、中華各民族紛爭融合中的漢民族意識形成和發展、晚明商業社會的形成、滿族入關前崇拜關公的祕密等等問題，都無由迴避。故筆者也冒昧涉險，從關羽崇拜的形成發展角度提出了自己的看法。目的只是從特定視角剖析這一問題的癥結，或者試圖提出一種新的思路，並非擅作專業性結論。

這種研究必須建立在豐富詳實的史料基礎之上。中國獨有的地方志資料和歷代碑刻構成了對於中國歷史文化述說的另一條經緯線，提供了許多豐富生動的細節，足以彌補官修斷代史的缺失；而社會學提倡的「田野調查」，即透過實地考察在民間發現典籍失落的傳統，更是可遇難求的新奇體驗。比如一九九九年在香港《嶺南學報》發表的文章中，我曾揣測關羽後世的部分神力可能是從毘沙門天王的傳說中轉移過來的，或者說關公才是唐代毘沙門天王的真正傳承者，而不僅僅是道教神話中的「托塔天王李靖」，但苦無實證。二〇〇一年九月在河北蔚縣單堠村清代關廟的前檐上，卻赫然發現了清代民間匠人「托塔關公」的造像，證實了當初推斷不誤。人事天機，偶然湊泊，妙不可言。

釐清關羽崇拜的發展演變，曲折細微，並不是一個無關緊要的懷古思幽話題，而正是一個關涉「現代性」的大問題。中國曾在近代飽受凌辱，於艱難竭蹶之中開始了漫長的「現代化」歷程，對於歷史和傳統文

法奠定了基礎，如歷史人類學、人口史、社會史、生態文化地理史、心理學史以及統計史學、比較史學等，極大地拓展了研究領域。在繼承傳統和立意創新的基礎上重新認識歷史，對 20 世紀西方史學的發展產生了歷久不衰的影響。

化反躬自省當然是必要步驟。進入二十世紀，尤其是經歷了西方文明的兩次「世界大戰」以後，學者開始以相對平和的心態、目光審視人類的過去，提出了超越十九世紀盛行「西方文化優越論」的「四大文明中心說」和「軸心時代」理論；並且發現中華文明所以有別，是由於西方經歷過多次文明「斷裂」，而中華文明則為連續性質的緣故。哈佛大學張光直教授曾有文論及於此。[015]「斷裂」和「連續」固然各有優長，但是一九八〇年代中國學術界響應此說，炒作得最熱烈的卻是兩個觀點：一個是「封建社會超穩定結構」說，用中華文明的「連續性」詮釋西方十八世紀提出的「中國停滯論」，還曾透過權勢運作和電視媒體的關注力量，成為學術界一時占據要津的聲浪；另一個是近年有論者提出的「暴君暴民交相亂」說，以此替代一九五〇年代盛行的「階級鬥爭」和「農民起義是推動中國歷史發展的動力」說。兩說的立論角度雖有不同，但均視中華文明的「連續性」為中國不幸之大因由。我與他們在學術立場上的最大區別就是著眼於「連續性」的合理成分，變「後現代」大批判開路之「解構」，為對歷史持「同情之理解」的「重構」。目的當然是為二十一世紀重建中華文明的價值體系，尋找可資利用的傳統文化資源。

歷史經驗證實，「現代化」的國家過程總是伴隨著國族（nation-state）凝聚力的增強而非消解，即便是在今日全球技術競爭和貿易開放的時代。而凝聚力則端賴整個民族對於歷史傳統的共同記憶和核心價值的整體認同來達到的。用美國學者安德森（Benedict Anderson）的話來說，就是：

015　這是一個涉及考古、歷史及多種學科的問題。張光直的觀點著重表現在他〈連續與破裂：一個文明起源新說的草稿〉一文中（《九州學刊》第一期，1986 年 9 月），亦收入其著《中國青銅時代》第二集，臺北聯經出版有限公司，1990 年版。

自序

即使每個人都承認國族國家是個「嶄新的」、「歷史的」現象……國族卻總是從一個無從追憶的「過去」中浮現出來。[016]

民國初立，一度曾把關羽、岳飛列入國家武聖祀典。在一九三一至一九四五年的抗日戰爭時期，他們再次成為鼓舞中國人民前僕後繼，抵抗外侮，驅逐強寇的精神像徵。連繫到日人此刻何以會在華北進行大規模田野調查，日本學者何以會在同一時期集中發表相關研究論文，[017] 不啻一場學術文化戰線的無形爭鬥。其於現代中國的意義，也還需要今人重新審視和定位。

需要特別指出的是，中華民族百餘年前走上「近代化」道路時，就被誤導引入一個「反歷史」的文化盲區，這就是其缺少對於歷史文化價值體系和英雄榜樣的資源整合。歐洲中世紀「政教合一」，共同以《聖經》所載「六日創世」、「亞當夏娃」和「諾亞方舟」等傳說作為共同起源，本無所謂「民族 —— 國家」概念。由於缺乏文字記載，各民族歷史也端賴口頭流傳，形成歷史與文學的特殊複合體「史詩」(epic poetry)，包括古希臘創世神話和歷史的《伊利亞特》(*ΙΛΙΑΣ*)、《奧德賽》(*ΟΔΥΣΣΕΙΑ*)，統稱為「荷馬史詩」(Homeric epics)。在建立近代獨立的民族 —— 國家理念 (nation-state) 的過程中，歐洲不同民族謀求獨立自強，形成凝聚，就亟需建構自己民族「想像的共同體」(Imagined Communities)。而史詩作為各個民族的文化重要源頭，也受

---

016 《想像的共同體 —— 民族主義起源及傳播的反響》(*Imagined Communities: Reflections on the Origin and Spread of Nationalism*, revised edition, London, 1991)，臺灣時報書系中譯本，第 11 頁。

017 前述杜贊奇著作大量引用了日本滿鐵株式會社 1940 ～ 1942 年的田野調查，而這一時期正是日本駐派遣軍在華北「掃蕩」，實行「三光政策」之時，不能謂之「巧合」。此外還有日比野丈夫博士〈關老爺〉(《東洋史研究》第六卷第二期)、井上以智為〈關羽祠廟の由來に變遷〉(《史林》第二十六卷，第 1 － 2 號。1941 年)、大矢根文次郎〈關羽と關羽信仰 (1 － 4)〉(《東洋文化》，無窮會) 都集中發表在這一時期的日本史學刊物上，頗不尋常。

到特殊重視，所以才出現了「經典文學」（Classical Literature，後與當代創作區分，稱為古典文學）的名詞。當十九世紀用科技手段發掘出特洛伊城，被證實「荷馬史詩」包含著古希臘信史以後，歐洲紛紛動手在民間獨立採集、整理本民族的史詩，作為共同記憶的源頭。如英格蘭《貝武夫》（*Beowulf*）、法蘭西《羅蘭之歌》（*La Chanson dc Roland*）、西班牙《熙德之歌》（*El Cantar del Mio Cid*）、日爾曼《尼伯龍根之歌》（*Nibelungenlied*）和俄羅斯《伊果遠征記》（*Слово ополку Игореве*）等。研究證實，這些「史詩」反映的歷史時段大多為八至十二世紀，其中表現的民族精神、價值觀念和英雄榜樣至今仍被視為具有凝聚力量的根本。

回顧十八世紀以來「現代化」過程，會發現不僅「開發中國家」強化了民族意識；「已開發國家」如德國、日本也無不竭力發掘本民族的歷史文化資源；新興國家如美國缺乏悠久的歷史文化資源，但卻強調歷史人物榜樣，樹立「愛國主義」典範。而價值觀念及其體系正是任何宗教、學術都注重的核心論題，也是形成民族凝聚力不可動搖的基石。可惜與此同時，中國「菁英」卻在詛咒歷史，辱罵祖先，自謂「一盤散沙」。恐怕這也是我們百年以來的步伐竟然走得如此艱難的原因之一吧。

今天重提中華民族的「文化紐帶（culture link）」，不能不正視並釐清歷史傳統的共同記憶，在分疏整理傳統價值體系中歸納總結，提煉出有益於維護國家統一和民族團結，增強中華民族凝聚力的精華，作為走向「現代化」國家民族的倫理資源。而「關羽成神」的漫長過程，正好就提供著前賢建構價值體系的線索。

經過二十年斷斷續續的努力，我的研究所得曾經析為《伽藍天尊》、《超凡入聖》、《多元一統》、《護國佑民》和《燮理陰陽》五部文集自費在香港少量出版，以徵詢海內外同道的意見。山東大學路遙教授得聞訊息，趁來京之便數度約談。經過慎重考慮，最後決定正式邀請我參與他主持的教育部哲學社會科學研究重大課題《民間宗教與中國社會》（04JZD00030），以《關公信仰與大中華文化》為題列在其中。

二〇〇八年七月應山西衛視之邀在太原錄製《精彩山西》系列節目時，又夤緣結識了胡曉青先生，蒙他盛意邀約出版一部簡約的中國版本。詩云：「嚶其鳴矣，求其友聲。」士感知己，義不容辭。遂將一得之慮敷衍成章，並將近兩年來思慮所得增補成文，添入本書，以進一步就教海內外同道。

從現在掌握的史料研究看來，一千多年關公信仰的發展呈現著「米」字型態，融會前此種種，包含後來種種。其中至為重要的「十」字型的交會點應集中在宋元之際，高潮在晚明，巔峰則在清末。本文敘述限於篇幅，不得不刪去一些相關背景的考探論述。刈除枝蔓，保留主幹的同時，也盡量以時間順序為經，民族、社會階層及信眾群體為緯，交織相生。

略述主旨，以為自序。

第一章
關公形象的確立

關公形象

「臥蠶眉，丹鳳眼，五綹長髯；青龍刀，赤兔馬，周倉關平。」這是後世人們熟知的關公形象。一般人會以為這形象是《三國志演義》的描述所確立的，其實不然。這種造型從何時開始，經歷過何種演變，也有一個過程。不妨從現在收藏在俄羅斯聖彼得堡埃爾米塔日博物館（State Hermitage Museum）的一幅金代關公神像談起。

這件尺寸為 60×31cm 的木版刻像，原來是俄國著名探險家科茲洛夫（П.К. Козлов, 1863 ～ 1935）西元一九〇九年（清宣統元年）在內蒙古額濟納旗黑水城（Hara-hoto）一座西夏佛塔中發現攜走的。由邊框及左上方「平陽徐家印」題記看來，這幅關公神像應當是金人治下的雕版印刷中心平陽府（今山西臨汾）著名的「平水刻」，也是迄今為止發現最早的關公神像，因此引起了研究者的興趣。俄羅斯科學院通訊院士、世界文學研究所首席研究員李福清（B. Riftin）曾著文介紹，我也寫有專文談及。[001]

001　李福清〈關羽肖像初談〉一文載臺灣國立歷史博物館《歷史文物（季刊）》第四卷第四期（1994 年 10 月）及第五卷第一期（1995 年 4 月）。著者持贈，謹誌謝忱。此前還有德人 M. L. Rudova〈黑城的兩幅版畫（Dve gravjury iz Hara - Hoto）〉，Soobscenija Gosudarstvennogo Ermitazha，1967

這幅神像沿襲了宋徽宗賜予關公的王封「義勇武安王」，畫面上關公幞巾長袍，秀目長髯，不怒自威，作「遊戲座」。隨侍為一手結印契，寶冠虯髯之佛將，我以為即毘沙門天王之子二郎獨健，而非後世關平。周圍三將，一持「關」字大旗，一擎雕龍大刀，一握朴刀，顯然都不是後世「周倉」，亦無赤兔寶馬。倒是關公座前有一信使拿報旗，口說手指，若有所陳。參照同時同地山西稷山縣段氏金墓戲劇磚雕，可以證實此畫並非一般供奉神祇，而是帶有動態劇情描述的場面，我懷疑正是描繪後世著名的《單刀赴會》。

關羽相貌見於《三國志》者，僅為諸葛亮〈答關羽書〉中「猶未及髯之絕倫逸群也」，陳壽有「羽美鬚儀，故亮謂之『髯』」的解釋語。這就成為後世描述關羽形象最為明顯的象徵。

《元至治本全相平話三國志》中曾描述關羽「生得神眉鳳目虯髯，面如紫玉，身長九尺二寸」，「虯髯過腹」。所以「古城會」前張飛不滿，每以「胡漢」稱呼關羽。[002] 但「虯髯」本為胡像 [003]，對漢末將領這樣的說法難於為人接受，何況鬈曲的鬍鬚竟然能夠「過腹」，顯然也不合情理。戲劇描敘就換了說法，《元刊古今雜劇三十種》之一《諸葛亮博望燒屯》中，有諸葛亮形容關羽的一段【金盞兒】：

生的高聳聳俊鶯鼻，長挽挽臥蠶眉，紅馥馥雙臉胭脂般赤，黑真真三柳〔綹〕美髯垂。

---

vol.28）論及。我曾有專文〈金代關羽神像考釋〉與李福清商榷，載香港《嶺南大學學報》復刊第一期，1999 年 10 月出版。

002　巴蜀書社排印本《元刊全相平話五種校注》，1990 年 2 月版，第 417、422 頁。又寫劉封征南郡，有韓國忠「身長一丈，環眼髯長，使柄大刀」，亦稱「胡漢」（第 458 頁）。

003　《舊唐書》卷六二〈李錡傳〉：「以胡、奚雜類虯髯者為一將，名口『蕃落健兒』。」

元刊本關漢卿《單刀會》第一折喬公唱詞形容關羽為：

他上陣處三綹美鬚飄。將七尺虎軀搖。五百個爪關西簇捧定個活神道。

這些都是竭力鋪敘關羽相貌的神威勇猛。尤其是明抄本的改動處，在誇張渲染上更進層樓。關漢卿劇作在元明間影響巨大，他的描述也自然為嘉靖本《三國志通俗演義》所稱用，成為關公標準相貌特徵。其實元代戲曲掛的髯口也就是「三綹」，可參山西趙城明應王殿元代戲曲壁畫。後世戲曲藝術演進，有了「五綹」和「滿髯」。據說其中的「五綹」為關公專用，才形成後世關公的「標準像」，其造型亦為戲曲、繪畫、雕塑等沿襲。

《乾隆解梁關帝志》所附「果親王繪像」。（山西人民出版社 1992 年，卷一，第 4 頁）請注意像中之「痣」的部位和比例。清代有兩代果親王，允禮（西元一六九七年至一七三八年）為康熙十七子，以善畫肖像著稱。死後無嗣，以雍正幼子弘瞻（西元一七三三年至一七六五年）過繼。

但後人對此猶不滿足，紛紛從「髯」入手，展開想像，競以文辭飾言之。如《乾隆解梁關帝志》卷之一「陳壽本傳稱帝美鬚髯」條，羅列了一個系列：

方正學（孝孺）先生撰海寧廟詞，稱帝「虬髯虎眉面赤幕」。商文恪公輅撰都城廟碑，稱帝「修髯如戟」。李文正公東陽擬古樂府，稱帝「髯如虬，眼如炬」。翁宗伯大立撰餘姚廟碑。稱帝「鳳目虬鬚」。劉道開曰：「陳壽於《蜀志》人物，甚略其傳。帝也未及其相貌。而『丹鳳眼、臥蠶眉，面如熏棗，身長九尺五寸，髯長一尺八寸』，僅見於羅貫中之《演義》，不知如何所考也。然壽之傳桓侯也曰『雄壯勇猛，亞於關某』。則羅說亦可想矣。」且言：「都城舊有帝像，言先朝從大內出者。其面色正赤，面有七痣，鼻準二痣尤大。鬚髯則稀疏而滿腹，非五縷也。未知真否。」[004]

為什麼會在關公長髯上大做文章呢？這是因為古代相術家認為，鬍鬚是男子意志、性格及體質的外在反映，可據以測斷榮衰休咎。《百家詩話》：

黃魯直（庭堅）嘗言：「髯多而疏秀者貴，密而短者，神奇不足。」

清廷大內「先朝」所傳關像之「稀疏而滿腹」，或者正反映了這一觀念。《神相全編·論髭髯》：

髭髯黑而清秀者富貴，滋潤者福壽，焦枯者蹇滯，勁直者性剛，不住財，柔者性柔，赤者孤克，鬈髮赤鬚者貧困。

004　《乾隆解梁關帝志》卷一，山西人民出版社，1992 年，第 5 頁。

又《冰鑑．鬚眉章》：

> 未有鬚眉不具而可稱男子者，少年兩道眉，臨老一抹鬚。鬚有多寡，取其與眉相稱。多者宜清，宜疏，宜縮，宜參差不齊；少者宜健，宜光，宜圓，宜有情相顧。

以此觀之，關羽的髯鬚從宋人觀念的「髯多而疏秀」，逐漸演變為明清時人的「修髯如戟」，或「髯長一尺八寸」，不謂無因。[005] 錢鍾書曾引《長僧》「落髮除煩惱，留鬚表丈夫」的問題在明清通俗小說中影響頗大，詞及「漢末美髯公」，可以參看。[006]

又雙目在相學中稱「河瀆」，是精神遊息之所，可據以察知神氣的虛實和心術的邪正。金人張行簡《人倫大統賦》上：「眼如日月之相望」，薛延年注引《玉管照神局》：

> 天地之大，托日月以發光，眼乃人一身之日月也。寐則神處於心，寤則神依於眼，是眼為神遊息之宮。觀眼之善惡，可見神之清濁。眼長而深，光潤者大貴，黑如漆者聰慧，含神不露，灼然有光者富貴，細而深者，長壽兼性隱僻。

明萬曆間刊刻之《三才圖會．人相類》則言：

> 鳳眼波長貴自成，影光秀氣又神清。
> 聰明智慧功名遂，拔萃超群壓眾英。

005　張飛之「燕頷虎鬚」，蓋亦有自。《後漢書．班超傳》：「相者指曰：『生燕頷虎鬚，飛而食肉，此萬里侯相也。』又後世相術另有說法，謝肇淛《五雜俎》卷五〈人部一〉云：「崔琰鬚長四尺。王育、劉淵，皆三尺。淵子曜長至五尺。謝靈運鬚垂至地。關羽、胡天淵，髯皆數尺。國朝石亨、張敬修，髯皆過膝。然相法曰：『鬚長過髮，名為倒掛，必主兵厄。』驗之，往往奇中。」以鬚長為凶災之相，則顯為後起附會之說，不足深論。

006　出《王氏見聞》。參《管錐編》第二冊，第 751 頁。

而關羽特點之「丹鳳眼」，當然是貴人之相。

又「臥蠶眉」不知出自何典。案相學中「臥蠶」本指眼下淚堂部位肌肉豐起，如臥蠶狀。宋人筆記稱，

魏泰數舉進士不利，荊公戲曰：「眼下有臥蠶者貴，如文潞公，有之而為相。公亦有，而未遇也。豈非白殭乎？」[007]

可知「臥蠶者貴」在北宋已成為相術家言。張行簡《人倫大統賦》「眼如日月之相望」，薛延年注：

目下有壅肉，名曰臥蠶，有此相者，子多繼嗣。

〈神異賦〉則言：

淚堂深陷，蠹肉橫生，鼻準光垂，人中平滿，克兒孫之無類。

注：「下眼眶為淚堂，宜豐滿，不宜深陷。」則關羽此相，或為附會關平「繼嗣」而來，後文再論。

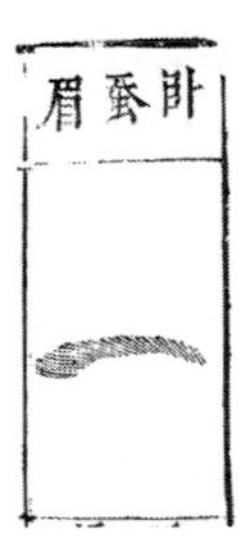

明代萬曆年間是關公崇拜的一個高潮期，
此為王圻編著刊刻之《三才圖會·人相類》對於「鳳眼」、「臥蠶眉」的品評。

007 《張氏可書》，轉引自《東軒筆錄》附錄二，中華書局 1983 年版，第 190 頁。文中「荊公」指王安石（西元一〇二一年至一〇八六年），字介甫，江西臨川人。「潞公」指文彥博（西元一〇〇六年至一〇九七年），字寬大，汾州介休（今屬山西）人。可見北宋時「眼下有臥蠶」已為富貴之相。

又相術家認為可以根據眉相推斷賢愚福壽貴賤。《神相全編》三〈論眉〉：

> 夫眉者，為兩目之華蓋，一面之表儀，主賢愚之辨。眉欲細平而闊，清秀而長，性乃聰明。若夫粗而濃，逆而亂，短而蹙者，性有愚頑也。

《三才圖會》言：

> 眉彎帶秀心中巧，婉轉機關甚可人。
> 早歲鰲頭宜可占，雁行猶可弗相親。[008]

可知關羽形象自進入文學描繪之初已帶有明顯的神異色彩了。值得注意的是，相學這些說法至遲在金代已現端倪。前述之張行簡，字敬甫，莒州日照人，為金代術數家，大定十九年（西元一一七九年）進士第一，累官禮部尚書、翰林學士承旨、太子太傅。《金史》卷一百六有其父子列傳，評謂：「世為禮官，世習禮學。其為禮也，行於家庭，講於朝廷，施用於鄰國，無不中度。古者官有世掌，學有專門。金諸儒臣，唯張氏父子，庶幾無愧於古乎。」可知其影響。他於天文術數之學皆有研究，撰述頗多。其中《人倫大統賦》一卷為後世相術家所宗奉，被收入《永樂大典》和《四庫全書》。

而紅臉本來就是戲劇臉譜，據南宋《夢粱錄》卷二十言：

> 弄影戲者，元汴京初以素紙雕簇，自後人巧工精，以羊皮雕形，用以彩色妝飾，不致損壞……公忠者雕以正貌，奸邪者刻之丑形，蓋亦寓褒貶於其間耳。

008　王圻父子《三才圖會》身體七卷「書格」提供明萬曆刊本。

而彩妝影戲面具又素以「紅表忠勇，黑表威猛，白表奸邪」，揣測金元雜劇中關公面色，應當已經塗成紅色了。

「黃金組合」

一、關平

李福清著文，以為關羽右側侍立，虬髯寶冠者為「關平」，值得商榷。

所以容易被誤認，原因之一是此人手勢與關廟中習見之「關平捧印」極為相似。李福清澄清了此點，但認為神像中的「關平」是「手做叉手禮」，恐怕仍然忽略了其中細微然而重要的差別。按「叉手禮」起於唐代，詩人溫庭筠「每入試，押官韻作賦，凡八叉手而八韻成，時號『溫八叉』」。《事林廣記》「叉手法」曰：

> 以左手緊把右手，其左手小指則向右手腕，右手則直其四指，以右手大指向上。如以右手掩其胸，不得著胸，稍令稍離，方為叉手法。

河北石家莊毘盧寺明代嘉靖年間水陸畫中，關平仍舊侍立關公之側，雙手亦結印契，唯鬍鬚、相貌已全然中國化了。

神像中此位從侍之手形，頗類佛家密宗「三密」之一的「手結印契」。[009] 蓋佛教密宗造像對手形最為考究，不同手形稱為「印相」或「印契」，俱有特定之意義，向為辨別不同佛像的重要依據。此外，他頭帶寶冠，身被鎧甲，衣飾也明顯異於眾人，又極類敦煌發現的

009　「三密」為口誦真言咒語（語密），手結印契（身密，即運用手勢和身體的姿勢）、心作觀想（意密）。密宗以為「三密」與諸佛之身口意相印，即可成佛。

晚唐五代〈大聖毘沙門天王〉像，亦為虬髯。其於盔甲之外，錦絡縫寬衫半臂的裝束[010]及其神態，則頗像元代元統二年（西元一三三四年）建浙江普陀山普濟寺多寶塔多聞天王立像之裝束。[011]此外四川夾江千佛岩宋代摩崖造像中，毘沙門天王的形象也是「上身著兩襠長鎖子甲，左手托塔，右手握腰間寶劍。」[012]這使我疑心這位「關平」別有來歷，其實與佛教大有淵源。神像中這位奇特「關平」的出現，正表現出歷史上關羽崇拜轉期的初始階段的一些形態，值得特別注意。

史載關平實有其人。《三國志．關羽傳》：「（孫）權遣將逆襲羽，斬羽及子平於臨沮。」「子興嗣。興字安國，少有令問，丞相諸葛亮深器異之。弱冠為侍中、中監軍，數歲卒。」又〈吳主傳〉亦謂：「建安二十四年，（潘）璋、司馬忠獲羽及其子平、都督趙累等於章鄉，遂定荊州。」宋代已為關平建祠，《宋會要輯稿》「關平祠」條言：

在荊門州當陽縣景德玉泉院。蜀將關羽子平祠，崇寧元年賜額「昭貺」，仍封羽忠惠公。政和二年九月封平「武靈」。[013]

按照後世儒家的說法，是感於其父子同難，頗合「忠孝」兩全之道。值得注意的是，《三國志演義》第二十八回〈斬蔡陽兄弟釋疑會古城主臣聚義〉是這樣描述的：

010　顧炎武《日知錄集釋》卷二十八「對襟衣」條：「趙宧光云：半臂衣也。武士謂之蔽甲，方俗謂之披襖，小者曰背子。《魏書．楊阜傳》：阜嘗見明帝著帽，披縹綾半袖，問帝曰：此於禮何法服也？則當時已有此制。」可知這種樣式亦來自胡服。（河北人民出版社排印本，下冊第 1241 頁）按魏明帝曹睿是喜歡在服飾上標新立異之人，《晉書》志十五〈輿服〉言：「魏明帝以公卿衮冕黼黻之飾，擬於至尊，多所減損，始制服刺繡，公卿織成……後漢以來，天子之冕，前後旒用真白玉珠。魏明帝好婦人之飾，改以珊瑚珠。」

011　《中國雕塑史圖錄》，上海人民美術出版社，1990 年 10 月出版，第四冊，圖 1862。

012　王熙祥、曾德仁〈四川夾江千佛岩摩崖造像〉。

013　影印稿本《宋會要輯稿》禮二〇之二九。按南宋與金沿河分治，當陽猶在宋境之內，可能是造成陷金漢民對於關平形象不夠了解的原因。

卻說玄德先命孫幹出城，回報關公；一面與簡雍辭了袁紹，上馬出城。行至界首，孫乾接著，同往關定莊上。關公迎門接拜，執手啼哭不止。關定領二子拜於草堂之前。玄德問其姓名。關公曰：「此人與弟同姓，有二子：長子關寧，學文；次子關平，學武。」關定曰：「今愚意欲遣次子跟隨關將軍，未識肯容納否？」玄德曰：「年幾何矣？」定曰：「十八歲矣。」玄德曰：「既蒙長者厚意，吾弟尚未有子，今即以賢郎為子，若何？」關定大喜，便命關平拜關公為父，呼玄德為伯父。玄德恐袁紹追之，急收拾起行。關平隨著關公，一齊起身。關定送了一程自回。[014]

關平從此作為關羽副將，南征北戰。第七十四回〈龐令明抬櫬決死戰 關雲長放水淹七軍〉敘龐德問及挑戰小將是誰時：「或答曰：『此關公義子關平也。』」

關平明明是關羽親子，為什麼反倒成了「義子」呢？此圖所謂「關平」分明是佛教神將。不但手形與佛家有緣，而且面容、服飾、佩帶也頗不一般。和關羽形象相反，他蓄的正是「虯髯」。據載唐太宗李世民蓄虯鬚，且可掛弓矢。[015] 我們至今尚能從閻立本〈步輦圖〉見到。這與佛教造像中的天王像如出一轍，與描繪關羽的技法則迥然有別。

在本書上冊第二章〈關羽成神與佛教「中土化」〉裡。我曾論述佛教戰神毘沙門天王信仰在唐末衰落以後，關公在宋取而代之的經過。而天王之得力助手二郎獨健，除了在四川都江堰獨立成神變身「灌口二郎

014 《三國演義會評本》第 353 頁，北京大學出版社 1986 年出版。蒙輯校者陳曦鍾持贈，謹誌謝忱。

015 陳寅恪《唐人小說（汪辟疆校錄）批注 · 虯髯客》，載《中國古籍研究》第一卷，上海古籍出版社 1996 年 8 月出版。汪氏注曰：「小說（寅恪按：今《南部新書》有太宗虯鬚事）亦辨人言太宗虯鬚，鬚可掛角弓，是虯鬚乃太宗矣，而謂虯鬚授李靖以資，使佐太宗，可見其戲語也。（寅恪按：戲語恐非，以無所用其戲也。但大昌疑虯髯即指太宗，卻有意義。可知宋人亦有疑此者矣。……《南部新書》：「太宗文皇帝，虯鬚上可掛一弓。」《酉陽雜俎》：「太宗虯鬚，嘗戲張掛弓矢。」）

神」外，[016] 在關公信仰中也取代了歷史人物關平的地位。所以後世民間以供祀之關平為關羽「義子」的說法，一直沒有歇絕。這就把關平在《三國志》中只交代為關羽「子平」，而在《三國志演義》中則被描述為關定第二子，民間傳說中他更因此成為了「二郎」，其中蘊含著的雙重複雜關係作了一個巧妙的交代。後世關廟遂以關平長侍關羽之側，最常見形象為白面無鬚，手捧印綬，與黑臉多髯之執刀周倉恰成一對。

這一說法隨乾隆以後的移民潮流播到其他地區。黑龍江省虎林縣的虎頭鎮關廟和新加坡古城會館睽隔不知凡幾，卻異口同聲介紹說關平是「義子」。臺灣也延伸了這個傳說，如《臺南縣志》（西元一九五七年至一九六〇年）說：

（五月）「關帝爺生」。（十三日）：此日是關帝部屬，又是義子「關平神誕」，世誤為關帝爺神誕。是日有關廟宇舉行盛大祭典。

《嘉義縣志》（西元一九八三年）也說：

（五月）十三日關平生：此日是關帝部屬，即其義子關平神誕，世誤為夏禹神誕，有關廟宇舉行祭典。

這種說法，應當就是佛教護法神轉移到關公崇拜中的表徵。吾嘗謂民間俗說中時有信史之遺存，此即一例。

二、青龍刀

關羽當初究竟用何武器，史無明載。羅忼烈曾據《三國志》關傳中「刺顏良」的說法懷疑是「劍刺」，而以唐代郎士元詩「走馬百戰場，

016　筆者另有〈宋代的二郎神崇拜〉分述此題，載中國社會科學院《世界宗教研究》2003 年第二期。有興趣者可以檢索。

一劍萬人敵」作為佐證，說明唐時祠廟中的關羽造像仍以劍為兵器。[017] 北宋張商英〈題關帝像〉言：

月缺不改光，劍折不改鋩。月缺白易滿，劍折尚帶霜。
勢利尋常事，難屈志士腸。男兒有死節，可殺不可量。[018]

這裡的劍已具有比喻的意義，或者在兩可之間。複檢關漢卿雜劇，其中雖然格於《單刀會》題目正名，幾次提到「三停刀」、「偃月刀」，但更多談及的仍然是劍。舉例而言，便有如下數次（文字據元刊本，後兩則賓白為刊本所無，從明鈔本）：

若是他寶劍離匣，準備著頭。（第二折〈滾繡球〉）

一隻手揝著寶帶，臂展猿猱，劍扯秋霜。（第三折〈幺篇〉）

則為你三寸不爛舌，惱犯這三尺無情劍。這鐵飢食上將頭，能飲仇人血。（第四折〈雁兒落帶得勝令〉）

卻怎生鬧炒炒軍兵列，上來的休遮當，莫攔截。我都交這劍下為紅，目前見血。（第四折〈攪琵琶〉）

我這劍界，頭一遭誅了文醜，第二遭斬了蔡陽。魯肅啊，莫不道第三遭到了你也？（第四折賓白）

這劍按天地之靈，金火之精，陰陽之氣，日月之形。藏之則神鬼遁跡，出之則魑魅潛蹤。喜則戀鞘，沉沉而不動；怒則躍匣，錚錚而有聲。今朝席上，倘有爭鋒，恐君不信，拔劍施逞。吾當攝劍，魯肅休驚。這劍：果有神威不可當，廟堂之器豈尋常？今朝索取荊州事，一劍先交魯肅亡。（同上）

017　羅文係為劉靖之《關漢卿三國故事雜劇研究》所作之緒言。

018　《古今圖書集成・神異典・神像部》「藝文」二。「題關帝像」當為清人所擬。

最後這條，簡直是對魯肅「引而不發，躍如也」的武力炫耀了。關羽此刻猶諄諄於劍道，而絲毫不提那把使他可以更加威風凜凜的大刀。推想起來，當時的關羽傳說故事，其實是以持劍為基礎的。[019] 而寶劍在道士手中，則別有驅邪鎮魔之功用，另話不提。

最早提到關羽用刀的似為南朝梁人陶弘景《刀劍錄》，說他「為先主所重，不惜身命，自採都山鐵為二刀，銘曰『萬人』。及敗，投入水中。」「萬人」之說，顯然是沿襲了《三國志》的說法。[020]

種種跡象顯示，大刀是宋代開始摻入關羽傳說中的。山西沁縣城關關廟最早的廟碑，為宋元豐三年（西元一〇八〇年）〈威勝軍新建蜀蕩寇將［軍漢壽亭］關侯廟記〉。該廟係熙寧九年應募至嶺南平息儂智高之亂的軍伍所建，他們在征戰中曾祈禱過荔浦關廟，並立下「軍誓」：

假威靈平蠻得儁，長歌示喜，高躡太行，而北歸舊里，當為將軍構飾祠宇。

019　承李福清提供大塚秀高〈剣神の物語 —— 関羽を中心として〉（載日本《埼玉大學紀要》32 卷第二號，1996 年出版），該文專門討論了關羽及其他歷史人物刀劍傳說的問題，收集分析了大量資料，唯未提戲曲。另於劍器與道教之連繫，亦未涉及。中國自春秋即有鑄劍及使劍的種種傳說，後來道家亦有「仗劍作法」的傳統，以至後世道士在驅魔降妖活動中，例有「桃木劍」之類作為道具。這在張天師系統中尤為突出，全真教系統的武當山亦以「劍術」聞名，為武俠小說張揚所本。是否與宋代以後劍術在實戰技擊中的功能逐漸消退有關，也是一個頗有興味的問題。另文再論。

020　陶弘景為南梁時著名道士，其觀點應與裴松之注所代表的南朝士人略同，所以特別褒重關羽。

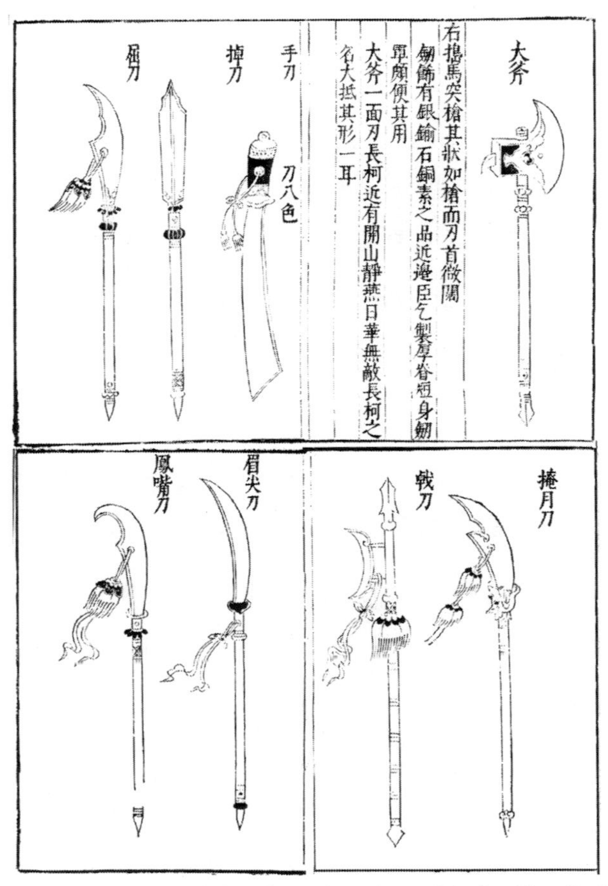

明萬曆覆宋紹定四年版《武經總要》卷十三「刀八色」圖，下半部分四種刀形，皆有花哨之繐帶瓔珞一類裝飾，未必是上陣之實用兵器，倒更像是鑾衛儀仗所用。「書格」提供明版《武經總要》。

故僥倖得勝歸里，葺廟之日，還特地派人「內回到桂州南荔浦縣，去本祠下請到刀馬，至當年六月內到軍」，又「憲州斗子節級杜積等一十五人，元豐二年三月，內獻朱漆桿鋸刀一口。」[021] 或許關羽善用長柄大刀的形象，就是從嶺南傳過來的，在當時已經深入人心。唯「鋸刀」究為何樣形制尚不清楚。事實上，鄭振鐸編《中國古代版畫叢刊》

021　馮俊傑主編《山西戲曲碑刻輯考》，中華書局 2002 年出版，第 18 頁。

第一集中輯有明正德覆宋紹定四年版《武經總要》前集，卷十三「刀八色」中就無「鋸刀」，而有「掩月刀」，其形式正與神像所繪相同。按《武經總要》一書是范仲淹〈岳陽樓記〉所言「政通人和，百廢俱興」的慶曆四年（西元一〇〇四年），由曾公亮集國家之力量編輯，經宋仁宗親自核定出版的實用軍事典籍。正因其具有重要性和實用性，所以南宋紹定四年（西元一二三一年）重刻，明弘治、正德間又覆刻的。圖 17 釋文謂：

> 右：手刀，一旁刃，柄短如劍。掉刀，刃首上闊，長柄施鐏。屈刀，刃前銳，後斜闊。長柄施鐏。其小別有筆刀，此皆軍中常用。其間健鬥者競為異制以自表，故刀則有太平定我朝、天開、山開，陣畫、陣偏刀、車刀、匕首之名，掉則有兩刃、山字之制。要皆小異，故下悉出。

以此知手刀等三種為軍中「制式裝備」，餘則「健鬥者競為異制以自表」。[022] 反觀神像中負盾甲士所持之刀，刃細長而柄短，刀背亦薄，類屈刀，倒是一把實用利器。

據孟元老《東京夢華錄》卷之七記載，北宋時每年三月皇帝出遊，「駕臨寶津樓，諸軍呈百戲」例有表演：

> ……又爆仗響，有煙火就湧出，人面不相睹，煙中有七人，皆披髮紋身，著青紗短後之衣，錦繡圍肚看帶。內一人金花小帽，執白旗，餘皆頭巾，執真刀，互相格鬥刺擊，作破面剖心之勢，謂之「七聖刀」。忽然爆仗響，又復煙火，出散處以青幕圍繞，列數十輩，皆假面異服，

022　沈伯俊、譚良嘯主編之《三國演義辭典》（巴蜀書社 1989 年 6 月版，蒙編撰者贈書，謹誌高誼）批注「青龍偃月刀」時，認為是「刀上鑄刻有龍的長柄大刀」，但如宋圖及金像所示，實係柄刀銜接處龍口銜刀，刀口有環，環上飾瓔珞。這種銜接方式雖然美觀但卻未必實用，也是視為儀仗用器的原因。又明人《三才圖會・器用》卷六言：「關王偃月刀，刀勢即大，其三十六刀法，兵仗遇之，無不屈者。刀類中以此為第一。」顯然是後世附會，因人設法。

如祠廟中神鬼塑像，謂之「歇帳」。又爆仗響，卷退。次有一擊小鑼，引百餘人或巾裹，或雙髻，各著雜色半臂，圍肚看帶，以黃白粉塗其面，謂之「抹蹌」。各執木棹刀一口，成行列。擊鑼者指呼，各拜舞起居畢，喝喊變陣子數次，成一字陣，兩兩出陣格鬥，作鬥刀擊刺之態百端。訖，一人棄刀在地，就地擲身，背著地有聲，謂之「板落」。[023]

又卷之十十一月「下赦」描寫儀式臨結束時：

樓下鈞容直樂作，雜劇舞旋，御龍直裝神鬼，斫真刀倬刀。樓上百官賜茶酒，諸班直呈拽馬隊，六軍歸營。至日晡時禮畢。[024]

可見北宋真刀及長柄之倬刀，猶時作皇帝巡遊時「花架子」兵之演藝道具。至於長柄大刀何時成為臨戰利器，馬端臨《文獻通考・兵九》關於宋代演武制度的記敘，透露了一些端倪。據載，自太祖建隆三年開始講武，率以勁射為主要內容。南渡之後才有所改變：

高宗建炎元年，始頒密院教閱格法，專習制御鐵騎，摧鋒破陣之藝習。全副執帶出入，短樁神臂弓，長柄朒刀，馬射穿甲，施用棍棒，並每年比擬《春秋教閱法》，別立新格。行下一日，短樁神臂弓給箭十只射，親去堆一百二十步。長柄朒刀謂長一丈二尺以上，用氈皮裹為頭者。餘教閱振華軍稱，朒刀準此，引鬥五十次，不令刀頭低墜至地。並每營挑選選二十人閱習放炮打。親旨：長柄朒刀手本色相鬥，並短樁神臂弓手，長柄朒刀手施用棍棒，各擊盧三十次。

這讓我們想起《水滸傳》描寫的大名府中楊志對索超的比武。面臨金人的鐵騎，長柄大刀究竟何時開始成為「普及型」兵器，猶有可說

023　孟元老《東京夢華錄》，北京：中國商業出版社，1982 年出版，第 48 頁。
024　孟元老《東京夢華錄》，北京：中國商業出版社，1982 年出版，第 68 頁。

者。有幾則關於戰事的記載描述了同樣景象：

紹興四年（西元一一三四年）韓世忠在揚州大儀鎮與金將撻也會戰，「傳小麾，鳴鼓，伏者四起」，「背嵬軍各持長斧，上揕人胸，下削馬足。」[025]

隨從南宋抗金名將劉錡參加過紹興十年（西元一一四〇年）順昌（今安徽阜陽）戰役的文士楊汝翼，寫過一篇紀實文章〈順昌戰勝破賊錄〉說：

四太子（按即兀朮）披白袍，甲馬，往來指呼，以渠自將牙兵三千策應，皆重甲鎧全裝。虜號「鐵浮圖」，又號「扢叉千戶」。其精銳特甚，自用兵以來，所向無前。至是亦為官軍殺傷。先以槍揭去其兜牟，即用刀斧斫臂，至有以手捽扯者，極力鬥敵。自辰至戌，賊兵大敗。[026]

紹興十一年王德在柘皋鎮破兀朮軍時，也是「金人以拐子馬兩翼而進，德率眾鏖戰，（楊）沂中曰：『敵便習在弓矢，當有以去其技。』乃令萬兵各持長斧，堵人前，奮銳襲之，金人大敗。」[027]

可知此前宋軍破金兵鐵騎的制式兵器，仍然以長斧為主。但長斧雖利，其刃較短，自不如膊刀刃寬而殺傷力大，所以建炎以後成為制式操練的必備項目。這從另一方面證實了長柄膊刀在南宋始成為作戰時的常規兵器。

025　《建炎以來繫年要錄》卷八一。

026　《三朝北盟會編》卷二〇一，《建炎以來繫年要錄》卷一三六附注亦載，但署名「郭喬年」。又鄧廣銘〈有關拐子馬的諸問題的考釋〉（載《鄧廣銘治史叢稿》，北京大學出版社 1997 年 6 月初版）中探討了一個有趣的問題，即宋金戰爭中拐子馬的使用及破陣之法。他引證朱熹後來兩次談到順昌戰役，一次是強調「持斧出，令只掀起虜騎，斫斷馬腳」（《朱子語類》卷一三二）。而在稍後的另一次談話中，卻強調「但聞多遣輕銳之卒，以大刀斫馬足。每折馬一足，則和人皆撲，又有相蹂躪者。」於此已足證後人樂道前事每好踵事增華，則當時說話藝人之伎倆亦與朱子相類耳。

027　《建炎以來繫年要錄》卷一三九。

當然，或先有戰將擅長長柄大刀者，著名的是《水滸傳》中提到的「大刀關勝」。余嘉錫《宋江三十六人考實》[028]嘗言：

關勝事不見於偽《齊錄》、《北盟會編》、《繫年要錄》等書，《宋史》亦載之不詳、以《金史》相參證，其情事乃粗可睹。蓋（劉）豫請江南郡不遂，忿忿而赴濟南，早懷不軌之心。及金人來攻，（關）勝為守將，驍勇善戰，屢出城拒敵。豫所以不即投拜，且遣兵出戰者，以有勝也。勝不死，豫不敢降。故反謀既決，遂先殺勝矣。勝誠烈丈夫也。

又引梁學昌等《庭立記聞》中王象春《齊音》「金兵薄濟南，守將關勝善用大刀，屢戰兀朮」語，謂「其人當即《宣和遺事》中之『關必勝』，足為梁山濼生色。雖不知所據何書，當非杜撰。」雖然含糊，不失其例。南宋末年龔開讚曰：

大刀關勝，豈雲長孫？雲長義勇，汝其後昆。

這是因為關勝在姓氏、兵器和義勇三方面類似關羽，故有是說。也從另一方面證實關羽所用之兵器為刀，在宋、金、元之際始為南北所共識。

三、赤兔馬

與後世流行的關公陣營黃金組合相比，卷首圖還有一個明顯的缺失，這就是三國戲曲小說以及民間故事裡津津樂道的「千里追風赤兔馬」。傳說裡的斬顏良，誅文醜，千里走單騎，關羽更不能沒有好馬快刀。可惜《三國志》中沒有為關羽提供這樣的神駿，唯一提及他的坐騎是「羽望見良麾蓋，策馬刺良於萬眾之中，斬其首還，紹諸將莫能當者，遂解白馬圍。」倒是《三國志．魏書．呂布傳》提到「北詣袁紹，

028　載《余嘉錫論學雜著》，中華書局版。

紹與布擊張燕於常山。燕精兵萬餘，騎數千。布有良馬曰『赤兔』，常與其親近成廉、魏越等陷鋒突陳，遂破燕軍。」蓋源呂布本來就「便弓馬，膂力過人，號為『飛將』。」「將」之所以能「飛」，當然有赤兔馬一份功勞。故裴注引〈曹瞞傳〉語，證實當時確有「人中有呂布，馬中有赤兔」的時諺。唐朝李賀〈呂將軍歌〉曾掇拾故典詠歌曰：

呂將軍，騎赤兔。
獨攜大膽出秦門，金粟堆邊哭陵樹。
北方逆氣汙青天，劍龍夜叫將軍閒。
將軍振袖揮劍鍔，玉闕朱城有門閣。
榼榼銀龜搖白馬，傅粉女郎火旗下。
恆山鐵騎請金槍，遙聞箙中花箭香。
西郊寒蓬葉如刺，皇天新栽養神驥，
廄中高桁排蹇蹄，飽食青芻飲白水。
圓倉低迷蓋張地，九州人事皆如此。
赤山秀鋋御時英，綠眼將軍會天意。[029]

保持著詩人一貫的怪異風格。也是借英雄寶馬之相得益彰，嘆息時彥英俊之難以遇合，「九州人事皆如此」也。

馬是人類最早的伴侶之一，無論是耕作運輸，還是馳驅應敵，好馬寶駒都得到主人特殊的珍愛。傳說裡的中華名駒即有「飛兔」、「腰褭」（或稱「要裊」、「驃褭」）。實際上在上古傳說中，大禹即有名曰「飛兔」的神駿了。《呂氏春秋》言大禹之騎「日行萬里，馬也如兔之飛，因以為名。」南朝沈約在《宋書》中也曾寫過：

029　《李賀詩全集》卷四。

飛兔者，神馬之名也。日行三萬里，禹治水勤勞，歷年救民之害，天應其德而至。

周穆王「八駿」則有赤驥、飛黃、白蟻、驊騮、綠耳、踰輪、渠黃、盜驪。《拾遺記》曾記述周穆王八駿說：一名絕地，足不踐土；二名翻羽，行越飛禽；三名奔宵，夜行萬里；四名超影，逐日而行；五名逾輝，毛色炳耀；六名超光，一形十影；七名騰霧，乘雲而奔；八名挾翼，身有肉翅。三國時「赤兔馬」確為稀見之寶馬，其名亦當結合「飛兔」、「赤驥」而來。

蒙古向來是「馬上民族」，且以鐵騎征服天下。從他們的文化來看，良將之於駿馬，不啻美人之於粉黛。不僅平添威武，更是上陣殺敵之利器，何況神勇如關公乎？於是欣然為之轉借增益，借曹操之手將三國時代最快神駿赤兔，轉贈給當時之最勇神將關羽。無名氏元雜劇《劉關張桃園結義》中形容赤兔馬說：

這馬非俗，渾身上下血點也似鮮紅，鬃尾如火，名為赤兔馬……不是紅為赤兔馬，是射兔馬，旱地而行，如見兔子，不曾走了，不用馬關踏住，以此言赤兔馬。又言道：馬若遇江河，如登平地，涉水而過。若至水中，不吃草料，食魚鱉。這馬日行一千里，負重八百餘斤。此馬非凡馬也。

至治本《三國志平話》「關公單刀會」插圖。半幅畫面表現的是樂隊，另半幅關公揪扯魯肅，旁立衛士持刀牽馬已粗具後世周倉輪廓。

至治本《三國志平話》最早描述赤兔馬時，也有類似話語：

> 此馬渾身上下血也似的鮮紅，鬃尾如火。能日行千里，負重八百餘斤。在旱地見了兔子，不曾走脫一個；若與江河，如履平地，在水中不吃草料，只食魚鱉。

兩本說法基本接近，或許出自同一來源。乍聽起來馬能「攆兔子」，像是在附會「赤兔馬」之「兔」，「吃魚鱉」則與後文「單刀會」渡江或「水淹七軍」接榫。但戲劇和說書人這種誇張的形容，也許是為了「說笑」，隨時可以用「兔子」、「王八」等俚俗之語插科打諢，是最容易博得滿堂采的。

其實歷來關公乘騎也曾有不同說法。如元雜劇《單刀劈四寇》曾說關羽本來坐騎是「黃驃馬」，彷彿《興唐傳》中的秦瓊；又朱棣自稱曾得到騎白馬之關羽的神助，故京師獨有「白馬關帝廟」。[030] 可知民間流傳對神駿的顏色也各有喜好。這也曾一再引起信徒們的疑惑乃至爭議。康熙時張潮《虞初新志》卷十四王謙〈平苗神異記〉言湖廣寶慶武城步縣城向有關廟，其康熙癸亥任知縣時恰遇全州西延峒苗楊應龍入侵：

> 恍惚有赤面長髯大將，乘白馬自天而下，指揮神兵八面旋繞，不得脫。余始驚異，旋問我軍，所見無異辭。日既晡，振旅歸，亟登城謁帝，仰見帝面，汗浹如雨，如甫釋甲狀，益加悚惕……獨怪帝乘馬故赤

030　有說北京地安門西白馬關廟「始建於前燕（335 ～ 369），歷代重修，至明英宗時始命今名」。（http://www.bjcx.cn.net/jdsy/zjhd/d18.htm）其實並不確切。劉侗《帝京景物略》卷之三曾記敘：「成祖北征本雅失里，經闊灤海至斡難河，軍前每見沙濛霧靄中，有神前我軍驅，其巾袍刀仗，貌色髯影，果然關公也。獨所跨馬白。」（北京古籍出版社 1980 年重印本，第 97 頁）按本雅失里為蒙古部韃靼汗王，因殺明使臣郭驥，永樂八年（1410）朱棣率兵 50 萬討之。以和議息兵，後為瓦剌汗襲殺，但其餘部阿魯臺對明疆的侵襲終永樂之世未能阻止。此說顯為明廷後期傳聞，可忽略不計。孫承澤《天府廣記》卷之九則謂「京師謂之白馬廟，蓋隋之舊基也」。（北京古籍出版社 1982 年，第 101 頁）

色，此獨白。或疑馬援嘗伏五溪蠻，得毋伏波將軍來耶？余謂不然，神像既汗浹，示靈爽矣。余非疑乘馬者非帝也，疑帝之馬何以白也。姑闕疑，以俟考。

文後又附吳寶崖言：

按明初明勳戚家畜一白馬，肥且健。一夕關帝夢示曰：「某省寇亂，欲假爾馬助兵。」旦起視廄中，馬韁臥不起，蓋攝其神往矣。殆奏凱，勳戚益敬服。京師人異之，因建白馬廟奉帝。自是帝現身顯靈，捍倭破賊，輒騎白馬以為常。今大司馬遂寧張公嘗云爾。[031]

則說張鵬翮曾以京師白馬關帝廟之白馬為明廷專用之關帝坐騎，顯然誤解了明成祖征蒙古部的傳說。

後世謂關聖顯靈，亦每以廟前赤兔馬塑像「流汗而喘」為據，亦踵前人故說。《管錐編》言：

〈韓生〉（出《宣室志》）有駿馬，清晨每「汗而喘，若涉遠而殆者」，圉人怪而夜偵之，則黑犬為妖，騎馬適城南古墓。按西方志怪亦云人晨起見廄馬疲頓，乃夜來為魇鬼所乘騁也（Nachts reitet er oft die Pferde, so daß man ihnen morgens anmerkt, wie sie abgemattet sind.）。卷四六〈戶部令史妻〉（出《廣異記》）家有駿馬，恆倍芻秣，而瘦劣益甚，蓋妻為蒼鶴所魅，夜騎之行千餘里，事與〈韓生〉此節略似。……令使之馬如《莊子·人間世》所謂「絕跡無形地」，電腰風腳，一宵能返千餘里，亦必不暇自運，何至瘏痛而「瘦劣」哉？[032]

以此觀之，這類故事的原型很可能是由西域傳來的。

---

031 《筆記小說大觀》本，第 1 頁。
032 《管錐編》第二冊第 814 ～ 815 頁。

四、周倉

後世關公「黃金組合」中，周倉最為實用，經常代替關公行使神權。如果說關平、青龍刀、赤兔馬還多少有點影子的話，在《三國志》中卻絕無周倉的任何記述。直到元代《全相平話三國志》中也沒有出現周倉。但是在前引描述《單刀赴會》的插圖中，關公身後站立著一位持刀牽馬虯髯壯實的親隨。戲曲中最早明確出現周倉形象也是明抄本雜劇《單刀會》第三折開場，註明「正末扮關公領關平、關興與周倉上」，關羽吩咐「孩兒與我準備下舡隻。領周倉赴單刀會走一遭去」後，還有周倉的一段賓白：

> 關公赴單刀會，我也走一遭去。
> 志氣凌雲貫九霄，周倉今日逞英豪。
> 人人開弓並蹬弩，個個貫甲與披袍。
> 旌旗閃閃龍蛇動。惡戰英雄膽氣高。
> 假饒魯肅千條計，怎勝關公這口刀。
> 赴單刀會走一遭去也。

《全相三國志平話》插圖。關羽的三隨從彷佛金代神像組合，不過兩人拿著繳獲于禁的將旗，而無相當於周倉的特別侍從。事實上後來在水淹七軍的故事中，已經混雜有周倉能水的傳說。

這也是劇中為周倉設定的唯一表演。可見直到元雜劇，周倉也還是無關輕重的角色。作為虛構人物的周倉何時何地進入關公信仰，同時擔負著許多重要神職，一直是個未解之謎。

現存關公文獻最早明確出現周倉的，是元末明初人魯貞的開化（今浙江衢州市開化縣）〈武安王廟記〉之「迎神詞」中「乘赤兔兮從周倉」。《四庫全書》館臣特意撰寫了一段批評說：

其文亦聞見頗狹，或失考證。如〈武安王廟記〉迎神詞中有「蘭佩下兮桂旗揚，乘赤兔兮從周倉」句。考周倉之名，不見史傳，是直以委巷俚語，鐫刻金石，殊乖大雅。[033]

也許就是四庫總裁紀昀的個人疑惑所致。但細想之下，覺得這個挑剔並無道理。魯貞既為「迎神」之詞，需要描繪的只是當時祀神之風俗，自然無需考據歷史。但這項資料說明至遲元末周倉已然正名正位，堂而皇之地進入關廟祭享之中，即使是在浙江山區相對偏僻之地。原其初始，如果確實得之「委巷俚語」，又進一步證明小說戲劇已將此形象擴散流播。事實上，討論周倉形象究竟是民間祭享首先出現，還是「委巷俚語」首先出現，也是一個「先有雞還是先有蛋」的循環論證。

四庫館臣這句基於理學，義正詞嚴的公開質疑，不但沒有破解周倉形象出現之祕，反而為乾嘉考據派添了一塊心病，紀昀弟子梁章鉅在《浪跡續談》卷六「周倉」條中說：

《三國志演義》言關公裨將有周倉者，甚勇，而正史中實無其人。唯〈魯肅傳〉云肅邀關相見，各駐兵馬百步上，但諸將軍單刀俱會。肅因責數關云云。語未究竟，坐有一人曰：夫土地者，唯德所在耳，何常之有？肅厲聲呵之，辭色甚切。關操刀起，謂曰：此國家事，是人何

033　《四庫提要》介紹說，魯貞字起元，自號桐山老農。開化人。「生當元末明初，是集中文作於元者，皆題至正年號，其入明以後，唯題甲子，有栗里抗節之思焉。」稱讚他「人品既高，胸懷夷曠，一切塵容俗狀，無由入其筆端。故稱臆而談，自饒清韻。譬諸深山幽谷，老柏蒼松，雖不中繩規，而天然有出塵之意，其故正不載文字間矣。」

知！目之使去。疑此人即周倉。明人小說似即因此而演。「單刀」二字，亦從此傳中出也。然元人魯貞作漢壽亭侯碑，已有「乘赤兔兮從周倉」語，則明以前已有其說矣。今《山西通志》云「周將軍倉，平陸人，初為張寶將，後遇關公於臥牛山，遂相從。樊城之役，生擒龐德。後守麥城，死之。」亦見《順德府志》，謂與參軍王甫同死。則里居事蹟，卓然可紀，未可以正史偶遺其名而疑之也。王棫《秋燈叢話》云周將軍殉節麥城，而墓無可考。稽其遺跡，即長坂坡曹劉交兵處也。因訪麥城故址，在邑東南四十里，久被沮水沖塌成河，僅存堤塍，名曰麥城堤。有任生者，夢將軍示以葬所，遂告知縣陳公，掘其地，深丈許，露石墳一座，頗堅固，乃掩之，而封樹其上，植碑以表焉。或有疑任生之作偽者，夫去地丈餘，烏知有墓？且一經掘視，昭然不爽，則英靈所格，豈子虛哉。

這實際上從另一個側面，反證出元代以前周倉還不曾出現在關羽身邊。梁氏以博聞多識著稱，所以要迂曲反覆地說明周倉之必有，實在是因自己信心也不足的緣故。又清代吳振棫《養吉齋叢錄》卷七載：

嘉慶間，御史程世淳請避關帝神諱，增趙累、王甫等從祀。仁宗以「前代帝王，往哲明神，其名概不避用，蓋臨文不諱之義。至關平、周倉塑像，相沿已久，到處皆同。其趙累、王甫遇難事實，史傳所載不同，毋庸增設從祀。」

程御史所奏為何，今雖不能詳知，但自然是以《三國志》信史立言。唯嘉慶諭旨何以突兀出現關平、周倉「相沿已久，到處皆同」的問題，應是奏疏對於兩者的真實性和合法性提出了質疑。蓋嘉慶為清帝中崇信關公最尤者，尤以林清「奪門之變」以後為甚。其以傳統習俗偏袒關平、周倉，而又語氣含混，頗有可究之處。亦待另論，此不枝蔓。

我懷疑周倉之形象其實來源於宋金之際的另一神祇。元人《湖海新聞夷堅續志》後集卷二〈神明門〉「周將軍」條曰：

周將軍乃靈順廟部神。宋朝嘗以馬百匹，連鞍轡售於江北。索價太高。買者曰：「馬有何奇而價如許？」曰：「吾馬能行水上。」試之果然。議價定，明日再以數百騎來。北軍騎之渡江，俄頃黑風四起，人皆墜水，但見蔽江紙馬而已。忽見周將軍旗於雲間。宋趙制置奏於朝，封「翊應侯」。誥詞曰：「大起風馬之威」，指此也。[034]

按明成化間儲巏[035]〈泰州修廟記〉雖謂「泰之廟不知何所始」，但在頌詞中卻用了「帝之去兮荊之野，聯雲旗兮風馬」[036]，這正與「旗於雲間」，「大起風馬之威」的說法相似，而泰州正是淮南之重鎮。[037]

「靈順廟」的這位「周將軍」究竟是哪方神仙呢？元人《三教源流搜神大全》轉引紹定六年（1233）宋人張大猷之《祖殿靈應集》有所記敘。文字稍長，謹錄重要段落，以為論述起點：

五顯公之神，在天地間相與為本始，至唐光啟中乃降於茲邑。圖籍莫有登載，故後來者無所考據。唯邑悼耄口以相傳，言邑民王喻有

034 《湖海新聞夷堅續志後集》（北京：中華書局，1986 年）卷二，第 214 頁。又稿本《宋會要輯稿》禮二〇之一六一亦有「周將軍廟」條，為常州宜興縣祀三國時吳鄱陽太守周魴之子，注謂「舊號平西將軍處」，「紹興七年正月賜廟額『英烈』，九年封忠勇侯，二十六年二月加封忠勇仁惠侯。」壽子封謚亦無關，故不贅。

035 據《明史》「文苑」二本傳：儲巏字靜夫，泰州人。九歲能屬文。成化十九年鄉試，明年會試皆第一。授南京考功主事。歷郎中、太僕寺卿。正德二年改左僉都御史，總督南京糧儲。召為戶部右侍郎，尋轉左，督倉場，所至宿弊盡厘。劉瑾用事，數陵侮大臣，獨敬巏，稱為先生。巏憤其所為，引疾求去。瑾敗，以故官召，辭不赴。後起南京戶部左侍郎，就改吏部，卒官。嘉靖初，賜謚文懿。

036 《古今圖書集成 · 神異典》卷三十七〈關聖帝君〉。

037 《文獻通考 · 輿地四》述揚州謂：「元祐初，領淮南東路兵馬鈐轄，中興後本路安撫及兩淮制置司。」泰州、真州俱其所屬。

園在城北偏，一夕，園中紅光燭天，邑人靡至觀之。見神五人自天而下，導從威儀，如王侯狀。黃衣皂條，坐呼床，呼喻而言曰：「吾受天命，當食此方，福佑斯人，訪勝尋幽，而來止此。我廟食此，則佑汝亦無憂。」喻拜首曰：「唯命。」言迄，禪雲四方，神升天矣。明日邑人來相宅……立像肖貌，揭處安靈。四遠聞之，鱗集輻湊。自是神降格有功於國，福佑斯民，無時不顯。先是廟號上名「五通」，大觀中（西元一一〇七年至一一一〇年）始賜廟額曰「靈順」。宣和年間（西元一一一九年至一一二五年）封為兩字侯，紹興中（西元一一三一年至一一六二年）加四字侯，乾道年（西元一一六五年至一一七三年）加八字侯。淳熙初（西元一一七四年）封兩字公，甲辰間（西元一一八四年）加四字公，十一年（西元一一八四年）加六字公，慶元元年（西元一一九五年）加八字公，嘉泰二年（西元一二〇二年）封二字王，景【嘉】定元年[038]封四字王。累有陰功於江左，封六字王。六年（西元一二三三年）十一月，告下封八字王。理宗改封八字王號：第一位，顯聰昭應靈格廣濟王……第二位：顯明昭烈靈護廣佑王……第三位，顯正昭順靈衛廣惠王……第四位，顯直昭佑靈貺廣澤王……第五位，顯德昭利靈助廣成王……蓋五公既貴，不欲以禍福驚動人之耳目，而委是二神司之歟？

黃衣道士　紫衣員覺大師

輔靈贊翊史侯　輔順翊惠卞侯

翊應助順周侯　令狐寺丞

王念二元帥　打拱高太保

打拱胡百二檢舉　都打拱胡靖一總管

038　景定為宋理宗趙昀（1225～1264 年在位）的第八個年號，元年為 1260 年，與下文「理宗改封八字王號」顯有不合。疑應為嘉定元年，即 1208 年。嘉定六年為 1213 年。且張大猷此文寫於紹定六年（1233），不應詞及四十年後之事。

打拱黃太保　打拱王太保

金吾二太使　掌善罰惡判官[039]

可知「靈順廟」本為江西德興之神，其實和這裡的銀礦開採和白銀崇拜頗有關聯。筆者另有文專門考探，枝蔓不綴。[040]而與「周將軍」同列之神，名稱和職司都頗怪異，帶有極濃的民間信仰本色。《天一閣藏明代方志選刊》輯入的《嘉靖徽州府志》中，倒是有一些關於他們的介紹：

靈順廟：一名五顯廟，又名五通廟……廟之從神：史侯德，姓孫氏；卞侯勝，姓項氏。宋嘉定二年（西元一二〇九年）封助靈史將軍、助順卞將軍，淳祐四年封輔靈、輔順二侯，寶祐五年（西元一二五七年）加封輔靈翊惠、輔順翊善二侯。周侯諱雄，信州玉山人，端平三年（西元一二三六年）加封翊應將軍，淳祐四年（西元一二四四年）封翊應侯，寶祐五年（西元一二五七年）加封翊應助順侯……[041]

值得注意的是，在張大猷記述德興祖廟源流的同時，「五顯廟周侯」已悄然享有了獨立廟祀。四庫本《咸淳臨安志》卷七十四「新城縣」[042]條下有云：

039　轉引自呂宗力、欒保群《中國民間諸神》辛編〈五顯〉，增訂版第540～541頁。作者持贈，謹誌高誼。

040　〈《周倉考》補正〉，原載江蘇社會科學院《明清小說研究》2003年第2期。

041　《嘉靖徽州府志》卷五，第43～44頁。又此段後復有綴言：「按《舊志》，宋胡太史升云：『唐開元初，五顯神降於清化舊縣之長林，鄉人立祠像以乞靈，水旱疾疫，禱之皆應。升童時尚見小碑記載其事，因婺源與德興爭祖廟，輦之去。以此觀之，則《祖殿靈應集》所載王瑜立廟之由，不可據矣。姑存之以俟識者。」筆者2002年5月曾專程往婺源、德興兩縣尋訪五顯神廟遺存，惜其躬逢盛世，城宇一新。舊廟已了無痕跡，當地居民亦渾然不知，與當年兩縣爭搶五顯神的盛況不啻雲泥。

042　唐永淳元年（682）分富陽置新城縣，宋代仍之，如神宗熙寧六年蘇軾遊歷，有〈往富陽、新城，李節推先行三日，留風水洞見待〉和〈新城道中二首〉等詩。後仍歸富陽，縣治今稱富陽市新登鎮。淥渚古鎮鄰近桐廬，仍然存在。

周侯廟：在太平鄉一十三里，地名淥渚。淳祐間（西元一二四一年至一二五一年）賜「輔德廟」為額，封「翊應侯」。後加「宣靈」。

「周將軍」還在五顯神廟的發源地取得了獨立地位和神格。《嘉靖徽州府志》「黟縣祠廟」載：

周翊應侯行祠：又名靈順將軍祠，有三。一在縣東葉村；一在縣西北橫山；一在縣西南胡村。[043]

「行祠」之說，表明他已經不再是本土神祇。與《湖海新聞夷堅續志後集》卷二〈神明門〉「周將軍」條合觀，所述為同一神祇無疑。周侯廟既能在南宋臨安京畿和徽州故土獨存，廟神當然具有獨立神格，而且封賜的神號也有所增益。《古今圖書集成》所敘由來有自，《神異典》卷五十〈神廟部〉引《杭州府志》言：

周宣靈王廟：廟在硤石鎮審山（按即今海寧縣東山）。侯名雄，字仲偉，新城淥渚人。嘉定辛未（西元一二一一年）為母疾走，婺源祈佑五顯，回至三衢而卒。附童子言：「五顯靈侯，需我輔翊。生不封侯，死當廟食。」衢於是乎立廟，新城繼之。初稱「七七太尉」。端平二年（西元一二三五年）饒州表請：侯有陰捍常山土寇之功，封翊應將軍。嘉熙元年（西元一二三七年）兩淮表請：神有神威揚邊、強敵遠遁之功，封威助忠翊大將軍。淳祐四年（西元一二四四年）改封翊應侯。寶祐五年（西元一二五七年）加封助順。咸淳七年（西元一二七一年）加封正烈，十年（西元一二七四年）加封廣靈。舊制：神祠封錫，自二字至八字止，侯兼之，蓋渥恩也。[044]

043　《嘉靖徽州府志》卷五，第 48 頁。

044　中華書局影印本《古今圖書集成 · 神異典》，第 493 冊，第 48 頁。海寧以錢塘觀潮擅名天下，為明清南北查氏發祥之地，金庸即生長於斯。筆者於 2002 年 9 月親往海寧追蹤此線索，當地仍有周由此可知，「周將軍」實為南宋後期對抗金元時迅速躥紅的浙贛明星神祇。他所具有的「陰捍常山土寇」，「神威揚邊，強敵遠遁之功」，鼓舞南宋軍民鬥志的作用正與當時關公神格相似或者相近，只是其封賜神號始終處於輔佐助威之位。如果注意到開化縣正處於浙水之源，並由此通往婺源、德興的要衝之上，或能解釋「周將軍」日後另外發展，最後由浙水名神匯入關羽崇拜的原因。

通俗文藝傳播

鄭振鐸認為關漢卿著名雜劇《關大王單刀會》描述的關羽「大無畏的精神，至今還使我們始而慄然，終而奮然。」[045] 當年的震撼力可以想知。值得注意的是，此劇已經每以「神道」直呼關公了：

恰便似六丁甲神簇捧定一個活神道。（第一折【金盞兒】）

上的霸時橋，曹操便不合神道，把軍兵先暗了。（第一折【後庭花】）

那神道須（勒著）追風騎，輕掄著偃月刀。（第一折【賺煞尾】，以上俱喬公唱詞）

那神道恆將臥蠶眉皺。（第二折【滾繡球】，司馬徽唱）

看了關公英雄 —— 像個神道。（第三折黃文賓白。以上據明鈔本）

可知關羽形象在當時舞臺上已經具備了充分的神格，受到超乎一般的尊崇隆敬，而且奠定了後世戲曲藝術中的基調。

王廟鎮，即「周宣靈王」，但已不在審山，為當地周氏聚居地。惜鄉里文化界人士對此已毫無所知，廟亦毀壞無存。

045 《插圖本中國通俗小說史》第三冊。

歷史記述中至遲隋唐時期已有三國故事的演出，但中國戲劇的發軔期畢竟還得由金元談起。蓋緣金人熱衷漢化，蒙人拒絕漢化，他們的共通點則都是游牧民族短時崛起進入中原。在宗教和文化上如何與中原民族溝通融會，就需要發展出一種新鮮的形象傳播手段。正如當年佛教傳入中國，採用「設像傳教」方式一樣。但戲劇比塑像更為生動豐富，更容易跨越語言文字、風俗習慣、宗教文化的隔閡，因此也更容易被不同民族的觀眾理解接受。明初寧獻王朱權列舉元雜劇的主要題材，嘗歸納為「雜劇十二科」，曰：

一曰神仙道化；二曰隱居樂道（又名「林泉丘壑」）；三曰披袍秉笏（又名「君臣」雜劇）；四曰忠臣烈士；五曰孝義廉潔；六曰叱奸罵讒；七曰逐臣孤子；八曰鏺刀趕棒；九曰風花雪月；十曰悲歡離合；十一曰煙花粉黛（即「花旦」雜劇）；十二曰神頭鬼面（即「神佛」雜劇）。[046]

這種排列不知道是按照劇目數量多寡，還是演出影響大小而論。稍加概括，則知第一、第十二兩項攸關佛、道兩教無疑，第二、第三、第四、第五、第六、第七統共六項則體現著鮮明的儒家倫理觀念，其餘四項則屬於社會人情世態。於此可知，中土之三教都在盡量利用戲劇，寓教於樂，進行基本教義的宣傳。其中關鍵其實涉及不同民族的「跨文化傳播」(cross-cultural communication)，這是一個近年由西方引進的熱點話題，牽涉頗多，限於篇幅，枝蔓不綴。

元雜劇中「三國戲」很多，其中現存十三種關公戲尤其引人注目。可以看出描敘關羽戰鬥經歷的占據了九出，即三分之二以上。其間雖有

046　《太和正音譜》，載《中國古典戲曲論述集成》第三冊，第 24 頁。

虛構誇張之情節，但畢竟屬於「七實三虛」之類，多被采入後世儒士修訂的《三國志通俗演義》之中。但也有例外，如《關雲長單刀劈四寇》敘「四寇」為董卓餘黨李傕、郭汜、樊稠、張濟。董卓被殺後，四寇命人下書索王允、呂布、李肅等人。呂布率兵往西涼府攻四寇，先鋒李肅戰敗自刎；呂布與四寇交戰，屢次鼻中出血，心中狐疑，撤兵退走。四寇遂兵圍長安，王允墜城而死。四寇彈冠相慶，各封官職，欲徙獻帝至西涼。國舅董承得知，先送獻帝往洛陽，四寇追至黃河岸邊，恰遇曹操至濟州催糧至此，遂派出曹仁、許褚、曹霸、曹彰迎戰四寇。此時劉備仍任平原縣令，關羽回鄉祭祖，返回平原時路遇曹兵。得知此事，怒而請戰，先後刀劈四寇。董承為關羽請功，獻帝遂封劉備為德州太守，關羽為蕩寇將軍，張飛為車騎將軍。[047]

其他虛構之作如「怒斬關平」，略敘關羽生日時，孔明、張飛、趙雲、黃忠等前往荊州慶賀，正欲返回西川，江夏張虎、張彪二寇作亂。孔明派小五虎（五虎上將之子）關平、張苞、趙沖、馬忠、黃越迎敵。小五虎獲勝，生擒二張。在馳馬回營報功途中，關平戰馬踏死平民王榮之子。王榮前往荊州告狀，州官不敢受理。王榮正欲自盡，幸遇關羽馬伕指點，便到元帥府擊鼓喊冤。關羽大義滅親，欲斬關平，趙雲等求情被羽駁回。張飛趕來，欲與趙雲等各斬其子，使小五虎將同死。王榮見狀，情願息訟撤訴，關羽乃釋關平。姜維前來宣詔，賜王榮黃金百兩，免本處差役。[048] 也是告誡有功將帥也應當約束子女部下，表現出濃重的民間立場。雖曰「演古」，實為「證今」。

047　簡稱《單刀劈四寇》，作者不詳。劇中人物均出自《三國志平話》之中，但情節卻係《平話》所無。今存脈望館抄校本和《孤本元明雜劇》本。

048　此劇為無名氏著，今存脈望館抄校本和《孤本元明雜劇》本。民間傳說亦有「關公斬子」，但難以斷定孰為先後。

至於「大戰蚩尤」、「三捉紅衣怪」則顯為「神仙道化」者流，是附會道教傳說編演而成。比較獨特的是「月下斬貂蟬」，以絕世之英雄與絕色之美女演繹一出悲劇，亦編演者發揮戲劇生旦角色優長，代相踵繼之慣技，[049] 即今影視「大牌名導」亦未免俗。設想當初之關公戲盡為金戈鐵馬，銅琶鐵板，在戲劇充分流行之後難免會喪失部分喜愛繾綣旖旎的女性觀眾。故以關羽之標準大丈夫造型，與貂蟬標準美女之傳說組合，適足展現儒家所主關大王「義不貪色」、公忠為體的主旨。該劇已佚，明清間有《三國演義》版本寫呂布死後曹操將貂蟬帶回許昌，復效王允連環之計，賜給關羽以離間劉關感情，最後被關羽所殺，或者是此劇遺緒。

尤其應該強調的是，在全國範圍內圍繞關羽的慶典祭祀活動都有熱烈的戲曲演出；舉凡關廟及山陝會館等場所，又必備舞臺，酬神娛人。元明民間戲劇演出中，關公戲目更多。由於史料缺乏，對其情況一向不甚瞭然，但近年山西發現的明代萬曆抄本《迎神賽社禮節傳簿四十曲宮調》（簡稱《禮節傳簿》）部分填補了這個空白。記載劇目中包含大量三國劇，約占全部劇目的三分之一。[050] 而出現頻率最高的戲目正是關羽戲，包括《戰呂布》、《破蚩尤》、《古城聚義》、《關公斬妖》[051]、《斬華雄》、《斬關平》、《單刀赴會》、《五關斬將》、《三聖道化春秋》、《關大王獨行千里》十種。下面是《迎神賽社禮節傳簿》第三部分〈二十八宿值日開後〉所列關公戲目出現次數：

049　明清以後昆班中仍有《斬貂》一劇。

050　張之中〈隊戲、院本與雜劇的興起〉，《中華戲曲》第三輯，第 156 頁。

051　學者注釋《迎神賽社禮節傳簿四十曲宮調》以為「《關公斬妖》疑即《關公破蚩尤》」（《中華戲曲》第三輯第 83 頁）。筆者不同意此說。理由有二，一是傳簿中同一戲目不應有兩種不同名目，此亦不應視為孤例；二是元雜劇本有無名氏作《關大王三捉紅衣怪》（已佚），或即其戲。

亢金龍	雜劇《戰呂布》
氐土貉	第四盞補空《破蚩尤》
房日兔	第六盞《古城聚義》；正隊《過五關》
箕水豹	第四盞《斬華雄》；第五盞《關公斬妖》；第六盞《戰呂布》；正隊《過五關》
鬥木獬	第四盞補空《斬華雄》、《戰呂布》
女土蝠	雜劇《五關斬將》
虛日鼠	第五盞《斬華雄》、《戰呂布》、補空《斬關平》；第六盞《單刀赴會》，補空《古城聚義》；正隊《過五關》
危月燕	第四盞《關公斬妖》
室火豬	雜劇《五關斬將》
昴日雞	第四盞《獨行千里》
參水猿	第四盞補空《破蚩尤》；第五盞補空《三聖道化春秋》
鬼金羊	正隊《關大王獨行千里》
柳土獐	雜劇《關大王破蚩尤》
張月鹿	第五盞《單刀赴會》
翼火蛇	第四盞《關公出許昌》；第六盞《古城聚義》

全部二十八個組合中，關公戲目已達半數以上，實屬絕無僅有。如果加上三國其他劇目，更占到約三分之二。這與文人記載現存雜劇劇目比例顯然有著很大的差異。這從另一方面證實文人載記的不全，又從另一側面說明三國戲尤其是關公戲已在民間賽社中受到的特別重視和歡迎。

從「平話」到「演義」

說起元雜劇，就不能不提到宋代的平話演義。宋代以倡導「三教圓融」見到，佛教早已漢化，道教勢力大張，儒家更顯現強勢發展的徵兆。而平民教育的普及和商業化社會的形成，已經呈現出歷史學家所稱「近代」雛形。北宋「說書」無疑承接了唐代「俗講」，但已明顯消解了其中的宗教布道功用，轉化成純粹的商業行為。宋代「說書」已有「說三分」一科，且有專擅之藝人。宋人高承《事物紀原》卷九〈博弈嬉戲部．影戲〉：

> 宋朝仁宗時，市人有能談三國事者，或異其說，加緣飾作影人，始為魏、蜀、吳三分戰爭之像。

又據南渡之初孟元老《東京夢華錄》回憶「崇（寧）、（大）觀以來在京瓦肆伎藝」說：「霍四究，說三分。尹常賣，五代史。文八娘，叫果子。其餘不可勝數。不以風雨寒暑，諸棚看人，日日如是。」[052] 於此可知，三國一段歷史在宋代已經成為「說書」和影戲的表演內容之一。

什麼叫「平話」？有論者以為就是「評話」，後世「評書」之祖。此言不差。但後世說書人何以取得「評論史實」的資格，卻鮮有論列者。明人所輯《古今小說》第三十一卷之〈鬧陰司司馬貌斷獄〉，或為宋人「說三分」之一。該篇居然以楚漢相爭之宿怨，分派三國鼎立之是非；以道教神祇玉皇閻君，發明佛家「一飲一啄，莫非前定」因果。如以劉邦托生漢獻帝，受盡韓信託生之曹操欺侮，「膽顫心驚，坐臥不安，度日如年。因前世君負其臣，來生臣欺其君以相報。」又以司馬貌斷獄公正：

052　北京：中國商業出版社校點本。

來生宜賜王侯之位。改名不改姓，仍托生司馬之家，名懿，表字仲達。一生出將入相，傳位子孫，併吞三國……只怕後人不悟前因，學了歹樣，就教司馬懿欺凌曹氏子孫，一如曹操欺凌漢獻帝故事。

彷彿家庭紛爭，鄰里糾葛，毫無理學「尊王」之觀念。又獨以彭越後身為劉備，「千人稱仁，萬人稱義」，有所偏袒。最有意思的是以關羽為項羽托生，「只改姓不改名」，與樊噲托生之張飛「二人都有萬夫不當之勇，與劉備桃園結義，共立基業」。唯因前生有孽，「二人都注定凶死，但樊噲生前忠勇，並無諂媚；項羽不殺太公，不汙呂后，不與酒席上暗算人。有此三德，注定來生俱義勇剛直，死而為神。」又似鄉塾斤斤計較，自謂分別因果，妥帖安排。但已粗現「尊劉」傾向，與王彭轉述的北宋說話若合符節，帶有濃厚的民間平話特點。可見肯定出現在理學「帝蜀」論占據統治地位之前，卻又與歐陽脩所持「帝魏」論絕不相侔。[053] 這大概就是以佛門因果之說，對《史記》和《三國志》史書記述之「實」與民間芻蕘議論之「虛」作一混合，以見「平實」。只是史家辯證之風與民間芻蕘之論，在北宋時已經超越陳壽史傳和歐陽脩、司馬遷史官之評，直接「尊劉貶曹」，並直接影響了後世對於三國「正統史觀」的評價。也使北宋關公崇拜更上層樓。

《東坡志林·懷古》言：

053 元至治本《三國志平話》敘因果事與此類同，唯敘述較簡，觀念更加模糊。如只交代「交曹操占得天時，囚其獻帝，殺伏皇后報仇。江東孫權占得地利，十山九水。劉備占得人和。劉備索取關、張之勇，卻無謀略之人。」「交仲相生在陽間，複姓司馬，字仲達，三國並收，獨霸天下。」倒彷彿歐陽脩的「帝晉」觀。這個故事框架還進入了至治本的《五代史平話》，韓信依然托生曹操，不過彭越是做孫權，劉備則另是陳豨，完善了兩漢始終的因果關係。明人曾競相演為傳奇，有《憤司馬》、《小江東》、《大轉輪》等名目。理學無法接受這種說法，故自嘉靖壬午《三國志通俗演義》起，就完全刪去了這段情節。清人索性名之《三國因》，甚至造出《反三國》的小說來，後話不表。

王彭嘗曰：「塗巷中小兒薄劣，其家所厭苦，輒與錢，令聚坐聽說古話。至說三國事，聞劉玄德敗，頻蹙眉，有出涕者；聞曹操敗，即喜唱快。」以是知君子之澤，百世不斬。彭，愷之子，辛式吏，頗知文章。余嘗為作哀辭。字大年。

查蘇軾與王彭交遊，在嘉祐末年（西元一〇六一年至一〇六三年）鳳翔簽判任上，故王彭為言「說三分」的情況恰在仁宗朝內的西夏前線。[054]蘇門弟子張耒《明道雜誌》亦說：

京師有富家子，少孤專財，群無賴百方誘導之。而此子甚好看弄影戲，每弄至「斬關羽」，輒為之泣下，囑弄者緩之。一日弄者曰：「雲長古猛將，今斬之，其鬼或能祟，請既斬而祭之。」此子聞甚喜，弄者乃求酒肉之費。此子出銀器數十，至日斬罷，大陳飲食如祭者，群無賴聚享之，乃白此子，請遂散此器。此子不敢逆，於是共分焉。舊聞此事不信，近見有類似是事，聊記之，以發異日之笑。[055]

說明自北宋仁宗朝至徽宗朝，「說三分」早已形成「尊劉貶曹」傾向，關羽還受到特別的同情。「舊聞」不信、「近見」方知二語，證實此種現象並非孤例。

「說書」藝術在南宋又有長足發展，主要表現在三個方面：

第一是經過「靖康恥」和倉皇南渡以後，國破家殘之恨、兵火燹焚之燼、故國黍離之思，南渡文士總結歷史和評議時局，與說書之教化傾向及警世功能頗有共鳴，特別強調了價值判斷具有的特殊藝術感召力：

054　王彭為宋初勳臣王全斌曾孫，與蘇軾交遊時任鳳翔監府諸軍。詳參《東坡全集》卷九十一〈王大年哀詞〉。

055　《夢粱錄》卷二十云：「弄影戲者，元汴京初以素紙雕簇，自後人巧工精，以羊皮雕形，用以彩色妝飾，不致損壞。杭城有賈四郎、王升、王閏卿等。熟於擺佈，立講無差。其話本與講史書者頗同，大抵真假相半，公忠者雕以正貌，奸邪者刻之醜形，蓋亦寓褒貶於其間耳。」則影戲、說話兩相影響，一本而兩用。

說國賊懷奸從佞，遣愚夫等輩生嗔；
說忠臣負屈啣冤，鐵心腸也須下淚。
講鬼怪，令羽士心寒膽顫；
論閨怨，遣佳人綠慘紅愁。
說人頭厮挺，令羽士快心；
言兩陣對圓，使雄夫壯志；
談呂相青雲得路，遣才人著意群書；
演霜林白日昇天，教隱士如初學道；
噇發跡話，使寒士發憤；
講負心底，令奸漢包羞。[056]

即羅燁以為說書人責任在於「講論只憑三寸舌，秤評天下淺與深」。「講論」即「演」，「秤評」者「義」也。又言「講歷代年載興廢，記英雄歲月文武」。「英雄」一語，揭示蘊含有明晰的價值判斷；「興廢」二字，則標示歷史演進之因果鏈環。故「講」說者「演」也，「英雄」「興廢」者「義」也，從而形成了「演義」一體，為「講史平話」的新潮流派。[057]

第二個特點是由於南宋平民教育普及，而能經科舉步入仕途者畢竟有限，所以很多儒士加入說話人行列。同時由於司馬光編年體的《資治通鑑》突破了正史紀傳體敘述，將歷史因果記述分明，更容易據此編纂故事，鋪敘人物，把理學史觀及其價值判斷注入民間講唱。這就是《醉翁談錄》記敘的：

056 羅燁《醉翁談錄．小說開闢》。

057 筆者多年以前曾有小文辨析這類「據史演傳」的正名問題。參〈《三國演義》還是《三國志演義》？〉署名蕭為，載 1984 年 3 月 27 日《光明日報》。

也說黃巢撥亂天下，也說趙正激惱京師。
說征戰有劉項爭雄，論機謀有孫龐鬥智。
新話說張、韓、劉、岳，史書講晉、宋、齊、梁。
《三國志》諸葛亮雄才，收西夏說狄青大略。

第三個特點是「說書」演出場所已由集市廟會的「趕場」短篇，發展為專用演出場所「勾欄」的連續性長篇。也就是集敘事講論於一體。羅燁《醉翁談錄》說：

舉斷模按，師表規模，靠敷演令看官清耳。只憑三寸舌，褒貶是非；略　萬餘言，講論古今。說收拾，尋常有百萬套；談話頭，動輒是數千回……講論處不滯搭、不絮煩；敷演處有規模，有收拾。冷淡處提掇得有家數，熱鬧處敷衍得越長久。

敷衍提掇，始成長話。蓋講史非長篇不能敘明前因後果，彰顯揚善懲惡，且有商業上之莫大利益，故絕不能等閒視之，古今同理。即今日之「肥皂劇」，所以不憚時論譏評，觀眾厭煩，「水多和麵，麵多和水」，刺刺不休為無上法門、祕笈寶典者，亦為此也。[058] 史載南宋臨安藝人能長期不轉場，亦非日換短篇話本，而必得提掇敷演，講說長篇才能堅持。

正是在這樣的環境下，《三國志》人物描述及《資治通鑑》三國故事，受到書會才人的特別青睞，由宋入元，代有創建，為後世《三國志通俗演義》成書不斷積累素材。

058　臺灣中央大學康來新《發跡變泰 —— 宋人小說學論》（臺北：大安出版社 1996 年）第八章〈城市論述中的時間感受〉曾分證過這個論題。不妨參看。承著者贈書，謹誌謝意。

民間增益事蹟

宋金元時人們在鋪敘三國故事的同時，也開始專為關羽敷衍故事，這與《三國志平話》和三國戲曲似非同一源頭。今解州常平村關羽祖廟猶存一座金代瘞塔，相傳為關羽母親投井處，上嵌金大定十七年(1177) 銘碑，明言：

> 關聖於靈帝光和二年己未，憤以嫉邪，殺豪伯而奔。聖父母顯忠，遂赴舍井而身歿。至中平元年甲子，里人為帝有扶漢興列之舉，遂建塔井上。

《山右石刻叢編》收載有一篇金人所作〈漢關大王祖宅塔記〉，自稱「本莊社人」、「直下封村柳園社王興立石」，[059] 可以視為民間為關羽託言「前傳」及籍里的早期資料。頗疑「下封村」應為常平村（里）之舊名，且「封」「馮」諧音，後世民間關羽傳說中，也有關羽本姓馮，因殺人避仇逃他鄉，過關隘盤查時，隨口指「關」為姓的說法。[060] 這也是現存文獻中關羽家世民間傳說的初始階段。

山西運城常平村關公故里祖廟之瘞塔。當地傳說為青年關公怒斬地方豪強，亡命他鄉，父母皆投故宅井內身亡。金大定十七年修建，清代兩次重修。

059　胡聘之《山右石刻叢編》二十一卷，清刊本第 153 ～ 158 頁。

060　參《堅瓠集》祕集卷三「指關為姓」條。梁章鉅《歸田瑣記》亦有「指關為姓」一條，略謂民間傳說關羽本不是「紅臉關公」，他姓馮名賢字長生，為打抱不平在公堂上殺死熊虎及袒護惡霸的縣令，亡命在外。逃至潼關，官府畫影圖形緝拿，過潼關時「隨口指關為姓，後遂不易」。戲劇《關公出世》本此搬演。顯然是據《三國志》本傳開首「亡命奔涿郡」敷衍而來，但又要解釋何以籍裡會在「馮村」的緣故。又關公「名羽，字雲長，一字長生，關其氏也」一語也見於泰定三年(1326) 吳律為大都所撰〈漢義勇武安王祠記〉，拓片中國國家圖書館索取號「北京 320」。

約在元大德到至大年間（西元一二九七年至一三〇八年），當陽已有儒生在慨嘆關羽「事機垂成，禍生於所，忽乃守其志，終始不回，卓然為漢忠臣，獨見稱於後世，廟食玉泉，至今不絕」的同時，開始在官方支持下探索典籍，訪求傳聞，系統編纂關羽事蹟，裒集成冊，取名《關王事蹟》（又名《新編關王實錄》）。[061] 胡琦將關羽祖系、生平年譜、身後靈異，到歷代封贈、碑記、題詠等，匯刊一處，為系統鋪敘虛構關羽事蹟奠定了基礎。此外，《關王實錄》又加入了幾通符合理學觀念之「關羽書札」，以白其「降漢不降曹」之曲折委屈。錢鍾書曾留意到關羽書札問題，他在《管錐編》內引用〈三上張翼德書〉討論其真偽，及其在明代士大夫中的流播問題時說：

關羽文無隻字存者，而周亮工《書影》卷一〇云：「關雲長〈三上張翼德書〉云：『操之詭計百端，非羽智縛，安有今日？將軍罪羽，是不知羽也！羽不緣社稷傾危，仁兄無儔，則以三尺劍報將軍，使羽異日無愧於黃壤間也。三上翼德將軍，死罪死罪！』右此帖米南宮書，吳中翰彬收得之；焦弱侯太史請摹刻正陽門關帝廟，中翰祕不示人，乃令鄧刺史文明以意臨之，刻諸石。不知米南宮當日從何得此文也。」一題一書之為近世庸劣人偽托，與漢魏手筆懸絕，稍解文詞風格者到眼即辨，無俟考據，亦不屑刺訊。[062]

061　今存明成化七年張寧刻本、明嘉靖刻本及明萬曆刻本，中國國家圖書館有藏本。明嘉靖年間呂柟在此基礎上重新編刻，成《義勇武安王集》六卷。清順治末錢謙益又取胡、呂二書次第刊定，釐為八篇，即〈本傳考〉、〈故事考〉、〈譜系考〉、〈墳廟考〉、〈封爵考〉、〈神蹟考〉、〈正俗考〉、〈藝文考〉，依舊稱《義勇武安王集》。此外萬之蘅《漢關侯事蹟彙編》、周廣業《關帝事蹟徵信編》、盧湛《關聖帝君聖蹟圖志》等則多踵繼錢氏之編。

062　《管錐編》第三冊〈全上古三代秦漢六朝文〉九五〈全三國文〉六〇。按文中提及的周亮影為清初學者；米南宮為米芾，北宋末年著名書畫家；吳中翰為吳彬，晚明書畫家。焦弱侯為焦竑，晚明狀元，學者；鄧文明為晚明書畫家。

則偽托關羽書札是否宋儒為始作俑者？姑志質疑。還有一個細節值得注意。按《三國志》及其他史傳皆稱張飛表字「益德」，而至治本《三國志平話》和元代三國戲曲則均稱「翼德」，胡琦此書亦作「翼德」。揣想改名本意，或許是以張飛為輔「翼」劉玄「德」之肱股幹臣。最初當然是儒士做的手腳，但也看出與民間小說平話的交互影響。

宋元有關三國的「說書」情況，端賴現存日本的元代至治年間（西元一三二一年至一三二三年）福建建安虞氏刊本《全相三國志平話》得窺一斑。該刊圖文並茂，文字還保留著質樸簡略的話本特點，敘事亦與「據史演義」頗有差距，表現出濃烈的民間傳播氣息。元人戲曲小說互動性很強，很多人物故事究竟是先出自小說還是先出自戲曲，也還難以說清，但至少知道兩者的轉換性既強且快。或者文士剛剛搬演成劇，書會才人馬上演為說部；或者小說甫一敷衍成篇，雜劇立刻粉墨登場。後世作為關公形象的一些特殊象徵，如容貌、服飾以及「形象組合」的青龍刀、赤兔馬，隨侍關平、周倉，都先後出現在這一時期的戲劇小說描寫中。

「漢人格薩爾王」

三國故事演進歷史可述甚多，學術界關懷者也甚眾，雅不欲複述所以，陷入「同構」。故另闢蹊徑，以蒙藏著名史詩《格薩爾王傳》和漢語詞話本《花關索》為例，另行探討。

關公故事在唐宋已經開始流傳，元代的關公戲劇與小說平話愈加流行。此為常識，不勞分證。而元代開始傳播的《格薩爾（Gesar）（蒙古史詩稱為格斯爾 Geser）》，是在西藏、蒙古以及中亞地區廣泛流傳的一部口傳史詩，《花關索》則是明初漢民族地區刊行的一個詞話本。看上去兩者可謂「風馬牛，不相及」，只有一個共同點，就是同樣形成於大約十四世紀。如從傳說學角度思考，展現出來的卻是另外一個學術視野。

花關索自稱是關羽第三子，其間的承襲關係簡明清晰。而將關公與格薩爾王連繫在一起，也由來有自。但關公信仰及其傳說是否影響過格薩爾史詩，或者說格薩爾史詩中是否存在關公形象的影子？似乎還沒有專文論及。本章擬由關公被稱為「漢人格薩爾」的現象談起，逐次涉及《格薩爾王傳》中格薩爾的兄長甲擦的形象特徵和角色設定，最後引出《花關索》唱本與蒙古史詩《格薩爾》的相似，進而探索這個奇特孤兀的唱本及儺戲，與蒙藏民族史詩產生的時代、地域的相關性問題。

需要申明的是，鑑於《格薩爾王》係口傳文學，千百年來在西藏、蒙古各地的傳播中雖有傳承共同性的一面，但也與世界各地各民族所有口傳文學一樣，變異性和隨意性也很明顯。此為專學，筆者只是管窺蠡測，以期引起學界關注，而非擅自作結，靜候方家續論。

著名德國學者海西希（Walther Heissig, 1913 ～ 2005）曾認為，在中國的邊疆少數民族地區：

> 關帝被當作戰神，而過去早就有人把喇嘛教中的格薩爾汗當成了此神。他們作為戰神，在肖像方面的相似性是不言而喻的。因此在邊防地區的關帝廟中，把偉大的關聖帝當成關氏家族神聖的格薩爾汗，這完全符合嘉慶和道光時代的宗教民族融合政策……稍後不久，關帝的神祇不僅僅被當成了戰神，而且還被說成是格薩爾汗。[063]

063　（德）海西希（W. Heissig）著，耿昇譯《西藏和蒙古的宗教》。天津古籍出版社 1989 年出版。

李福清也介紹說：

> 在十八世紀中關羽崇拜在蒙古族流行較廣。一七七二年（乾隆三十七年）在俄羅斯工作的德國學者 P. S. Pallas 在西伯利亞旅行時，參觀俄羅斯 Kjakhta（恰克圖）及對面的（屬於清朝中國）買賣城時，也參觀了那裡的關帝廟（大概是北部最遠的關帝廟）。當地的蒙古人告訴他，這就是格斯爾廟。這證明在蒙古人之間關帝形象很快與蒙古崇拜的藏蒙兩族民間史詩最偉大的英雄 Geser 汗（格斯爾或藏語發音格薩爾 Gesar）合起來了。[064]

臺灣學者王明珂也注意到：

> 在當今或近代蒙古族與滿洲人的「邊緣族群」中，並非沒有假借漢人祖先或神的例子：如部分東部蒙古部族近代以來一直有「滿洲公主嫁來蒙古所攜山東衛士後裔」之說；又如在內蒙古南部流傳的關公與格薩爾（「藏族」史詩英雄）述事及其混合。這些又需要對近代漢、藏、蒙、滿民俗文獻作些研究，以及在相關地區作民族志田野調查。[065]

但是李福清列舉材料盡出清代，復自設疑言「未知元朝亡後，明時蒙古人怎麼崇拜關羽」。筆者認為可由藏、蒙兩族共有的長篇史詩《格薩爾王》中探索。簡單而言，理由有四：

一是年代相關性，據介紹，「關於這部史詩的產生，一般認為是自十一世紀以來，在藏族古老的神話、傳說、故事、歌謠、諺語等民間文學的基礎上，由人民群眾集體創作而成；另有認為應當產生於十三世紀

064 李福清〈關公傳說與關帝崇拜〉，輯入《古典小說與傳說——李福清漢學論集》，中華書局 2003 年出版，第 97 頁。著者持贈，謹誌謝意。

065 〈論攀附：近代炎黃子孫國族建構的古代基礎〉注。

或更晚時間的觀點。」[066] 而作為下限的十三世紀，正是蒙古大軍橫掃亞歐大陸，八思巴活躍於蒙古宮廷，薩迦教派亦頻繁往來漢藏地區之時。

二是故事由來發展與宋元間關羽故事演變契合。《格薩爾王》略謂藏民民不聊生，「請求天界梵天王派一位神子下凡來治理人間，解救百姓。梵天王答應了這一請求，派自己的三兒子擔負了這一使命。」並先後戰勝了魔、霍爾、姜國和門國，是為「著名的『四大降魔史』，亦是史書主要的，最為精彩的部分」。按密教中的「梵天王」原即毘沙門，其「三兒子」哪吒已經在道教中成為關羽的部將。[067] 而「伏魔」正是密宗「梵天王」或忽必烈時代關羽神職的主要功能。

值得指出的是，在宋末元初《大宋宣和遺事》中出現了為了護衛解州鹽池，在龍虎山張天師的召請下，關公率領陰兵大戰蚩尤的傳說以後，《格薩爾王傳》也有與姜國爭鬥，又名《保衛鹽海》的故事。大意說姜國國王薩旦受到黑魔神蠱惑，為了「奪取飲食調味的最佳品」，不惜糾集各路妖魔，發動戰爭，妄圖侵占屬於格薩爾嶺國所有的「鹽海」：

在被黑山陰影籠罩的角落裡，那黑海中的波浪正翻騰。驚雷般的猛將白登格布，老妖魔吉吾托格，毒人拉烏斯斯等，是率領龍王部隊的頭領，趕快集合水妖兵。[068]

066　本章介紹《格薩爾》內容，凡未另行註明引文出處者，均轉自中國社會科學院文學研究所、少數民族文學研究所聯合編著之《中華文學通史》第三卷，華夏出版社（北京）1998 年出版。

067　《今樂考證》著錄闕名元雜劇《二郎神射鎖魔鏡》，已談到哪吒為清源妙道真君趙昱之弟，並與他一起擒獲了黑風山的牛魔王。而《正統道藏》卷二六〇〈酆都朗靈關元帥祕法〉中則稱趙昱為關羽部將，職責仍然是降妖伏魔。

068　徐國瓊、王曉松全譯本《格薩爾王傳．姜國大戰》，中國藏學出版社 1991 年，第 10 頁。文本據其在雲南德欽、中甸、維西和麗江等地採錄。據該書《前言》，弗蘭西斯的《西藏拉丁字典》對「姜」一詞解釋說：「『姜』是個部族和地區的名字，其在雲南省的西北部，首邑是三賧或麗江府。」並有歷史上藏人與周邊民族爭奪鹽池的相關史料介紹，可以參看。

其間反覆多次，兩敗俱傷，而護佑格薩爾的「白梵天王」降下預言說：

屈拉長官身穿金鎧甲，明天要來闖營需防備。
這人智勇誰也難匹敵，當心嶺軍人馬會失利。
無論派誰去同屈拉戰，當心性命落在他手裡。
要以赤兔神馬為隊首，列陣一方英勇去迎擊。
行動由我梵天來運籌，爭取這次戰爭奪勝利。
目前對他只用軟辦法，九年後如何對付全由你。[069]

「金鎧甲」之說，或許就是蚩尤「五兵」的演化。赤兔神馬一度被姜軍大將屈拉奪走。但最後在白梵天王等天神的幫助下，姜國落得戰將喪生，元凶丟首，以失敗告終，薩旦王也死於格薩爾之手。這段史詩雖有唐代史實作為依託，但也留下宋人解州鹽池傳說「關公斬蚩尤」的濃重痕跡。或者可作另一種「雙向互動」的假設：即《格薩爾王傳》早期史詩有關內容曾在元初傳入內地，道教曾據以豐富自己的傳說。

第三也最重要的，就是《格薩爾王傳》中對於格薩爾同父異母兄長甲擦夏尕爾（亦作「甲擦」、「嘉察」、「賈察」、「奔巴王」等）形象的塑造。目前關於《格薩爾王傳》與關公淵源的探索，差不多都集中在格薩爾本人身上。他們同為梵天王化身或其子[070]，都有南征北戰的勳勞以及護佑眾生的功能，尤其坐騎都是神奇的赤兔馬（棗騮馬）等等，都有幾分神似，但筆者以為，更值得進一步考探的還是《格薩爾》中他那具有漢族血統的兄長甲擦。

069　同上，第 781 頁。

070　有文章介紹說：「在藏文《格薩爾》裡說他是天上『白梵天王』的三個兒子中最小的兒子，名叫頓珠采爾保。在蒙文《格斯爾》裡說他是天神『好日禾斯塔』（漢譯稱『玉皇大帝』）三個兒子中最小的兒子，名叫頓瓊嘎爾布（蒙語稱維勒布圖格其）。」（http://post.baidu.com/f?kz=60741333）

甲擦是漢妃所生，「在介紹自己來歷時，反覆提到自己是大漢皇帝一外甥，他的坐騎、寶刀均來自漢地，並以這種親緣關係而驕傲和自豪。」這正是唐代以來藏漢「甥舅」之好的傳統表述。而單單誇耀他寶刀之鋒利，就用去了七十行詩：

我這柄「雅西噶徹」寶刀，是中華皇帝的傳家寶；
是大自在天的命根鐵，鐵匠之神多吉勒巴鍛造。
用魔鬼的黑血淬火，用毒蛇的毒汁打磨；
寶刀的刀柄是什麼？藍天大鵬的犄角。
請看寶刀的刀頭，滾滾黑雲壓城堡；
請看寶刀的護手，喇嘛頭戴蓮花帽。
請看寶刀的刀背，像羊卓雍湖的波浪；
請看寶刀的刀面，像冰凝大地的寒光。
抽出我的「雅西噶徹」，如閃電劈開茫茫黑夜；
插上我的「雅西噶徹」，如流星消失在蔚藍虛空。
我揮動寶刀撲向敵群，像霹靂擊碎座座崖峰；
我的寶刀「雅西噶徹」啊，你的威名天神也震驚……[071]

類同元雜劇《關大王獨赴單刀會》、《關大王單刀劈四寇》一類對於青龍偃月刀的鋪陳誇敘。甲擦生性剛烈威猛，忠信誠義，具有「萬人敵」的聲名，出入敵陣如入無人之境。他能一箭射穿九個木人，出入戰場時白衣白馬。白帳王發兵之前，霍爾國有一女預言家曾說，將有千名武士在單騎白人白馬的手下喪生，此單騎之將便是指甲擦。果然，甲擦懷著對霍爾的仇恨，闖進了白帳王大營，砍斷了敵營的旗桿，殺死了一

071　廖東凡《雪域西藏風情錄》（十六），西藏人民出版社 1999 年出版。註明此段詩行是作者與藏族學者唐本．次多合作翻譯的。

批敵人，還趕回了一批戰馬。雖然作為指揮全軍的大將，單獨出擊是考慮不周的，但是卻使霍爾人從此如驚弓之鳥。這究竟是不是當年關雲長「匹馬刺顏良」的遺意呢？

《格薩爾王傳》之〈霍嶺大戰〉是迄今所見到的漢譯本中規模最大、文學價值最高的分部本。內有十數場大規模的戰鬥，塑造了數十個有性格的人物和精靈的形象，已有各種不同的整理本約七十萬字，代表《格薩爾》藝術成就所達到的高度。而〈甲擦捐軀〉又是〈霍嶺大戰〉最動人的篇章之一。

現存《格薩爾》中的甲擦之死有著不同版本，但都是說因出內奸晁通勾結外敵所致。而他在保衛嶺國，抵抗霍爾偷襲時，把兄弟的重託、嶺國的榮譽看得比自己的生命還重。一種說法是：

當甲擦追趕他（按指霍爾大將梅乳孜）的時候，因為彼此各事其主，無法相讓，梅乳孜只好避免交手，拍馬奔馳而去。不幸甲擦因連日鏖戰，人困馬乏，當他欲躍馬刺殺時，馬不但未猛撲向前，卻後退了數步，一個閃失，甲擦摔下了馬，恰恰頭部撞在梅乳孜的矛尖上。梅乳孜大驚失色，深有負罪之感，淚如泉湧，他說：「我一心嚮往著雄獅大王的事業，誰知把壞事做到了奔巴王身上！你們嶺國部隊一味逞強，太不知節制，把我奔巴一生的願望都毀了！」甲擦卻含笑迎接死神，死得從容而又壯烈，使全嶺國都沉浸在哀慟中！[072]

死於馬失前蹄。而在另一種版本中，他卻死於敵將的背信棄義和暗算：

072　《中國少數民族英雄史詩》編著潛明茲，中國國際廣播出版社 2011 年 7 月。

嘉察一邊往前狂奔，一邊對坐下的白背馬說：「白背馬呀白背馬，今天上陣用著你。躍過懸崖翻石山，四蹄要像走平地；跳過大江和大河，就像水裡金眼魚；本領如同白雄鷹，跑路賽過閃電疾；今日我去殺仇敵，殺敵夥伴只有你；我倆闖進霍爾營，殺得他翻天又覆地；馬兒馬兒你聽真，今天真正用著你，捍衛國土在此刻，衝鋒陷陣要勝利。」

白背馬懂得主人的言語，跑得四蹄生風，如空中的閃電。不知跑了多久，嘉察看見了，白背馬也看見了霍爾那漫山遍野的兵馬，那如叢林密布的刀槍。嘉察不顧一切地衝入霍爾的陣營，白纓刀左揮右砍，殺得霍爾兵血肉橫飛；霹靂箭四射，射得霍爾兵滾翻在地。霍爾兵馬頓時大亂，哭爹喊娘，四散奔逃。壓後陣的辛巴梅乳澤一見嘉察狠命追來，只覺大事不好。硬拚的話，自己恐怕不是他的對手；要是不把他殺退，嶺國的各路兵馬一到，霍爾兵再退就難了。梅乳澤眉頭一皺，想出一個主意。

梅乳澤騎著馬躍出營來，站在一箭地之外對嘉察唱道：「嘉察協噶呵，請你不要苦苦追趕。今天正巧是十五日，白帳王正在守月圓。他守月圓是行好，不殺不打結善緣。手指纏上白綢子，綢子上邊貼封箋。各種戒律都做好，守戒不動殺人刀。若是殺人把戒犯，天誅地滅不寬饒。我倆今天別真打，做個遊戲玩一遭。」

嘉察一聽，信以為真，便站在那裡，不再追趕。「梅乳澤，你是霍爾的大辛巴，搶我們王妃不應該。霍嶺兩國要想罷戰，除非交回我們的珠牡王妃和珍寶物品。」見嘉察沒有再追趕的意思，梅乳澤高興了：「大英雄嘉察，兩國的事我們先不管，我倆今天比比武藝，若你勝我負，我自去向我們大王說，把珠牡和珍寶還給你們；若你負我勝，就請大英雄自動回嶺國！」嘉察一聽，點頭答應了。辛巴梅乳澤提出先比箭，再比刀。嘉察連想都沒想，立即抽出雕翎箭，搭在弓上，唱道：

「辛巴梅乳澤你聽著，要論比武我不示弱。你的戰馬我不射，射馬的必要不太多；你的花鞍我不射，射鞍的必要不太多；辛巴的鐵甲我不射，射鐵甲的必要不太多；馬鞍上的辛巴我不射，射死人的必要不太多；你頭上的鐵盔我不射，射鐵盔的必要不太多；我要把你盔纓作箭靶，讓你的盔纓往下落。」

唱罷，一箭射去，正中梅乳澤的鐵盔纓，把它射得飛上了天。那利箭卻閃著光，打了個旋，又飛回到嘉察的箭筒裡。辛巴梅乳澤嚇得變了神色，心中暗想：都說格薩爾厲害，這個嘉察也真夠得上是大英雄，如今不除掉他，是走不脫的了。可惜呀嘉察，可憐呀大英雄，你就要做我的箭下鬼了，可這並不是我的本意呵！只因你苦苦追趕，霍、嶺兩國都不得安生，今天只好如此！想著，梅乳澤滿面笑容地唱道：「你是好漢是朋友，講仁講義信用多。我往上不向青天射，射著日月有罪過；我中間不向太空射，射死雄鷹也難過；我往下不向大地射，射壞白蓮花造孽多；我要射你頭上的白盔纓，我的箭百發百中沒有錯。」

一箭出手，正中嘉察前額，嘉察疼得萬箭鑽心。但是，英雄並沒有倒下去，他挺直身子，抽出腰刀，一夾馬肚子，直衝霍爾陣營。辛巴梅乳澤早就躲了起來。嘉察左突右殺，殺死了不知多少霍爾人馬。最後，英雄終於倒下了。

可憐嘉察協噶，格薩爾大王的兄長，嶺國的棟梁，舉世無雙的英雄好漢，竟死於詭計之中。[073]

除了戲劇小說影響之外，不同民族，不同時代民間說唱藝人依據自身經歷想像而敷衍改創的成分無疑起著主要作用，所以不同版本格薩爾故事描述甲擦之死也有不同。但從中仍然不難窺見當年關羽北伐襄樊、

073　降邊嘉措等譯《格薩爾王全傳》第十六回〈巧施詭計晁通通敵誤中暗箭嘉察捐軀〉。

水淹七軍、威震華夏之時，卻突然遭遇孫吳偷襲，最後西附劉封時在臨沮為潘璋所殺的經歷。

正像關羽生前事蹟在他整個傳說故事中只占據小部分一樣，甲擦死後的顯聖故事也繼續在格薩爾傳說中發揮著重要作用，這在整部史詩中都顯得孤兀特出。雲南與納西族有淵源的一種版本中，敘及嶺國勇將旦瑪尋求賈察幫助時，是這樣描述的：

這時，旦瑪想起了天母的預言，知道賈察靈魂的化身將要顯靈。他一心想見到賈察，便興高采烈地向前走去。這時，在東方天際，現出了各種猶如虹光一樣的彩雲。雲縫中放射出黃金、白銀、紅銅和冰珠石發出的四種光芒。空中紛紛飄著五瓣花雨，隱約傳來各種仙樂的聲音。旦瑪抬頭向仙樂傳來的地方看去，只見彩雲中，顯現出一座像白水晶堆成的寶塔，寶塔頂上露出了賈察的一半身影。只見賈察肩上掛著寶弓，手中揮著生前舅舅漢族皇帝賜給的那把「雅司尕纏」寶刀，面如十五皓月一般，容光煥發，帶著微笑，兩眼俯視著大地，看著旦瑪。旦瑪這時因見到賈察，心中無比高興，他在似夢非夢感覺中，連忙像在雪地上滑倒了一般，連連向賈察叩頭。這時賈察對著旦瑪，以「面語消愁」的動聽曲調唱道。

描繪的景象充滿著廟宇祭祀的輝煌，和鼓樂戲劇的燦爛。毋庸置疑的是，這裡的賈察只能「現形」，卻已不能「助陣」來幫助自己的崇拜者，分明已是一個逝去英雄的形象。這正是宋元儒家祭祀中出現的關羽形象。這是否意味著藏、蒙民族初始接受的這個形象已經是個亡靈，彷彿《哈姆雷特》中他那死去的父親呢？更重要的是賈察的垂訓：

罪魁禍首霍爾白帳王，結果脖頸背上馬鞍子。
最後大王刀下超生去，終於實現心意奪勝利。

英雄旦瑪不必發脾氣，怒氣衝衝沒有任何益。
一定要把暴躁脾氣改，朋友之間不能傷和氣。
霞魯我十三歲那年起，作為軍官率隊抗強敵。
由於脾氣不好性子暴，招致血灑荒郊身首離。
旦瑪暴躁脾氣定要改，他人教訓應該牢牢記。
如果真的想念我賈察，我的吩咐你要牢牢記。[074]

賈察自言之「由於脾氣不好性子暴，招致血灑荒郊身首離」，分明就是宋元小說戲曲觀念中關羽所以會「荊州歸天」的緣由。他所以「顯靈」而不像佛教神祇那樣能夠隨時「現身」，恐怕也是格於儒學信仰的限制。

但是在藏區流傳的格薩爾故事中，在格薩爾遠征伽地，受到伽域王子毒日梅巴魔力侵害最困難的時候，甲擦亡魂就直接披掛上陣，所向披靡了。此後嘉察屢經戰陣，披堅執銳，且因他的亡靈係彩虹所化，刀不能分，毒不能侵，顛撲不破，故能所向無敵。連破隆納巴姜、哈日梅巴、森格扎堆、尼瑪赤尊、毒日梅巴及伽域王等，格薩爾因得以將伽域寶庫一一開啟，搬運一空：

從此，魔王當道的伽域，升起了善業的太陽。

嘉察完成了下界的使命，乘彩虹而去。王子扎拉雖想與父同去，無奈肉身難變，只得跪倒在地，請父親的在天之靈保佑自己，保佑嶺國百姓，保佑嶺國的降魔大業早日完成，他父子能在天界相會。[075]

接下來的故事是格薩爾地獄救母，然後返升天界。走前——

074　徐國瓊等譯本《格薩爾王傳．姜國大戰》，第 255 ～ 257 頁。
075　同上第 59 回〈伽域國君臣遭殺戮 永固城寶庫被開取〉。

格薩爾一一囑咐兒孫輩的孩子們，要多做好事，多行善事，尊敬父母，要能聽智者之言，不要聽信壞人的謊言等等。然後，把王子扎拉叫到座前，對他說：

「孩子呵，你是嘉察的兒子，像你父親這樣的男子漢，世人中間難找尋。你要學習父親，好好報答父母的養育之恩。現在我把嶺國的國事托給你，把國王的寶座交給你，把嶺地的百姓交給你。你要保持賢父的良規，保持我雄獅王的國法，對百姓要和氣，不要把公眾的財物據為己有，不要輕信閒言碎語。俗語說：『如果武器常磨拭，戰神自然會助你；若要馬兒跑得快，全在平時細心餵。』叔叔的這些話你一定要牢記。」[076]

史詩的這種繼位安排很有意思。按照《西藏王統記》或者《西藏王臣記》敘述，歷代藏王傳位亦為父子相傳，活佛轉世則須另選他門。格薩爾兄弟三人，為什麼偏偏傳給具有漢族血統的姪兒？或者正是世俗世界與宗教世界裡劉備、關羽關係的錯位——甲擦既是格薩爾世俗世界的忠心輔臣，其子又是格薩爾在神話世界裡的繼承者。

蒙古族地區流傳的《格斯爾》中同樣也有甲擦形象。有研究者認為：

哲薩希格爾（或扎薩希格爾）是格斯爾的哥哥，在藏文《格薩爾》中稱甲擦協尕爾，同是藏文 rgya-tsha-zhal-dkar 一詞的漢文音譯。甲擦協尕爾據說是漢女所生，故稱他為 rgya-tsha，即漢人的外甥。協尕爾 zhal-dkar 是白臉的意思。[077]

還有一事值得注意。一九四七年青海互助縣沙塘川天主教堂的德國傳教士施羅德從教他土族（即白蒙古）語的朵家學生那裡，得知當地民

076　降邊嘉措等譯本第 66 回〈托後事扎拉繼王位 攜王妃雄獅返天界〉。

077　王興先〈藏族、蒙族《格薩爾王傳》的關係及所謂「同源分流」問題〉，中國西藏訊息中心（http://www.tibetinfor.com.cn/wenxue/wenxu2002412133731.htm）。

間藝人貢布會唱長篇唱詩《格薩爾》，便把貢布從小羊圈請去，在甘家堡天主堡天主教堂裡說唱。一九四八年這一份《格薩爾王傳》紀錄稿在德國發表。其中涉及格薩爾與漢族神話傳說的關係部分，施羅德有著自己獨特的見解：

> 在蒙古爾文版本中，格薩爾的形象表現出強烈的中國神話學的影響，施羅德的保護人依夫拉老人和說唱藝人本人都將格薩爾比做中國的古代英雄二郎……如果對照格薩爾和二郎，便可舉出一系列安多地區的蒙古爾人的和漢人的民間流傳的兩個故事人物的相似性……如果二郎很晚才在中國神話裡出現，並首先在西部地區受人崇拜，那麼差不多可以認為神話人物二郎出自格薩爾傳說的藏語地區。更為久遠的傳說——格薩爾這個形象，或者替他安排的各種活動情節——不可斷定。格薩爾傳說可能將所有神話集中到了一個人物身上。完全可以想像，在中國和在西藏地區都有相同的傳說題材，例如：射日、天狗、降服河流等，在中國，這些神話產生了各種英雄，如射日神話裡有羿，治水的李冰，而在西藏卻只有一位英雄——格薩爾。[078]

這是格薩爾史詩在不同時代、不同地域、不同民族中的另一種錯綜。請注意，二郎神和關公形象歷來關係密切，筆者曾有專文探及宋代以來的二郎神崇拜。[079]而灌口二郎在西南、西北民族地區形象的豐富性和解讀的歧異性，也許更應該被視作不同民族之間宗教及民間傳說雙向，甚至多元的長期互動的結果。但格薩爾與灌口二郎影像的重疊，畢竟帶給我們相當充裕的想像空間。

---

078 （德）瓦爾特．海希西〈《多米尼克．施羅德與史詩〈格薩爾〉》序及導言〉，趙振權翻譯。《格薩爾研究》集刊第1、2期。

079 〈宋代的二郎神崇拜〉，《世界宗教研究》2003年第二期；〈二郎神、川主與李冰子〉，《成都社會科學》2005年第一期。

「花關索」與蒙古時代隨軍演唱

關索是關公崇拜的一個特殊支派。至於這個形象何時出現，為何出現，始終籠罩著一層迷霧，幾成專學。在《伽藍天尊》一書裡，筆者曾探討唐五代「關三郎」傳說與關公崇拜的關係。而在宋金之際以「關索」為綽號甚或名字的人士忽然很多，其中既有軍官、盜寇，亦有江湖藝人。論者已經關注到這個問題，余嘉錫先生嘗言：

> 宋人之以「關索」為名號者，凡十餘人，不唯有男，而且有女矣。其不可考者尚當有之。蓋凡綽號皆取之街談巷語，此必宋時民間盛傳關索之武勇，為武夫健兒所忻慕，故紛紛取以為號。龔聖與作贊，即就其綽號立意，此乃文章家擒題之法，何足以證古來真有關索其人哉。觀宋人多名「賽關索」，知《水滸傳》作「病關索」者，非也。[080]

周紹良先生卻獨具慧眼。以為：

> 從記載來看，宋代這麼多人把他裝點在自己的綽號中間，就地理來看，很多地方用他的名字作地名，那麼我們可以相信，這絕不是簡單的。雖然關索之名不見於歷史書籍，可是絕不是到宋代才有的，它可能有一段在民間流傳的長久歷史。我很懷疑它是由迷信演變過來的。[081]

宋代究竟有無關索話本，已不能確考，但老友歐陽健舉宋元話本《清平山堂話本·西湖三塔記》中之言為證：

> 「是時宋孝宗淳熙年間（西元一一七年至一一八九年），臨安府湧金門有一人，是岳相公麾下統制官，姓奚，人皆呼為奚統制」之句，當

080　〈宋江三十六人考實〉，載《余嘉錫論學雜著》，中華書局（北京）1963 年出版。

081　〈關索考〉，原載《周叔弢先生六十大壽紀念論文集》（1950 年，北京），《學林漫步》第二期轉載（北京：中華書局 1980 年出版）。

為南宋人口氣。詞話敘宣贊被娘娘留住半月有餘，有數個力士擁一人至面前。詞話形容那人的「眉疏目秀，氣爽神清」，道：「如三國內馬超，似淮甸內關索，似西川活觀音，岳殿上炳靈公。」詞話以馬超、關索、活觀音、炳靈公來形容那後生，四人當中，觀音、炳靈公原本就是神仙，馬超、關索則是人傑，後來亦當歸神。耐人尋味的是以「三國內馬超」與「淮甸內關索」相對舉，則關索非三國名人可知。若他確是關羽之子，又有絕大本事，就更有理由稱為「三國內關索」；不稱「三國內關索」而稱「淮甸內關索」，限定了他活動的地域（淮甸為今日江蘇淮安淮陰一帶）。[082]

唐宋人聲口裡何謂「淮甸」，讀者當能自行檢索。歐陽兄論說稍嫌囉嗦，但結論卻毫不含糊，證實當時的「關索」傳說尚未與三國關羽產生任何連繫。而在元代至治年間所刊《三國志平話》中敘述諸葛亮南征時，只有「關索詐敗」突兀一句，沒有明晰人物和情節。萬曆年間《三國志傳》始出現「關索認父」片段故事，但此緣何來，仍然令研究者摸不到頭腦。

自從一九六七年成化戊戌（一四七八）本《新編全相說唱足本花關索出身傳等四種》中，包括《新編全相說唱足本花關索出身傳》、《新編全相說唱足本花關索認父傳》、《新編足本花關索下西川傳續集》、《新編全相說唱足本花關索貶雲南傳》在上海嘉定出土，[083] 海內外學人

082　歐陽健〈關索索考〉，《中華文化論壇》（成都）2005 年第 2 期。

083　1967 年上海嘉定縣城東公社明代宣昶墓葬出土文物中，有一批明成化七年到十四年（1471 ～ 1478）北京永順堂刊印的說唱詞話，計十六種。內容包括講史類：《花關索出身傳》、《花關索認父傳》、《花關索下西川傳》、《花關索貶雲南傳》及《薛仁貴跨海征遼故事》、《石郎駙馬傳》；公案類：《包待制出身傳》、《包龍圖陳州糶米傳》、《仁宗認母傳》、《包龍圖斷曹國舅公案傳》、《包龍圖斷歪烏盆傳》、《包龍圖斷白虎精傳》、《劉都賽上元十五夜看燈傳》、《張文貴傳》；傳奇靈怪類：《開宗義富貴孝義傳》、《鶯哥孝義傳》。又南戲《新編劉知遠還鄉白兔記》一種。現藏上海博物館。1973 年由上海文物保管委員會影印出版，合稱《明成化刊本說唱詞話叢刊》。按光緒《嘉定縣志》卷十六載：「宣昶字汝昭，授經鄉里，治《詩》者多出其門，成化間領鄉薦，

始發現關索的人物故事又展現出一條全新的脈絡。說唱本大略為：劉、關、張在武成王（姜子牙）廟結義，因劉備怕二人有家小牽連，恐生悔意。關、張遂決心互殺家小以自誓。但張飛禁不起關平哀求，留在身邊。關夫人胡金定因孕逃至娘家，生下一子，後因觀燈被人拐與索員外為子。索又將他送至丘衢山班石洞花岳先生門下習武，此子遂以三家之姓，名為「花關索」。關索藝成回至外家，殺退賊人，成為統帥，唯缺一副寶甲。聞得鮑家莊鮑王有赤龍鱗甲，興兵奪取。鮑王之女鮑三娘武藝超群，曾揚言如有勝她者，願許之為妻。關索比武勝之，得到妻子、寶甲。認父之後與關羽同守荊州。關羽被東吳呂蒙、陸遜所害。關索曾先後下西川，征雲南，為報父仇活捉呂蒙、陸遜，並將出賣關羽的糜竺、糜芳，一齊殺死以祭關、張之靈。劉備後來憂悶而死，諸葛亮亦回臥龍崗隱居不出，關索氣死，鮑三娘回山繼續稱王。

語言鄙俚，敘事不經，一望可知。此中主要故事、關鍵人物不但與《三國志》史實、地理無關，且與元代文人所撰三國戲文甚至至治本《三國志平話》都了不相干。[084] 何以至此？中外研究者見仁見智，各抒己見，爭論激烈。但絕大多數都是圍繞版本問題，如「羅貫中原本是否有關於花關索人物故事」而引發的，玆不贅。

選惠州府同知，補陝西西安府同知，居官以廉惠稱。」此批書籍是其妻墓的隨葬品。

084　其中「姚賓（斌）盜馬」後世編入戲文。《中國京劇戲考》載錄有《真假關公》（亦名《賢孝子》、《姚斌盜馬》），略謂曹操征雲南，土司蘆舉御之。蘆兵敗，孫權與之通款，唆使往襲荊州。曹仁先攻荊州，為關羽所敗。有獵戶姚斌見土豪張志平欲搶李誠之女玉貞，救之，更救方雄失金之難。後避雨白雲寺，得石匣及鎧甲。姚母病，思食千里馬肝，姚百計尋訪不獲。偶遇關羽帳下看馬人傳萬年，得悉關之赤兔馬日行千里，乃往盜取，喬妝關羽擬溷出。為周倉識破，相鬥；關羽見而勘問，姚斌實告，關羽喜而收歸帳下。土司來攻，被關羽率姚斌等擊敗。較《花關索》故事有改動增益。此外北京崇文門外金魚池曾有元代關廟稱為「姚斌盜馬廟」。神像威嚴生動，呼之欲出。關羽戎服正坐，怒色威嚴，逼視姚斌。姚斌袒臂赤足，頭髮繫於柱上，但雙目圓睜，威武不屈，侍將七人均虎視眈眈，赤兔馬仰首長嘶。傳為元代名匠劉元所塑。清人《日下舊聞》、《天咫偶聞》均有記敘，1900 年庚子事變焚燬。可知花關索故事在大都之影響。成化本所以刻自北京，不為偶然。

此外，花關索故事裡充滿著血腥屠殺。比如破廉旬一戰，「刀砍頭頭昏落地，槍刀衣甲火紛紛（紛紛）。低處㦬㦬流下血，死屍伴（絆）倒陣前人。三千婁羅（嘍囉）被刀了，盡作南柯夢裡人。」為了強調與關張報仇，詞話本還大段鋪敘關羽死後，花關索為報復吳人對荊州實行的屠城：

〔攢十字〕北看，星辰光，光如日中；
朱雀飛，玄武走，難□營門。
白旗暗，月旗□，天無光；
天又昏，地又暗，地暗昏沉。
馬走人，人個個，鬥爭一命；
捘旗槍，打羅古（鑼鼓），多□逃生。
刀斫馬，馬中刀，刀傷馬背；
槍槍人，人中槍，槍透人心。
開山斧，斫頭三，刀出火焰；
鐵稜角，鞍馬足，馬喊斯（嘶）聲。
使弓，弓上箭，箭如雨點；
九稍炮，起萬炮，炮發流星。
金頭王，良（銀）頭王，抓鉤搭住；
千戶傷，萬戶傷，死作冤魂。
殺場上，剁人頭，人頭亂袞（滾）；
殺吳王，軍馬敗，盡散煙塵。
走到揚子江邊去，兩下兒郎沒走門。
前頭走的江中死，後面行人刀下亡。
荊州成（城）下橫屍躺，揚子江中血水流……

座了荊州城一座，殺盡吳王斷了人。

荊州成（城）裡金和寶，犒賞兒郎來出兵。[085]

只從「炮發流星」一語，即知絕非描述三國事，倒像是蒙古軍隊在為報仇而實施的「屠城」。這段描述顯然也與《關張雙赴西蜀夢》中鋪敘劉備、孔明咬牙切齒的唱段相似。關漢卿以劉備、諸葛亮與關張幽靈生死懸隔的角度，描述英雄男兒間的思念之苦，如第一折劉備所唱【油葫蘆】描述聽到關張噩耗之後的心急如焚：

每日家作念煞關雲長、張翼德，委得俺宣限急。西川途路受受驅馳。每日知他過幾重深谷。不曾行十里平田地，恨征 四隻蹄。不這般插翅般急，踴虎軀縱徹黃金轡，果然道心急馬行遲。

其報仇雪恨之心，也表述到咬牙切齒的程度：

【尾】：「殺的那東吳家死屍骸堰住江心水，下溜投林流著血汁。我交的茜茜蓑衣滿染的赤，變作了通江獅子毛衣。殺的他憝血淋漓，交吳越托推，一雯兒番為做太湖鬼。青鴉鴉岸兒，黃壤壤田地，馬蹄兒踏作搗椒泥。」[086]

第二折諸葛亮【牧羊關】，亦有：

我直交金破震腥人膽，土雨湔的日無光。馬蹄兒踏碎金陵府，鞭梢兒蘸乾揚子江。

在能征慣戰的蒙元世侯聽來，恐怕別有一番動情之處。這類聲口顯然並不符合歷史上的劉備、諸葛亮的形象和思想，卻非常投合元代將帥

085　朱一玄校點《明成化說唱詞話叢刊》，中州古籍出版社 1997 年排印本，第 64 頁。

086　吳曉鈴《關漢卿戲曲集》，中國戲劇出版社 1958 年出版，上冊第 51 ～ 52 頁。

快意恩仇，鐵騎遍踏的武功和心理。蓋緣《多桑蒙古史》言成吉思汗曾云：

> 人生最大之樂，即在勝敵逐敵，奪其所有，見其最親之人以淚洗面，乘其馬，納其妻女也。[087]

此曲正是體現了蒙古黃金貴族秉承成吉思汗復仇征伐的原則。更加匪夷所思的是，同一批詞話中的《新編說唱全相石郎駙馬傳》竟以五代後唐皇后、長公主一次口角糾紛為由，鋪敘三關總兵、駙馬石敬瑭帶兵包圍京師，斬殺皇后，逼宮登基的一段故事：

> 點起五方人和馬，都是剛強慣戰人。
> 老者不過三十歲，少者二十正當年。
> 見說廝殺能喜歡，聽得看經骨也寒。
> 打人不雇（顧）老和少，殺人不管故和親。
> 風起要放連天炮，月裡輪（掄）刀要殺人。[088]

其荒誕無稽固不俟言。尤為駭怪的是屬下官兵參與征戰，絕無是非、正義可言，倒像極蒙元「僉軍」制度下征發之壯丁隨軍掠奪的心理。

《花關索》與《格薩爾傳》

前些年有人在完全沒有弄清楚這批詞話本叢書所以出現的時代背景，即貿然以「文化闡釋」名義解讀《花關索》詞話，充滿著對於後世《三國志演義》價值指向的詭異「顛覆」。如有人認為花關索故事「完全違背中國人古往今來一體稟遵的『孝』的道德觀念。過去歷來認

087 馮承鈞譯重排本，第 154 頁。
088 馮承鈞譯重排本，第 154 頁、第 80 頁。

為孝道是上下各色人等一無例外都不敢公開聲言違背的，而游民意識之強烈竟能達到與正統意識完全對立的地步，也使我大吃一驚。」因而「其在文化上的價值（正統的文史學家或許會稱之為『負面價值』）實在並不亞於長沙馬王堆出土的帛書。」[089] 還有學人逕視「劉關張等人互殺妻小」的情節為「被《三國志》和《三國演義》『忽略』的細節」，是「令人震驚的酷語公案。[090] 或以此證實《三國志演義》價值觀念之不實，暗示劉關張其實『不仁不義』。」[091] 溫和一些的觀點，也認為關索在關羽拒絕認親後，所言：「看你今朝哪裡去？如何不認自家人？好生今日認兒子，做個遮槍付劍人。若是言聲爺不認，橫山落草做強人。投了六國曹丞相，領其干戈動戰爭。來打興劉鐵腳寨，拿捉官員五虎人。」是民間話語對宋明理學「尊親」倫理的「背叛」或者「顛覆」。[092] 其實這些說法都是對《花關索》故事的來龍去脈毫無考證的信口之論，當不得真。

德國人，蒙古學家海西希曾將蒙古英雄史詩的結構歸納為十四個大類，每一大類下面又分為一至三個層次。每個層次又分若干細節，共計三百一十八個不同層次的題目。被認為是目前國際傳說學不同劃分方式中「較符合史詩客觀情況的」。[093] 正因如此，他在〈1478 年明朝中文小說中的蒙古英雄史詩母題〉中，特意將說唱本《花關索出身傳》與蒙

089　李慎之《發現另一個中國》，王學泰《游民文化與中國社會》序言。學苑出版社（北京）1999 年出版。作者持贈，謹致謝意。

090　朱大可〈色語、酷語和穢語：流氓敘事的三大元素〉，《南方文壇》（廣州）2004 年第 1 期。

091　參見王學泰、李新宇著《〈水滸傳〉與〈三國演義〉批判 —— 為中國文學經典解毒》，天津古籍出版社 2004 年出版。

092　劉志琴〈早熟而不成熟的思想啟蒙〉，《開放時代》（廣州）2004 年第 6 期。

093　海西希〈關於蒙古史詩中母題結構類型的一些看法〉原載西德《亞洲研究》第 68 卷，1979 年版。譯文見中國社科院少數民族文學研究所 1983 年 7 月編印《民族文學譯叢》（一）、趙麗娟譯，史燕生校。評介可參徐國瓊〈論英雄史詩的「母題結構」及《格薩爾》中的「幻變母題」〉，《西藏研究》1996 年第 4 期。

古史詩進行的比較，就更有續探價值了。[094] 考慮到這個奇特唱本刊刻的時間，距離至正二十八年元順帝遠颺漠北（西元一三六八年）不過百餘年，如果把花關索故事與元代多民族混一時代的蒙古口傳文學，以及格薩爾史詩作為「多元共生」現象連繫起來看，或許能生發出另一層意義。

海西希在《花關索》與「蒙古史詩」之間，羅列了十四個這樣的相關「母題（motif）」：

a. 出生時沒有父親；
b. 作為一個棄兒的童年生活；
c. 注定隨道士學道；
d. 用一棵連根拔起的樹作武器擊退劫匪；
e. 尋找離去的父親；
f. 憑胎記母子相認；
g. 戰鬥和英雄業績；
h. 與新娘的戰鬥；
i. 將十二個劫匪收歸門下；
j. 有超凡能力的助手；
k. 水中尋寶劍；
l. 夫、婦、子意外相聚；
m. 神奇的箭；
n. 從腿上割肉為關羽充飢。

由此貫穿起來一個「棄兒」及其流浪、學藝，獲寶、戰鬥、成婚、認親以及復仇的「成長」主題和「英雄」故事。海西希認為：

094　北京大學《東方文學研究通訊》2005 年第 1 期，譯者劉迪南、賈維、劉麗、郭西寧。

可以推測這是對當時蒙古連綿不斷的戰爭、打獵和旅行商隊狀況的一種反映。

在衛拉特蒙古史詩《江格爾》中，英雄在少年時代就是一個可憐的孤兒。在《格斯爾》中，英雄也將自己看作是一個孤兒。儘管最偉大的統治者成吉思汗沒有被稱作孤兒的記載，但在古老的《蒙古秘史》中描述了年輕時候的鐵木真（後來的成吉思汗）在失去父親後的貧困，受迫害，流離失所，最後成為一個偉大君主的過程。

從這個角度審視《格薩爾王》，會發現它也同樣遵循著大致相似的敘事模式。以降邊嘉措譯本《格薩爾王傳》為例，第四回中「晁通設計陷害覺如」和第五回「遵旨意覺如假被逐」及「郭姆、覺如母子放逐」，就相當於海西希分類中的「英雄的棄兒童年（Mot. L112.2）」；覺如用珠牡送他的黃金轡頭「如意珠」和黃金後秋「願成就」降服烈馬，奪得賽馬冠軍，也相當於「英雄的武裝（Mot. 4.8:）」及「備鞍等戰鬥準備（Mot. 6.2.2:）」。而至於珠牡形象，則近於海西希所言：

（鮑）三娘在戰鬥中主要目的是保護她的父親和兄弟，相似的還有在蒙古史詩，英雄故事及《格斯爾可汗傳》系列中出現的「樂於助人的姐姐」形象。由蒙古文《格斯爾可汗傳》故事改編而來，並由巴林說書藝人羅布桑演唱，於一九八四年記錄的文本中，敘述格斯爾可汗如何成功經過三次考驗之後，得到龍王的女兒諾爾蘇格瑪。在這一文本中，格斯爾可汗的妻子的形象並不是其他較為經典的蒙古格斯爾故事中的格斯爾可汗的配偶 —— 阿日魯高娃。

而「驗婚」與「賽馬」母題在蒙古史詩中的意義，則有蒙古族學人九月〈蒙古英雄史詩考驗婚研究〉[095]、烏日古木勒〈蒙古 —— 突厥史

095　中國社會科學院研究生院 2001 年博士論文。

詩英雄與駿馬同時誕生母題的比較研究〉[096] 等專門研究。

其餘如《格薩爾王傳》中「降服五頭妖秦恩」等可歸入「將十二個劫匪收歸門下」，聽從白梵天王旨意去「東方查姆寺修學大力降魔法」類似「注定隨道士學道」，而甲擦無疑就是他「具有超凡能力的助手」，「森倫與覺如相認」近於「尋找離去的父親」。至於格薩爾的「九萬良友箭」，更是神奇無比，屢現神效。海西希認為：

> 神箭的母題（Mot. D1601.4），當英雄喊到「射」的一剎那，具有魔力的神箭就如人所願，射中敵人的要害。這些在蒙古文學作品中都有體現。我至少可以從十三部蒙古史詩中找出十八個例子，這一情節在神話中也曾出現。在西藏《格薩爾王傳》中也可讀到此類情節。

由於《格薩爾》是跨越藏、蒙、土、裕固等多民族甚至中亞更加廣大地帶的口傳文學，其間隨時代、民族和地域影響而發生的變異不可避免，因此將《花關索》列出母題與《格薩爾》一一比對，是一項相當艱巨的任務。海西希也說：

> 確定主題的起源時間和主題的線索幾乎是不可能的。但是一四七八年《花關索傳》的出版年代，卻為確定中國敘事文學中何時融入了蒙古口頭敘事傳統提供了線索，並且可以據此確定在當時是否已運用了蒙古敘事主題。這種比較研究是必須的，而且任務是艱巨的。

如果我們注意到《花關索出身傳》四種的上圖下文的版式與元代平話本相同，它們與同時出土的其他詞話本的文字特點都是以唱詞為主，間有說白。唱詞多為七字句，穿插一些攢十字的段落。語言俚俗，錯別字多，說明這些詞話出自民間藝人之手，還被認為是後世「彈詞」的開

096 《內蒙古民族大學學報》（社會科學版）2005 年第 4 期。

創之作。這與採集到的《格薩爾》及其他蒙、藏史詩的情況相同或者相似。這又啟發我們可能開闢一條新思路：在元代民族 —— 宗教大混一的社會狀態下，漢、蒙、藏等民族各自的說唱史書有無交流、影響甚至包容的機會？而在明代以後又依據各自民族不同的經歷、情感繼續發展演進，從而形成不同的內容、風格特點來？或者換個方式說：蒙、藏民族進入中原以後，也曾模仿漢族佛教在中唐以後平民化傳播，用藝人講唱的方式書寫各自民族的英雄及其事蹟，曾經有過一段相互交流融合的階段。明代以後則分道揚鑣，從而形成了《格斯爾》、《格薩爾》和《花關索》等類型人物和傳說？[097]

願舉一例，以便類推：雲南是今存儺戲「關索戲」最為盛行的地區之一，玉溪市澄江小屯「關索戲」的表演尤其引人注目。[098] 但兩宋都市開封、臨安盛行的「關索崇拜」之時尚習俗，何以竟會穿越時空，出現在古稱「邊鄙之地」的雲南一隅？就不得不從忽必烈征雲南開始言說。

話說當年蒙古大軍征雲南大理國，走的是歷史上從未經歷過的奇險艱卓行軍路線。據程文海撰〈世祖皇帝平雲南碑〉載，忽必烈於憲宗二年（1252）「秋九月出師，冬十二月濟河。明年春歷鹽、夏，四月出蕭關，駐六盤。八月絕洮，逾吐蕃。十月渡大渡河，十一月渡瀘，十二月薄其都城。」其軍隊「經吐蕃、曼陀，涉大瀘水，入不毛瘴喘沮澤之鄉，深林盲壑，絕崖狹溪，馬相縻以顛死，萬里而至大理。歸由來途，前行者雪行三尺，後至及丈，峻阪踏冰為梯，衛士多徒行，有遠至

097　筆者曾有〈三教論衡與唐代俗講〉討論到佛教培養專業藝僧由西天「梵唄」轉講中國歷史人物善惡因緣的過程，並有系統理論及培育體系。而駢、散間雜，講、唱相間正是其一大特色，並直接影響到宋人說話。可以參看。（原載《周紹良先生欣開九秩慶壽文集》，中華書局 1997 年）

098　中國藝術研究院薛若鄰對此有所研究，可參其著《關索戲》，載《中國儺戲、儺文化專輯》（上），《民俗曲藝》（臺北）第 69 期，1991 年；《關索戲和關索》，《戲曲研究》（北京）第十二輯等。

千里外者。」[099] 而忽必烈所以捨近求遠選擇這條迂曲路線，除了兵法所謂「出其不意」之外，還因為「吐蕃」早已納入蒙古帝國治下，這就是久處中原，昧於邊事的戰將不能想像也不屑為之的。而金、元特有「僉軍」兵制，即征發平民隨軍征戰，類於後世「壯丁」。[100] 故隨從蒙古大軍征滇的，不但有姚樞、劉時中等北地漢人儒臣世侯，也有契丹、女真等被征服的北方民族（即元代別於南宋「南人」之北地「漢人」）。對此北京大學劉浦江有專論，從現代民族學角度有所論述。其中談到關索戲流行的安徽也有女真族、党項族的後人，可以參看。[101]

雲南大學古永繼還進一步論述了平定大理國以後，還陸續有「遣戍者，有蒙古軍、探馬赤軍（諸部族及色目軍）、漢軍（北方漢民軍）、新附軍（新歸附南宋軍）」開赴此地。故明代景泰《雲南圖經志書》卷一言：「雲南土著之民，不獨僰人（白族）而已，有曰『白羅羅』（彝族），曰『達達』（蒙古族），曰『色目』（主要為回族），及四方之為商賈、軍旅、移徙曰『漢人』者，雜處焉。」[102] 唯獨沒有探及當年大軍既已「絕洮，逾吐蕃」，有無藏兵隨從入滇，是一憾焉。而今日雄踞滇西北高峻雄奇地帶迪慶州的康巴藏族，究竟是「自古有之」，還是奮何因緣擴展至此？似乎也鮮有道及者。

龐琳《元代入藏驛道考述》則從一特殊角度，論及忽必烈征雲南之

099　碑今猶在雲南大理市三月街，大德八年（1304）立，450×165cm。撰程文海（1249－1318）字鉅夫，歙縣（今屬安徽黃山市）人。以字行，《元史》有傳。

100　如忽必烈即位改元後，就曾「詔平陽、京兆兩路宣撫司僉兵七千人，於延安等處守隘，以萬戶鄭鼎、昔剌忙古帶領之。貧不能應役者，方為資給。」（元史·世祖本紀）

101　劉浦江〈關於契丹、党項與女真遺裔問題〉（《大陸雜誌》96 卷第 6 期，1998 年 6 月）。又安徽大學王兆乾〈池州儺戲與明成化本說唱詞話 —— 兼論肉傀儡〉曾詳盡敘及近代仍然流行的貴池儺戲《花關索》問題。按姚樞（1201 ～ 1278）字公茂，隨其父家於許（今河南許昌市）。從忽必烈攻大理，諮謀軍中，屢諫屠戮。後任東平宣撫使、大司農、中書左丞，出為河南行省僉事，入拜昭文館大學士、翰林學士承旨。又劉時中名致，石州寧鄉（今山西離石）人。忽必烈平定雲南，「留大將兀良合臺帶戍守，以劉時中為宣撫使。」

102　〈元明清時期雲南的外地移民〉，《民族研究》2003 年第 2 期。

「南線」及中原經青海之「北線」兩條入藏通道的鎖鑰，實為「吐蕃等路宣慰使司都元帥府」的治所——今日甘孜州的德格。[103] 這與前述德格土司家族記載是吻合的。換句話說，德格作為蒙、藏及漢族經濟文化交流中心的地位，實已在元代形成，順理成章也成為隨軍征戰的各民族說唱文學的交彙集散之地。其地所以有若許格薩爾遺存、故事，以致有足夠信心自詡為「格薩爾故鄉」的原因之一，或者正緣於此。

按《花關索認父傳》裡有一段描述「大國丞相曹操」為劉備一行設筵，「上有遼王下遼王，江南呂高天子」，「鼓樂喧天，生哥作舞，路歧祇應」。又言，「酒飲半酣食午後，曹公當下便開言。雜扮路（伎）歧都不要，只舞青鋒刃一根。」分明是元人宴饗作樂之風。按「路歧」「祇應」和「雜扮」都是宋金元時代技藝演員的名稱。南宋《武林舊事》說：

或有路歧，不入勾欄，只要在寬闊之處作場者，謂之「打野呵」。

即街頭賣藝之人。他們經常選擇教場附近空地表演，似乎特別受到軍人的喜歡，南宋《西湖老人繁盛錄》說：

十三軍大教場、教弈軍教場、後軍教場、南倉內、前杈子裡、貢院前、佑聖觀前寬闊所在，撲賞並路歧人在內作場。

「祇應」則指官府出錢雇募民間藝人、伎人表演，如宋元話本《單符郎全州佳偶》言：

原來宋朝有這個規矩，凡在籍娼戶，謂之官妓，官府有公私筵宴，聽憑點名，喚來祇應。

103　原載《西藏研究》（拉薩）1999 年第 4 期。作者為青海省《交通史志》編寫辦公室退休人員。

而「雜扮」是指正戲演完後加演插科打諢的段子，大都扮演沒有進城見過世面的鄉下人鬧的笑話。[104]

這些蛛絲馬跡，都表明《花關索》詞話中留下元代社會風俗的印記。正因為遠離大都、中原繁華的都市城鎮，不能享用專業藝人搬演雜劇之花團錦簇，急管繁弦。在邊陲兵營蒙漢達官貴人的長夜宴筵，也只能由半專業或業餘說唱者，自編、改編本民族故事人物，而後各自獨立傳承發展。

是否可以這樣大膽猜想：在元代徵戰邊陲的歲月中，多民族混合組成的軍隊中，漢民族採擷武勇之關索，配合元代的關公信仰，附會為關羽之三子征蠻，太行群雄隨行的傳說；而蒙、藏當初或許也有各自英雄的獨立傳說，經過宗教合一的途徑，歷經明、清，合而融匯為《格薩爾》（《格斯爾》或《江格爾》）史詩。從文藝規律上說，元代說唱藝術在不同民族中的發生、發展、交融，形成各自不同的人物故事和說唱形式。

亦如清代八旗官兵遠征四夷，軍營文化生活寂寥，遂發展為自編自唱自娛的「子弟書」、「太平鼓詞」、「清音」等迄今猶存之獨立曲藝品種。清初出征，八旗子弟曾採用俗曲、巫歌等曲調，填詞演唱。乾隆時名將阿桂有平準部、定回部、掃金川、靖甘肅之功，傳說其率部凱旋時，軍士即用八角鼓擊節，演唱俗曲以頌武功。又傳說軍士乘騎入京，以鞭擊鐙，邊行邊唱「天下太平」，謂為太平歌詞，京城為之轟動，後以此形成以八角鼓伴奏的說唱形式「八旗子弟書」。八角鼓為滿族樂器，傳說由八旗八位首領各獻一塊好木料鑲嵌而成。李镛在顧琳《書詞緒論》序中說：

104　張庚〈戲曲的起源與形成〉，《中國大百科全書·戲曲卷》辭目。

辛亥夏（乾隆五十六年）旋都門，得聞所謂子弟書者。

《天咫偶聞》則言：

舊日鼓詞有所謂子弟書者，始軔於八旗子弟。

故有「太平歌詞子弟書，開篇妙語似連珠。單弦牌曲八角鼓，風送時調滿京都」之詠。道理是一樣的。

第二章

跨越民族　共同虔敬全人敬奉

前文披露金代關公〈義勇武安王位〉像，證實金人入主中原，也接受了關公信仰。這是一個頗有意思的現象：宋、金水火之勢，何以共同崇拜關羽？我以為至少有以下幾個緣由：

第一，金朝與北宋一樣，把鹽業作為國家財政的基石，自然會延續北宋的關公崇拜。在占領解池後，解鹽「鈔引則與陝西轉運司同鬻，其輸粟於陝西軍營者，許以公牒易鈔引。」其行銷區域為「河東南北路、陝西東及河南南京府、陝、鄭、唐、鄧、嵩、汝諸州」。正是中原與南宋對峙的前沿各地。宣宗興定四年（西元一二二〇年）面臨宋、蒙古及西夏兵夾襲，還曾「以河中西岸解鹽舊所易粟麥萬七千石充關東之用。尋命解鹽不得通陝西，以北方有警，河禁方急也」。可見金人猶如宋人，亦對解州池鹽倚重頗深。因此宋徽宗時喧騰一時的「關公斬蚩尤」傳說以及由此帶來的關羽崇拜，也應當一直延續到金。元雜劇有「關羽斬蚩尤」的劇目，源於祭賽的山西運城地區的鑼鼓雜劇。至今仍有該劇，據認為本屬宋代村落百戲之一。[105] 正因如此，關公故里民間傳說開始與戲曲、話本相互影響。除前述解州常平村傳為關羽母親投井處的金代瘞發塔銘碑外，還另有記載「祖塔」修建經過的碑文〈漢關大王祖宅塔記〉：

義勇武安王世祖解人，興於漢靈帝中平元年甲子，輔蜀先主，佐漢立功。伏以大王勇略，天資英謀神授，盡忠義於先主，不避艱難，棄富貴於曹公，豈圖爵祿？當時志氣，曾分主上之憂；今日威靈，猶賜生民之福。今者本莊社人王興將一千五十四年前祖塔重修加完葺，伏願神靈降佑，一境之中，萬事清吉，風調雨順，國泰民安。開為紀略，記大王威德之萬一。深負惶恐。大金大定十七年丁酉三月十五日，張開謹言。[106]

105　墨遺萍《蒲劇小史》，油印本。

106　《山右石刻叢編》卷二十一，第 153 ～ 158 頁。

末署「直下封村柳園社王興立石」。關羽紀念地俱在他鄉，其父母殉身成仁的義舉，無疑會加強關羽形象的完整性和親情感，亦為「關王故里」和「關王誕辰」的新傳說奠定了基礎。

關羽事蹟當時影響已遠極他鄉。元人碑記有同恕關於鞏昌府（今甘肅隴西縣）〈關侯廟記〉，記述：「相傳金大定間，西兵（按指西夏）潛寇，城幾不守，乃五月二十有三日，見若武安狀者，率兵由此山出，賊駭異退走。隨即其地而祀之。」並記述了金人設像崇奉的情況：

上焉有國，封之為武安王，廟之為義勇，為顯烈；下焉郡邑鄉井繪而為圖，眾以時享，繪而為像，字以常尊。至僧廛道聚，亦皆寓以香火。[107]

這也應當是平水金刻關像行銷的市場基礎。此外王惲關於河南汲縣〈義勇武安王祠記〉中談到的「縣治即故尉司公廨，內舊有武安王祠。莫究其所始，而可見者金泰和初信武將軍完顏師古重加修飭，昭默禱而答靈貺也」[108]，可知金人對新建關廟亦有熱情，且不止於山右一隅。今存五個省市範圍的方志碑記中，還多少留下了金人修建關廟的記述。

第二，時代及社會環境與漢末相近，而發端於北宋的「正統」之論也已在金占領地區發揮影響，關羽好讀《左氏傳》就受到特別讚頌。《乾隆解梁關帝志》卷三載金代田德秀〈嘉泰重修廟記〉[109]文，就已談到：

昔漢火灰冷，群龍鬥野。曹操以奸雄之心，挾天子以令四方，窺圖神器，坐擬西伯，雖名為漢相，實為漢賊。先主以漢之宗室，稟寬厚之姿，負英雄之氣，下將解黔首之倒懸，上則懼高、光之不血食也，屈體待士，冀完舊物。公於是時，意謂予曹則助賊為虐，逆也；予劉則輔

107　四庫本同恕《榘庵集》卷三。

108　四庫本王惲《秋澗集》卷三十九。

109　四庫本乾隆《山西通志》卷二〇二亦載。

正合義，順也。於是委質於先主，如雲風之從龍虎，左右禦侮，周旋艱險，有死無二。及董督荊州也，降于禁，戮龐德，梁郟、陸渾，遙受印號，威聲赫然，震迭華夏……於戲！士窮見節義。方曹氏勢熾，炎劉力弱，事君不忘其本，見利不失其義，是豈增、布可同日論哉？……敘公之忠節休烈，亦將律天下後世之為人臣者。[110]

特別提及關羽「平昔好《春秋左氏傳》」，以褒揚其「好學通古，深識遠見，又有大過人者」，還應與理學北漸有關。宋、金一度南北睽隔，學術間不相交流。金朝原尚北宋「王學」，有「國初經術，祖金陵（王安石）之餘波」[111] 的說法。但金末理學已隨宋金使者開始傳播到北方，與北方原有的二程洛學傳人結合起來，發生影響。晚金甚至貴族也開始習學《春秋》，金人劉祁《歸潛志》卷三曰：

术虎遂士元，先名玹，字溫伯。女直納鄰猛安也。雖貴家，刻苦為詩，如寒士。喜與士大夫游。初受學於辛敬之，習《左氏春秋》，後與侯季書交，築室商水大野中。惡衣糲食，以吟詠為事，詩益工。時余在淮陽，屢相從講學。迨北兵入河南，被命提兵戍亳州，已而亳亂，見殺。

可以看作習《春秋》而尚「忠節休烈」的明證。

第三，金人雖然日益漢化，但北地漢人在社會大動亂之際猶思光復漢室，因而賦予關羽以特殊意義。據載，金兵占領河東時，曾下令：

今隨處既歸本朝，宜同風俗。亦仰削去頭髮，短巾，左衽。敢有違犯，即是猶懷舊國，當正典刑。不得錯失，付逐處。[112]

110　《乾隆解梁關帝志》（山西人民出版社，1992 年）卷三，第 172 ～ 174 頁。按此乃宋寧宗年號，約當金章宗泰和元年至泰和四年（1201 ～ 1204）。

111　元好問《屏山鳴道集說略》引，見《宋元學案》卷一百。

112　《避戎夜話 · 大金弔伐錄 · 樞密院告諭兩路指揮（天會四年十一月二十九日）》。

這令後人聯想到六百年後女真後人以「留髮不留頭」引起的江南大反抗。河東士民曾反抗割讓，進行過堅決的抗金鬥爭。《關帝志》卷四〈藝文〉下輯有金國張珣〈義勇行〉詩曰：

憶昔天下初三分，猛將並驅誰軼群。
桓桓膽氣萬人敵，臥龍獨許髯將軍。
威吞曹瞞欲遷許，中興當日推元勳。
惜我壯繆功不就，竟令豺兕還紛紛。
血食千年廟貌古，歲時歌舞今猶勤。
君不見天都靈武巢未覆，撫髀常思漢壽君。[113]

此詩作者及著詩年代俱不可考。僅「竟令豺兕還紛紛」、「天都靈武巢未覆」二語，可供推測其時當晚金內政外患紛亂之際，約與田德秀文相當。但本詩以「撫髀常思漢壽君」為結句，語雖不通，但其中之「漢」自具有特別的符號意義。

按「漢人」之稱，雖源於「五胡亂華」，卻大盛於遼、金、元之際，與「契丹」、「女真」、「党項」或「蒙古」、「色目」等形成對舉，尤其見於遼金元之典章制度，因而喚醒中原人之民族意識，證據之一如辛棄疾詞〈鷓鴣天·有客慨然談功名，因追念少年時事，戲作〉「燕兵夜娖銀胡觮，漢箭朝飛金僕姑」，正以「燕兵」與「漢箭」對仗。尤其是北地舊族競相以「漢」為宗，遂有「漢壽君」這樣並不規範的稱呼。流播日久，以至「漢」與「壽亭侯」分離，甚至有造出此類印綬以冒充古董者。首先出現在南宋，《雲麓漫鈔》卷之五及《容齋四筆》卷八的有關記敘，就是此類問題開始模糊的明證。這些軼事，從另

113 《乾隆解梁關帝志》卷 4，第 257 頁。

一面證實了遼、宋、金、元時期的民族衝突中，關羽崇拜亦是漢民族意識覺醒的產物。此題涉及頗多，下文專論。

我曾依據各地方志記載，對於宋金之際關廟的修建情況製作了一幅地圖。圖標中坐像為傳唐人所建，立像為南北宋所建，頭像為金人所建，以供讀者觀其大概。

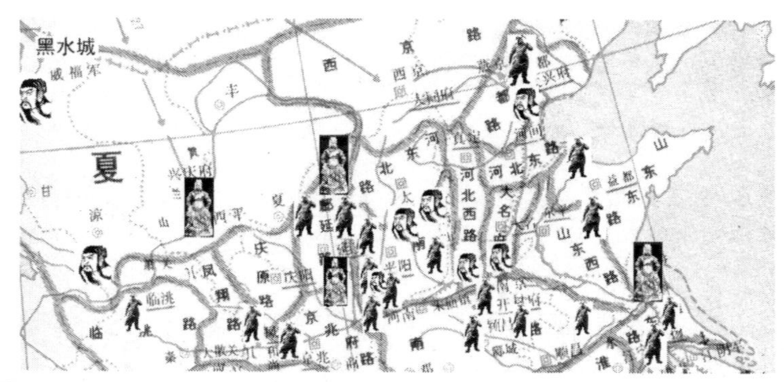

宋、金各地關王廟興建概況

蒙人尊拜

從很多跡象看，宋代以後關廟都呈現出道家主祀，或者儒道合流，共同敬奉的現象。但《元史》中的一條孤兀特立的記載，頗令史家棘手，所以鮮有治元史或蒙古史的方家探及：

世祖至元七年（西元一二七〇年），以帝師八思巴之言，於大明殿御座上置白傘蓋一，頂用素緞，泥金書梵字於其上，謂「鎮伏邪魔獲安國剎」。自後每歲二月十五日，於大明殿啟建白傘蓋佛事，用諸色儀仗社直，迎引傘蓋，周遊皇城內外，云「與眾生袚除不祥，導迎福祉」。歲正月十五日，宣政院同中書省奏，請先期中書奉旨移文樞密院，八衛撥傘鼓手一百二十人，殿後軍甲馬五百人，抬舁監壇漢關羽神轎軍及雜用五百人……首尾排列三十餘里。都城士女，閭閻聚觀……歲以為常，謂之「游皇城」。或有因事而輟，尋復舉行。夏六月中，上京亦如之。[114]

自八思巴介入蒙古皇室事務，元初宮廷法會供奉，儀典又表現出濃烈的佛教色彩。但何以會抬舁「漢關羽」為「監壇」，成為這樣盛大遊行的中心呢？陳寅恪認為八思巴為蒙古歷史撰寫的《彰所知論》於蒙古族歷史及文化影響甚鉅：

《彰所知論》者，帝師為忽必烈太子真金所造。其書依仿《立世阿毘曇》之體，捃摭吐蕃舊譯佛藏而成。於佛教之義固無所發明，然與蒙古民族以歷史之新觀念及方法，影響至深且久……蒙古民族其文化精神之所受於八思巴者，或轉而在此不在彼，殆亦當日所不及知者歟！[115]

又在詳細比較了《元朝祕史》、《拉施特集史》、《魏書·高車傳》、《北周書·異域傳》及《元史·太祖紀》的「感生神話」變遷過程以後，得出了一個結論：

可知《蒙古源流》於《祕史》所追加之史層上，更增建天竺、吐蕃二重新建築，採取並行獨立之材料，列為直貫一系之事蹟。換言之，即揉合數民族之神話，以為一民族之歷史。故時代以愈推而愈久，事蹟亦因愈演而愈繁。

114　《元史》志第二十七下〈祭祀六〉「國俗舊禮」。

115　〈《彰所知論》與《蒙古源流》〉，原載1931年中央研究院《歷史研究所集刊》第二本第三分，輯入《陳寅恪文集·金明館叢稿二編》。上海古籍出版社1980年，第115頁。

陳氏復舉《彰所知論》卷上〈情世界品〉中吐蕃王、蒙古皇帝的世系與《蒙古源流》比勘，發現《蒙古源流》記載之帝系與《元史》本紀說法的異同。其中《蒙古源流》仿照吐蕃王族與佛教結緣之托祖的寫法是：

蒙古戰神騰格里像，原來供奉者當為成吉思汗。但從手持經幡桿的情況看，已經屬於北多聞天王的變相，而與關羽像近似。現存德國海德堡波爾泰姆基金會，惜未註明年代。

> 始成吉思，從北方多因國，如鐵輪王。

這樣的記述，分明是將成吉思汗託言為天竺戰神北方毘沙門天王。前文已論及毘沙門天王戰神功能已在宋代轉為關羽，金人仍之。而元時毘沙門已演變為漢傳佛教中的「北方多聞天王」。而據史載成吉思汗亦類關羽，非常重視孝親、重義、守信。尤其他在「重義」方面，還有「仁義」、「禮義」、「通義」、「情義」、「俠義」等多個側面，對此《蒙古祕史》都有故事世代相傳，「並把『忠誠信義』作為處理內部各方面關係的根本指導原則」。[116] 故八思巴為忽必烈行「鎮伏邪魔獲安國剎」時所舁神像，或者混雜有對於成吉思汗的崇拜在內。這恐怕也是元代皇室在全中國厲行關羽崇拜的因由之一，不過不為漢傳佛教、道教和漢族信眾所知罷了。

這種佛教儀典後世或仍踵繼，不過名目略有變化。《元史》卷二十九〈泰定帝本紀一〉言：

> （泰定元年二月）甲子，作佛事，命僧八百人及倡優百戲，導帝師游京城。

116　桑嘎〈從《蒙古祕史》看成吉思汗的哲學思想〉，又達林太〈論成吉思汗重視「人和」的思想〉。均輯入成吉思汗研究所沙日勒岱等編《成吉思汗研究文集》（1949～1990），內蒙古人民出版社1991年5月初版，第735～741頁、第752～761頁。

請注意「倡優百戲」之說，說明儀典已經世俗化、演藝化，猶如民間祭賽。後來迭經演變，盛大的「游皇城」的宮廷佛事法會成為京師民間「賽關王」，由密宗虔敬繁複的佛事法會演變為漢人酬神娛人的傳統「祭賽」、「游神賽會」慶典。元末人著《析津志輯佚·歲時》言：

（五月端午）南北城人於是日「賽關王會」，有案，極侈麗。貂鼠局曾以白銀鼠染作五色毛，縫砌成關王畫一軸，盤一金龍。若鼓樂、行院，相角華麗，一出於散樂所制，宜其精也。[117]

「關王畫」也許正是豪華版的唐卡。按「貂鼠局」為元代特有御前供奉之機構，[118] 則「賽關王會」活動雖然減退了藏傳佛教及宮廷色彩，豪華場景仍然得到宮廷支持。最大的變化是「賽關王」的日期已經由二月十五改為五月端午，更接近後世傳言關公誕日的五月十三。此中因由，不可不辨。其實在忽必烈以「漢關羽」為監壇，舉辦盛大法事以前二十多年，被他倚為師佐的郝經已撰有一篇〈重建武安王廟記〉，其中談到：

王諱羽，字雲長，解梁人。起義於涿郡，爭戰於徐、兗，奔走於冀、豫，立功於江、淮，而歿於荊、楚。其英靈義烈遍天下，故所在廟祀，福善禍惡，神威赫然，人咸畏而敬之，而燕、趙、荊、楚為尤篤。郡國州縣、鄉邑閭井皆有廟，夏五月十有三日，秋九月十有三日，則大為祈賽，整仗盛儀，旌甲旗鼓，長刀赤驥，儼如王生。千載之下，仰慕而猶若是，況漢季之遺民乎？[119]

繫年己酉，即蒙古海迷失后元年（西元一二四九年）。全文立意沿襲了沁縣關廟元豐宋碑和金人張珝〈義勇行〉的說法，尊劉反曹，兼

117 《析津志輯佚》，北京古籍出版社 1983 年校點本，第 219 頁。作者熊夢祥為元末時人。

118 《元史》志第四十〈百官六〉：「貂鼠局，副使二員，直長一員。至元十九年立。」

119 《全元文》第四冊，第 385 頁。

及孫吳，並道明了當時崇關的普遍習俗。需要一提的是，後世每五月十三、九月十三作為關公春秋祈賽之日，也最先見於此碑。一些學者以其有「順天府」字樣，斷為大都修建關廟，其實不然。該廟實建於今日之保定，而力主建廟之萬戶張公，正是由金入元，蒙古初期勢力遠在諸漢人世侯之上的張柔。

按郝經（西元一二二三年至一二七五年）陵川（今屬山西晉城市）人。他曾在張柔家塾任教，又曾為忽必烈藩邸顧命重臣，《元史．郝經傳》言：

> 憲宗二年（西元一二五二年），世祖以皇弟開邸金蓮川，召經，諮以經國安民之道，條上數十事，大悅，遂留王府。

尤以大局觀念和儒家治術深受信任。他力諫忽必烈的兩文，一是蒙哥攻蜀久不下時，上書忽必烈大膽批判蒙古用兵唯恃蠻力，而應輔之以「術」，即儒家經世濟國之道，史稱〈東師議〉；二是蒙哥死後建議忽必烈停止侵宋，立即北上爭奪汗位，力言「修好於宋，歸定大事」，「息兵安民，振旅而歸」，史稱〈班師議〉。[120] 使忽必烈順利奪得汗位。後來以國家草創，制度新規，方略未定，力陳經國大計，是謂《便宜新政》。在他南下出使之前，忽必烈還特意諭旨：「朕初即位，庶事草創。卿當遠行，凡可輔朕者，亟以聞。」[121] 不料後來為賈似道羈留扣押十五年，忽必烈《伐宋詔》即以此為由興兵，還朝兩月後積病而逝。由於他羈宋期間堅持為忽必烈盡忠守節，被譽為「東南蘇武」。他與文天祥雖然各為其主，但都盡忠守節。這樣的錯綜薈萃一時，恰好顯示出理學彰揚「節氣」的南北影響，也是理學「紀綱」說趨於成熟，並轉向實踐的表現。

120　以上兩議俱載《元史．郝經傳》。《全元文》卷一二一著錄。

121　《元史》卷一五七〈郝經傳〉。

郝經服膺理學，自有家學淵源。他曾敘「高曾以上亦及（程）先生之門，以為家學。傳六世至經，奉承餘緒，弗敢失墜」。[122] 也是朱熹《通鑑綱目》「尊劉貶曹」主張的擁護者，認為：「《通鑑》始更蜀曰漢，仍以魏紀事，而昭烈為僭偽，故（陳）壽書必改。」[123] 在羈留真州期間，他還撰寫了《續後漢書》九十卷，完成了歐陽脩、王安石、蘇軾曾經議而未行的重修《三國志》工作，猶「用朱子《綱目》義例，以昭烈為正統，魏、吳為僭偽」。在卷十六〈關羽列傳〉中，文字較陳壽增加一倍有餘，不但特意增加了「羽儀狀雄偉，嶽嶽尚義，儼若神人」的描述，並在傳後「議贊」中寄寓極為濃重的感情：

羽、飛從昭烈嗹血起義，夙定君臣之分，期復漢室，百折興王。闞如兩虎嘯風從龍，夾之以飛，雄猛震一世，號稱『萬人敵』。羽報效於操，致書而去。飛瞋目橫矛，而與操決。矯矯義烈，上通於天，漢於是乎不亡。及羽禽于禁，飛敗張合（郃），犄角荊梁，蟠亙萬里，示天下形勢，賊不足平也。羽威震許、洛，權操墮膽，梟潛鼠伏，陰謀掩襲。壯哉乎！為漢家一死，無憾也。羽以死事昭烈，昭烈與飛以死報羽，君臣三人，始終不渝，共死一義，古所未有也。

對三國諸雄的讚嘆輕蔑，愛憎分明。理學對於此段歷史之道德評判於此一覽無餘，已成為後世演義《三國志》的綱目經緯。這雖然是他晚年之作，較之早年的〈武安王碑〉文意一貫，文筆簡約，而文氣卻更為充沛。《四庫全書》提要介紹郝氏《續後漢書》時特別讚譽其提倡忠義節烈的人、文一致。[124]

122 郝經《陵川文集》卷二七〈兩宋先生祠堂記〉。

123 《陵川集．續後漢書自序》。

124 乾隆嘗詩興大發，有〈御題郝經《續後漢書》〉五首：「身充信使被拘留，兩國恰逢奸計投。願附魯連未遂志，空言忠托著書酬。／陳壽寧稱史筆人，續之尊漢見誠醇。獨嫌董卓仍列傳，即未叛

《元史》向以粗疏著稱，對關羽崇拜幾無記載。其實關羽崇拜不但納入元廷國家祭祀體系，且在元代普及之廣，已開明清全國崇拜的先河。《析津志》記載說：

武安王廟：南北二城約有廿餘處，有碑者四。一在故城彰義門內黑樓子街，有碑。自我元奉世祖皇帝詔，每月支與馬匹草料，月計若干。至今有怯薛寵敬之甚。國朝常到二月望，作游皇城，建佛會，須令王監壇。一在北城羊市角，有碑二，記其靈著。一在太醫院前，揭曼碩有記。一在南城陽春門東官窯廠南，有田教授所撰碑。一在開遠坊，侍制趙燈撰。[125]

由此可以看出關羽崇拜的中心，實已轉移到以大都為中心的北方地區。現存元代碑文中，已屢有翰林學士為之撰文者。除前述郝經、王惲、同恕、揭傒斯等名臣以外，泰定解州〈修廟記〉作者王緯也自稱「翰林」。[126]

蔚州（今河北蔚縣）〈大元加封顯靈英濟義勇武安王碑銘〉則記載說：

國家崇禮百神，祀典所載，罔不秩序。若蜀漢關將軍者，宋封義勇武安王，名與德稱，可謂竭盡無餘蘊矣。本朝以武功定天下，所在郡邑，悉建祠宇，士民以時而享。[127]

臣亦亂臣。／褒貶從來不可誣，要公千載賞和誅。篡臣仲達只篡魏，篡漢寧非孟德乎！／福華編撰鄂功陳，羈絆江南十六春。未免南方君子笑，笑他不叛北方人。／帛詩或者假前題，學術忠誠孰可齊？設使子卿達地下，著書差勝娶胡妻。」最後一句是拿蘇武（字子卿）作比。詩不算佳，但詞意顯豁。此外注語尚多，載文淵閣《四庫全書．史部．續後漢書》弁首。

125　《析津志輯佚》，第 57 頁。唯揭曼碩（傒斯）所記碑，應當不是後文所言之碑。此外永樂抄本《順天府志》又載「太和宮，在天師廟北去，關王廟義井頭東第二巷內。」（第 78 ～ 79 頁）應當又有一所關廟。

126　乾隆《山西通志》卷一百九十六有王緯延祐春三月〈重修鹽池廟碑〉，自署翰林，應即其人。

127　光緒《蔚州志》卷九〈金石志〉上，題「九峻隱者春谷武元亨撰，輔國上將軍前蔚州忠順節度使以此觀之，全國郡縣普遍建立關廟，或者正始於忽必烈時代。元廷對於關羽和解州鹽池神的崇拜，也一直循規蹈矩，貫穿著整個元朝。王圻《續文獻通考》卷之一百十〈雜祠〉：

> 元成宗大德三年二月，加解州鹽池神「惠康王」曰「廣濟資寶」。
>
> 泰定帝……（泰定）三年又遣使祀解州鹽池神。
>
> 文宗天曆元年加封漢關羽為顯靈威勇武安英濟王，遣使祀其廟。
>
> 順帝……（至元六年）九月加封漢張飛武義忠顯英烈靈惠助順王。徐州牧董恩建呂梁洪廟，以祀漢壽亭侯關羽、唐鄂國公尉遲敬德，以二公於徐州皆有遺跡。

其中泰定朝對關羽廟的修復還有其他記述。《日下舊聞考》卷五十二有吳律〈漢義勇武安王祠記〉（或稱〈關廟紀略碑〉），其言：

> 義勇武安王祠周天下，至梵宇琳宮，荒村窮谷，下至氓驛甕牖，徧植之者……都城西市舊有廟，毀久弗修。泰定乙丑十月朔，宣政院使臣馮勒圖采輿論以上聞，遂出內帑錢一萬貫，命即故基作興之。皇后賜如其半。乃命翰林院侍讀學士臣阿爾威紀其實，侍郎臣馬勒、提點臣完顏額森董其功。不兩月，廟貌像設，煥然一新。[128]

在蒙古翰林阿爾威奉旨撰寫的碑文中，還為關公特加敕封號為：

> 大元贈敕封齊天護國大將軍、檢校尚書、守管淮南節度使，兼山東、河北四門關鎮都招討使，兼提調遍天下諸宮神煞、無地分巡案官、中書門下平章政事、開府儀同三司、金紫光祿大夫、駕前都統軍、無佞

孫高裕書，上都路蔚州儒學正皇甫遜篆額」，「至元復元之五年（1339年）十一月吉日建」。（1986年5月排印本，蔚縣縣政府發行）第216～217頁。以上三人《元人傳記資料索引》均失載。蔚縣小友楊煒志持贈，並多次邀請筆者尋訪當地明清關廟遺址，謹誌謝忱。

128 明清易鼎之際，此廟不知何故忽然多出一尊關像合併祭祀，故清人始稱「雙關帝廟」。原碑拓片藏中國國家圖書館，編號為北京320。

侯、壯穆義勇武安英濟王、崇寧護國真君碑。

這些封號儒道間雜，看似無稽，而且與三國關羽了無關係，反映了元朝「濫封」習尚，但也開啟了元明道教對於關公神職神功提升的先河。

我曾依據各地方志的記載，統計元時關廟已經超越了宋代，跨越了相當於今日之二十個省級行政區域，且北至寧城、遼陽，南達海南，東至日照，西至固原、大理。可知當時各地官員士紳的確都在努力修建關廟。並據此製作了一幅元代關王廟的分布圖（見下圖），並不完全，僅供讀者觀其大概。

到了清代，滿蒙都皈依藏傳佛教，且世為姻婭，信仰趨同。康熙為使蒙古貴族擺脫藏僧控制，任命哲布丹尊巴主外蒙古，章嘉活佛主內蒙古，又敕封一批蒙古貴族為活佛。科爾沁左翼中旗梵通寺第二世葛根阿旺丹·巴雅爾呸勒（西元一七一四年至一七六一年）出生於扎薩克圖旗臺吉徐特克納家。乾隆六年（西元一七四一年）由三世章嘉提名到北京將《智慧之鑑》譯為蒙古文。之後又把藏文版《丹珠爾經》譯成蒙古文，賜封為「科爾沁諾音呼圖克圖」。並附短文〈給關帝獻神飲法〉，要求手中持酒，念獻酒辭，簡述關公之歷史，讚揚了關公在漢藏地區對政教所做的貢獻。供酒對象包括關公、妃子、公子以及使者、隨從、關帝身後的大軍，並特別提到了關平和周倉。此外應蒙古喀爾喀濟農貝子索南旺加多傑要求，雍和宮第四世阿嘉活佛洛桑絳央嘉措（西元一七六八年至一八一六年）又專門撰寫了〈向統轄中國地域戰神之主大帝關老爺獻神飲法·召引所欲之鐵鉤〉。[129]

129　阿嘉活佛傳說為宗喀巴父親魯本格轉世，第一世阿嘉·喜饒桑布（1633～1707）出生在今湟中縣李家山鄉柳樹莊阿氏家中，故將該活佛系統稱「阿家」活佛。後因漢字「阿家」的「家」字太俗，

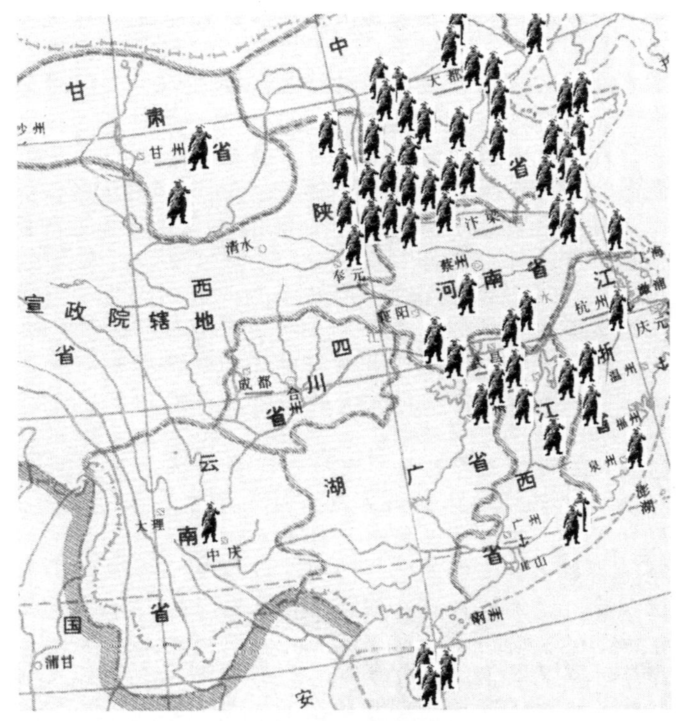

元代各地關王廟興建概況

蒙古喀爾喀部對關公的信仰不亞於藏區。清代洛桑慈成為內蒙古察哈爾部人，著名的格魯派學者，人稱「察哈爾格西」。他的文集中有三篇祭祀關公的文章，即〈護教大帝關老爺之祈供法·心願普賜〉、〈統轄中國地域戰神之主大帝關老爺獻神飲法·召引所欲之鐵鉤〉、〈關老爺之桑文〉。

現存蒙古地區藏傳佛教關公信仰的文物遺存，尚有清代卓索圖盟土默特左翼旗（今遼寧阜新蒙古族自治縣）海棠山西藏佛教摩崖造像群中的三處關老爺造像及藏、蒙刻文。瀋陽魯迅美術學院藝術文化研究

故改為「嘉」字。「阿嘉」成了這個活佛系統的稱號，冠在每一世活佛法號之前。共傳八世。地位較高，被僧俗大眾尊為塔爾寺寺主。

所李勤璞著有〈海棠山摩崖石刻中的關老爺像及其藏蒙文刻文〉[130]專文論析。第三尊關公「騎在馬上，右腳踩著馬鐙，馬立在機座上，頭朝右，面轉向我們、頭微左傾。關老爺戎裝，右手持大刀於右側，左手在胸前捋鬍子，共有五縷鬍子。馬回頭反顧。老爺頭部有光環，身前後有雲彩，頭部前後方各有一圓形物，擁在雲朵上，那是日（後側）、月（前側）圖案。身後側、馬臀上方是一個方形，內橫刻『有頭體』藏文（dbu-can）陽文五行，整個像一枚印章，也確是一枚印章的一部分。這騎馬像，背景是雲朵，處在凹進去的佛龕之中。佛龕之外，穹頂陽刻藏文一行，乃漢語『關老爺』音寫；龕外左右則有一副陽文對聯，蒙古文、直行，每行聯語頂端裝飾有祥雲、底端有雙層蓮花瓣作為底座。」此尊造像佛龕上方的藏文譯文為：「關老爺福壽就像月亮的如意寶貝那樣美好，福祿就好比細長的悉多河水那樣豐沛。」即漢文對聯「福如東海長流水，壽比南山不老松」之意。造像身後藏文為「敕命以供奉、承侍、尊重的班禪額爾德尼」，藏文印章為「敕封班臣額爾德尼之印」。西藏札什倫布寺收藏有三體文字的金質如意鈕「敕封班臣額爾德尼之印」，為康熙五十二年（西元一七一三年）頒賜五世班禪喇嘛（Blo-bzang Ye-shes, 1663 ～ 1737）的印章，中為滿文，右漢文，左藏文。李文認為，騎馬關老爺像方形框內的藏文，正是這枚印章的藏文部分刻上去的，行次排列也一致。

此外阜新也流傳過一些關老爺以及普安寺的頌歌，如〈關公頌〉：

為遵佛教光明路，關聖大帝顯神靈。
清掃愚頑除邪惡，正覺路上他導行。

130　李勤璞〈（阜新）海棠山摩崖石刻中的關老爺像及其藏蒙文刻文〉，原載霍巍、李永憲主編《西藏考古與藝術》，四川人民出版社 2004 年出版，第 427 ～ 452 頁。

為剿奸佞眾賊盜，弟兄結義成盟胞。
叩首北方拜昊帝，義氣參天相友好。
同胞骨肉相離分，音信全無愁煞人。
袁紹大敗曹操時，顏良文醜皆除盡。
盟兄消息傳關中，言報流落雲南境。
斷棄漢壽亭侯職，攜帶皇嫂親遠征。
（口述：包旺札布。蒐集整理：通樂歌）[131]

原注言：「早時，我省蒙古族民間有信奉『關公』的習俗，除各處廣建關帝廟外，每家佛龕中均供有『關公』舉行祭祀活動，演唱〈關公頌〉是對關公的頌揚。」鄰近的錫埒圖庫倫札薩克喇嘛旗（今為內蒙古通遼市庫倫旗）不但有讚頌關老爺的民歌，乾隆三十八年，生員、商賈等還自發建有關帝廟。[132]

藏族信仰

如果我們相信《元史》記述不誤，那麼八思巴既然能為忽必烈設法會，將關羽作為「監壇」極為隆重地推出，由情理推斷，關公神靈應當在那時已經納入薩迦派的神祇系統，並且隨著元代中原與西藏異常密切的宗教連繫傳入藏區。明代以後這種宗教連繫時斷時續，所以宗教史家每論及此，多付闕如。

除了藏傳佛教之外，藏族史詩中能否見到關公身影？李福清說：

131　《中國民間文學集成．遼寧卷．阜新蒙古族自治縣資料本》（二）第 79 頁。
132　張燦〈恭建關聖帝君廟碑記〉，碑原在內蒙古自治區庫倫旗（今屬通遼市），中國國家圖書館中文拓片資料庫索取號「各地 5973」。咸豐七年（1857）重修，中國國家圖書館中文碑拓索取號「各地 5972」。

在十八世紀中關羽崇拜在蒙古族流行較廣。一七七二年（乾隆三十七年）在俄羅斯工作的德國學者 P. S. Pallas 在西伯利亞旅行時，參觀俄羅斯 Kjakhta（恰克圖）及對面的（屬於清朝中國）買賣城時，也參觀了那裡的關帝廟（大概是北部最遠的關帝廟）。當地的蒙古人告訴他，這就是格斯爾廟。」「這證明在蒙古人之間關帝形象很快與蒙古崇拜的藏蒙兩族民間史詩最偉大的英雄 Geser 汗（格斯爾或藏語發音格薩爾 Gesar）合起來了。[133]

今蒙古族與藏族的口傳史詩《格薩爾王》已經相通，且有將關羽與格薩爾王事蹟混同，或稱其為「漢人格薩爾王」的說法，值得尋究。韓儒林有〈羅馬凱撒與關羽在西藏〉開始探及藏族格薩爾王與關帝關係，而頗惜其語焉不詳。[134] 蒙古國學者丹頂蘇倫（C. Damdinsurun）院士在研究格薩爾王傳說時，亦曾著文專論此題，列舉了許多有趣的事例，如「藏人、蒙古人把關公與喇嘛教大神 Jamsaran（藏文 Icam-srin，喇嘛教戰神，與關帝一樣紅臉，但黃紅眉毛，穿紅衣服）。又說六世班禪（西元一七三八年至一七八〇年）曾把關公說成是文成公主的保護神，他應乾隆之邀進京時，也曾宣傳關帝即 Jamsaran 神及他的個人保護神 Begd-se。[135] 證明藏人在崇拜格薩爾王的同時也在崇拜關羽，或者把兩者混同起來。此外還可由蒙、藏兩族共有的長篇史詩《格薩爾王》中探索。喇嘛教寧瑪派亦據《格薩爾王傳》，把他敬奉為「與生命有關的保護神、財神和其他神祇進行祭祀。」[136] 亦類同毘沙門或關羽。

133　李福清〈關公傳說與關帝崇拜〉，《古典小說與傳說 —— 李福清漢學論集》，中華書局 2003 年出版，第 97 頁。

134　《中國文化研究集刊》二，成都華西協和大學，1941 年，第 50 ～ 57 頁。

135　李福清〈關公傳說與關帝崇拜〉，第 95 ～ 96 頁，又第 61 ～ 62 頁。

136　以上引文凡未註明者，均轉自中國社會科學院文學研究所、少數民族文學研究所聯合編著之《中華文學通史》第三卷。

一九二六年德國慕尼黑古董商 Hugo Meyle賣品目錄刊載的騎馬關公像。標明為十五世紀之西藏作品。原載李福清《關羽肖像初談（下）》，臺灣國立歷史博物館《歷史文物（季刊）》第五卷第一期（一九九五年四月）。

此外，《清稗類鈔》尚有一條「蠻三旺」的記載，亦可資探考：

> 西藏神話以「蠻三旺」為最古。謂中古時妖怪橫行，民受其害，劉備、關羽、張飛出而治之。戰數十年，各不相下，遂鼎峙焉。「蠻三旺」之名，蓋以此也。妖之尤者名杜，三頭六臂，能變化，雖數百家之村落皆能吞之。杜眠時鼻孔出長蛇一條，為人所害，蛇即入杜鼻孔，杜遂警覺。故杜之橫行，人莫能制。劉、關、張中，唯關之神行能變化，每與杜戰，則劉、張守營。劉、張不能守，往往為杜所襲，甚至擄關之妻子。後為關奪回，怒妻無恥，欲殺之。將妻髮繫馬尾以拖死。馬不前進，鞭之亦然。痛鞭之，馬遂作人語：「夫人罪不當死，雖殺我，亦不走也。」關不得已，遂將妻同載而歸。後杜益驕橫，關變為牛屎，被杜家人拾作柴料，關始入杜家。關又變為爐中槓炭，遂近杜身，杜不知也。杜眠時蛇出，關先殺蛇，後斬杜，妖患遂平。蠻民感其德，至今猶供奉之。[137]

經過一番「之乎者也」的語言轉換，傳說文本的原生形態已經大打折扣，但獨特性仍然一望可知。其與中土宗教和小說戲曲，呈現出既有連繫又有極大區別的一面。其中關羽先變「牛屎」後變「槓炭」一段，

137 徐珂編纂《清稗類鈔》第一〇冊〈迷信類〉，中華書局 1984 年排印本。按《清稗類鈔》實為徐珂民國初所輯錄。徐珂為光緒時舉人，曾入袁世凱戎幕，又在上海商務印書館擔任編輯，尤喜搜輯有清一代朝野軼聞以及士大夫階層所不屑注意的基層社會事蹟。謝國楨〈前言〉指出編者是「持之以比較嚴謹的態度，乃寢饋其中，廣事博採，搜輯了野史筆記和詩文集大量的資料……皆根據當時史料秉筆直書」，但是，「此書也有其缺點，就是全書引用的資料，不注出處，若不經過檢查，後人引用，就難以置信。」「蠻三旺」就屬於這一類孤證特出的傳說。

尤堪發噱，頗有《西遊記》寫猴頭鑽入鐵扇公主肚腹中之妙趣。

「牛糞」一物，雖於漢人觀念覺得不夠雅潔，但在密宗中卻另有意義。如《大藏經》收錄的唐三藏義淨制譯《金光明最勝王經》卷七〈無染著陀羅尼品第十三〉中，就有「應作壇場方八肘，可於寂靜安隱處，念所求事不離心。應塗牛糞作其壇，於上普散諸花彩。當以淨潔金銀器，盛滿美味並乳蜜」的說法。又「神通變化」、「三頭六臂」云云，本為密宗「現量發聖」的變相。《鑾三旺》此處言關羽亦能變化神通，也是同一緣故。佛教各系中唯有密宗最強調護法神或金剛力士具有「降妖伏魔」的功用。毘沙門天王又稱「毘沙門夜叉王」，即所謂「佛之臂指也。右扼吳鉤，左持寶塔，其旨將以摧群魔，護佛事」。[138] 密宗法器中的金剛杵（梵語叫伐折羅）、金剛橛，原來就都是降服妖魔的兵器。

其與小說戲曲的關聯，亦有數點可談。一是劉關張桃園結義時，揭出「上安社稷，下保黎民」的宗旨，是三國小說戲曲的著名情節。此言「中古時妖怪橫行，民受其害，劉備、關羽、張飛出而治之」，表明認同《三國志演義》中劉關張「桃園結義」的宗旨。

第二，元明無名氏雜劇《劉關張桃園三結義》[139] 中，描述劉備酒後醉臥，關，張目睹一條赤練鏈從他口中鑽出走進鼻子去，一會又見有蛇從眼中來到耳邊。原來這是「蛇鑽七竅」，大富大貴之相，故樂於與之義結金蘭。[140] 這種現象道家修煉稱之為「元神出竅」，而藏密瑜伽中亦有暫時以神識（靈魂）離開自己肉體，以便去往肉身不易到達的地

138　盧弘正〈興唐寺毘沙門天王記〉，《全唐文》卷七三〇。

139　簡稱《桃園結義》。今存脈望館抄校本和《孤本元明雜劇》本。

140　錢鍾書《管錐編》曾論及於此，曾謂「吾國舊籍常載夢魂化蛇事」，並「舉不甚熟知者數例」，包括《說郛》卷二四言崔日用見唐玄宗化蛇食藤花；《呂洞賓傳》述呂遊廬山，見睡僧頂門出一赤蛇遊歷種種，醒後自敘經歷事等，可以參看。（第四冊，中華書局增訂版第 1426 ～ 1427 頁）唯未注意何以比較集中出現於元代。

方，完成肉體不易完成的事情，再回到肉體當中，則稱為「靈體出遊」或「神識出遊」，都是修煉已成，道行高深的象徵。此謂杜妖魔「眠時鼻孔出長蛇一條，為人所害，蛇即入杜鼻孔，杜遂警覺」，恐怕用錯了典故。

「關羽殺妻」一段描述樸拙，尚留存著少數民族「搶婚」、「奪妻」習俗的影子。按明成化本《新編全相說唱足本花關索出身傳等四種》之一〈花關索出身傳〉曾寫桃園結義後打算共同舉事，關羽曾建議「壞了老小，共哥哥同去」。約定互殺妻小，然後「將身回到桃源鎮，弟兄三個便登呈［程］。前往興劉山一座，替天行道作將軍」。此謂關羽疑妻失身妖魔，故欲殺之，已具宋元理學提倡的道德觀念，而坐騎忽然「作人語：『夫人罪不當死，雖殺我，亦不走也。』」何由得知？或者正緣赤兔之馬通靈故也。

最引人注目的，是這個故事裡還沒有出現關羽崇拜「黃金組合」中須臾不離的周倉、關平及青龍偃月刀，顯示出關羽崇拜在藏族地區早期傳說的形態。

滿人呼為「關瑪法」

清人吳振棫言：

> 本朝崇祀關帝，宮內祠宇亦多。順治間封忠義神武大帝。舊時唯五月十三日致祭。雍正六年，定春秋二祭，如文廟儀。乾隆、嘉慶以來，屢加封號，纂四庫書時，命將《三國志》之謚，改書『忠義』。內府陳設書籍，一律刊正。咸豐間，楚粵逆匪之亂，顯佑昭昭，大軍克捷，因升春秋二祭為中祀。[141]

141　吳振棫《養吉齋叢錄》卷之七，第71頁。

但在談及滿人初入中原，何以會崇祀關羽時，今之論者率以努爾哈赤、皇太極未入關前，便喜讀《三國志演義》為據。其實不確。姚元之在《竹葉亭雜記》卷三裡說：

伏魔呵護我朝，靈異極多，國初稱為關瑪法。[142]

「瑪法」在滿語中為「爺爺」之意，可知被視為民族自身歷史的一部分，亦可見出崇祀程度之深且親切。後世「關老爺」之稱，或即源於此說。李福清曾轉述俄羅斯漢學家格奧爾吉耶夫斯基（C. M. Георгиевский）於晚清採集的一個傳說，略謂：

努爾哈赤請明神宗（萬曆）給他送一個保護神之像，神宗送給他關帝像，努爾哈赤認為關帝很像他的父親，便把關帝宣為他建立的清朝的保護神。[143]

前輩同事馬昌儀在瀋陽採集的傳說，則是努爾哈赤定都盛京時請人為其圖像，第一個像不好，第二個像關帝但面太肥，皆不滿意。第三個畫師白臉像，介乎關帝與努爾哈赤之間。於是大喜，命塑為像，置於盛京關帝廟正殿。[144]

還有另外一種「託夢戰勝」的傳說：

努爾哈赤早在幼少時期即在其外祖父王杲家中學習了漢語文字，在青少年時代，他就熟讀了《三國演義》等許多古典名著，尤其對三國人物關雲長的忠、義、勇品格大加景仰，極力崇敬。至今，民間還傳說著

142　姚元之《竹葉亭雜記》，中華書局 1982 年排印本。按姚元之（1773 ～ 1852）字伯昂，嘉慶進士，歷左都御史、內閣學士、各部侍郎。

143　原文載 Принципы жизин Китая, C_Петербург, 1888, c.179. 轉自李福清〈關公傳說與關帝崇拜〉，《古典小說與傳說 —— 李福清漢學論集》，中華書局 2003 年出版，第 97 頁。

144　馬昌儀編《關公的民間傳說》，花山文藝出版社（石家莊）1995 年出版，第 15 ～ 17 頁。編者持贈，謹誌謝意。

滿族入關前的「關瑪法顯靈」的傳說故事。《中國民間文學集成·遼寧卷·新賓資料本》就有一則〈赫圖阿拉城〉的故事，說努爾哈赤戰敗正坐在赫圖阿拉城內苦思良策，悠忽睡去，忽夢見仙人指點，關羽顯靈。次日，他即以「關羽顯靈」衝殺，戰敗明軍，保住了建州老營。在建築赫圖阿拉城時，努爾哈赤為紀念關羽助戰有功，特在城西高阜建築了關帝廟，以示紀念。類似這樣的傳說故事，還有數則。[145]

上述三種傳說都表達了清中葉後滿人對於何以會稱關羽為「瑪法」（爺爺）的不解，遂與努爾哈赤連繫起來，種種詮釋，而非歷史本來面目。蒙人崇彝曾任清末戶部文選司郎中，為咸豐年間大學士柏葰之孫。他在《道咸以來朝野雜記》記載說：

滿洲人家所供神板（在正室西牆高懸）。相傳所供之神為關帝、馬神、觀音大士三神。

蓋其本為家祀，風俗祕不示人。清末風氣稍開，始有滿族祕祀的記載陸續披露。光緒十七年《吉林通志》言：

祭禮：滿洲無論富貴仕宦，其內室必供神牌，只一木板無字，亦有用木龕者。室之中，西壁一龕，北壁一龕。凡室南向、北向以西方為上，東向、西向以南方為上。龕設於南，龕下有懸簾幃者，皆黃雲緞為之，有不以簾幃者。北龕上設一椅，椅下有木五，形若木方之座。西龕上設一杌，杌下有木二。春秋擇日致祭，謂之「跳神」，其木則香盤也，祭時以香末灑於盤上燃之。所跳之神，人多莫知，相傳以為祭祖。按所奉之神，首觀世音菩薩，次伏魔大帝，次土地。是以用香盤三也。

145　《滿族的關羽崇拜》（未署撰人）。

須知此處「觀世音」(或作「完立媽媽」、「萬曆媽媽」、「佛托媽媽」、「赫托里媽媽」等)本為一人，這就是前述萬曆李太后自稱的「九蓮菩薩」。姚元之《竹葉亭雜記》已明言：

明萬曆之太后，關東舊稱「萬曆媽媽」。蓋其時明兵正盛，我祖議和，朝臣執不肯行。獨太后堅意許可，為感而祀之。[146]

這與民國六年《瀋陽縣志・祭禮》所言「世謂清太祖請神像於明，明與后土，識者謂為獻地之兆；再請，又與觀音、伏魔畫像，故宗祀之。一為朱果發祥女，一為完立媽媽」的說法大致相同。但是「請像」說法其實並不確切，只是此事真相本為清室不宣之祕。大體而言，建州女真本為明廷屬衛，努爾哈赤亦曾接受過明廷賜封。《清史稿・太祖本紀》言：

鄰部古勒城主阿太為明總兵李成梁所攻，阿太，王杲之子，禮敦之女夫也。景祖挈子若孫往視。有尼堪外蘭者，誘阿太開城，明兵入殲之，二祖皆及於難。太祖及弟舒爾哈齊沒於兵間，成梁妻奇其貌，陰縱之歸……己丑(萬曆十七年，即西元一五八九年)冬十月，明以太祖為建州衛都督僉事。

據統計他曾七次進京。而李太后在通州建立景命殿，就是以觀音、關羽為之「保國」、「護國」的。[147] 推測可能是太后奉佛，予外藩來朝賜以后土及觀音、關羽(伏魔)佛像。董其昌曾言萬曆四十二年(西元一六一四年)敕封關羽為「伏魔帝君」，也是託言「聖母降

146　姚元之《竹葉亭雜記》卷三，第 60 頁。

147　《明神宗實錄》言：「(萬曆三十六年十月)己巳，命中書官於十九日齎捧慈聖景命殿閣等處護敕碑文牌額，前去漷縣安置撰寫鐫刻。」乾隆《欽定日下舊聞考》卷一百十言：「景命殿在(通州)永樂店，其西為保國慈孝華嚴寺、護國崇寧至德真君廟。俱萬曆三十六年敕建，為孝定皇太后祝釐地也。(漷縣志)。」

夢」的。據《清太祖高皇帝實錄》記載，努爾哈赤是在萬曆四十四年（西元一六一六年，天命元年）建立後金並稱帝，萬曆四十六年（西元一六一八年，天命三年）四月十三日以「七大恨」告天誓師，征伐明朝的。所以「請神像」的具體時間如與努爾哈赤進京時間契合，則以萬曆三十六年（西元一六〇八年）十二月（已賜「護國」）的可能性最大。

進一步證實關羽崇拜深刻銘入滿族習俗中的重要證據，是滿族的「堂子」祭儀。早期努爾哈赤討平滿洲各部，都要先破「堂色」（即堂子），「掠祖像、神器」，類於「掃庭犁穴」，同時建立自己的「堂子」。時人記載：「五里許，立一堂宇，繚以垣牆，為祀天之所」。[148] 凡有征伐等大事，都親率諸貝勒等前往祭祀。天命六年（西元一六二一年）在遼陽築新城（即東京城）為都，就曾設堂子祭天。天命十年（西元一六二五年）遷都瀋陽，復在瀋陽建堂子，以為祭天之所。《養吉齋叢錄》云：

> 順治元年，建堂子於長安左門外，玉河橋東。元旦必先致祭於此，其祭為國朝因循用舊制，歷代祀典所無。又，康熙年間定，祭堂子漢官不隨往，故漢官無知者。詢之滿洲官，亦不能言其詳。[149]

十足滿儀，絕無漢風。《滿洲祭神祭天典禮》、[150]《清朝文獻通考》及奕賡《佳夢軒叢著》等輯錄了大批薩滿儀典的祝辭。《滿洲祭神祭天

148 （朝鮮）李民奐《建州聞見錄》。輯入遼寧大學歷史系《清初史料叢刊》本。

149 《清史稿．禮志四》：「（堂子）正中為享殿，五楹，南向，匯祀群神，上覆黃琉璃，前為拜天圓殿，北向。中沒神桿石座，稍後，兩翼分設各六行，行各六重，皇子列第一重，次親王、郡王、貝勒、貝子、公，各按行序，均北向。東南為上神殿，三楹，南向。祭禮不一，而以元旦拜天、出征凱旋為重，皆帝所親躬。其餘月祭、桿祭、浴佛祭、馬祭，則率遣所司。」

150 乾隆十二年（1747）敕撰《滿洲祭神祭天典禮》刊行於世，作為滿洲貴族家祭的宮廷儀軌。是中國信奉薩滿教諸族中唯一一部規範的跳神儀典，四十二年（1777）阿桂等奉敕翻譯《滿洲祭神祭天典禮》漢文本成書。以《遼海叢書》之一，輯入《叢書集成續編》第四十七冊，第 209 ～ 308 頁。這些祝辭儀典亦在《清史稿》卷六十〈吉禮四〉的記載中獲得證實。

典禮》嘗載乾隆上諭言：「若我愛新覺羅姓之祭神，則自大內以至王公之家，皆以祝辭為重。」其卷首言：

> 坤寧宮所朝祭者，為釋迦牟尼佛、觀世音菩薩、關聖帝君；所夕祭者為穆哩罕、畫像神、蒙古神。

其中一年數季，一月數日，一日數次禱神，均需呼喊「關聖帝君」。在《坤寧宮月祭儀注》中明確神像供奉：

> 供佛之髹金小亭，連座奉安於南首啟亭門次，於神幔上懸菩薩像，又次懸關帝神像。均於大炕上東向供奉。

坤寧宮每歲春、夏、秋、冬四季獻神，神前祝辭，也要祈求關羽保佑。報祭、大祭的朝祭，祝辭也大體相同。此外清廷還有名為「求福」的特殊宗教活動，也稱為「柳祭」。其所供之神為「佛托媽媽」，宮中尊為「佛里佛多額莫西媽媽」，大致相當於漢族所說的子孫娘娘。祭祀前，有司先斫求高九尺、圍徑三寸的完整柳樹，安設於坤寧宮戶外廊下的柳枝石上，上懸錢帛、彩紙、綵綢等。皇帝、皇后要向其行禮求福，薩滿要按規定的宗教儀式祭祀，祈禱。在這裡，關羽竟然又變成了保護生育之神，與佛托媽媽一起保佑清朝的子孫繁衍、昌盛。其神前的求福祝辭，也要懇切呼喚著關聖帝君等神靈。這種習俗也許與前述寶卷將無生老母與關公視同母子的信仰有關。可以見出關羽在滿族年節及日常生活中的形象以及出現頻繁程度，顯然與當時流行的三國小說戲劇了無干連，而是深植心靈的信仰，視其為本民族的護佑神靈。祝辭最後幾句兼顧吃喝養顏，祈求可謂細緻入微，就更純為私祀，無關國本了。除了對於神靈呼喚仍然帶有原始風味外，其餘文字顯然經過熟悉漢文典籍之人潤飾。

於此可知滿族崇信關羽，的確與其薩滿教信仰體系攸關，深入民族骨髓之中。這與明廷實用主義的敬奉已經判然有別。值得注意的是，滿洲堂子祭頻頻呼喚的名義是道教封號「關聖帝君」而非「關瑪法」，亦非雍正列入國家崇祀之稱號，顯然是承襲明代而來。而其列入國家儀典之事，後文續論。

民初滿人改漢姓時，皇族以「金源氏」之後，故大多改姓了「金」，而滿族八大姓氏之一的正紅旗滿洲哈達瓜爾佳氏則改姓了「關」。這既是取其音近，又寄寓著仍然崇信關羽忠義的意思。可知關公信仰影響之深，可謂淪髓浹肌，不可磨滅。

藏傳佛教中的關公信仰

除了漢傳佛教系統之外，中國還有另一個重要的佛教系統，這就是藏傳佛教，也是藏、蒙、滿等民族共同信奉的宗教。故置於此章獨立論說。

一九九〇年代以來，已有數篇探究藏傳佛教與關公信仰關係的論文發表，提供了一些有價值的數據，作為繼續探索的起點。可惜他們毫無例外都忽視了元代薩迦、明代噶舉統治西藏時期的情況。

十七世噶舉派大寶法王噶瑪巴烏金·欽列多傑關於「關公與楚布寺的因緣」的一段談話：

> 歷史上記載，第五世大寶法王噶瑪巴，被明成祖永樂皇帝迎至南京住了三年，由那時起這護法便來到楚布寺，從此就有此修持儀軌，當時可能稱此護法為「噶瑪漢神」。西藏格魯派、寧瑪派等幾個大師也曾著作修持此護法儀軌，在拉薩更有一個關帝廟……我幼時的文法老師，對

三國時期的故事頗有興趣，時常提起三國的故事，我也很歡喜聽老師所說的故事。他對我說：「從前在楚布寺，也供奉關公，但『文革』之後便式微，你該要恢復這儀軌。」[151]

按楚布寺位於堆龍德慶縣境內，距拉薩約七十公里，是噶瑪噶舉派的主寺。西元一二五六年（蒙哥汗六年），蒙哥汗賜予二世噶瑪巴一頂金緣黑帽而得名「黑帽派」。從此逐漸形成以楚布寺為中心的活佛轉世傳承系統，而為西藏其他教派沿襲，成為世界獨一無二之宗教制度。

明成祖朱棣繼位後，確曾召請年僅二十歲的噶瑪巴到京會見，並封噶舉派教主為大寶法王、薩迦派為大乘法王、格魯派為大慈法王。至今西藏檔案館還存有三件明代原始文檔，都是詔封噶舉派法王的。[152] 他們與明廷的關係也一直延續到萬曆年間。蒙古俺答汗歸順明廷後，曾請求派遣藏族喇嘛去蒙古傳布佛教，在萬曆六年（西元一五七八年）請宗喀巴弟子根敦主巴的第三世呼畢勒罕索南嘉措去到青海，賜給他以大批禮物，並封贈以「達賴喇嘛」稱號。崇禎九年（西元一六三六年）蒙古固始汗發兵結束了第巴藏巴的統治，並以全藏十三萬戶尊奉格魯派五世達賴，從此格魯派（俗稱黃教）開始占據藏傳佛教的領導地位。

151　噶瑪噶舉中國論壇。按十六世噶瑪巴 1992 年在美國圓寂，身邊四大弟子根據遺囑指示，在昌都縣拉多鄉巴果尋找到 8 歲的轉世靈童阿布嘎嘎。中國佛教協會報告第十七世噶瑪巴轉世靈童烏金赤列，國務院對此表示認可，正式頒布為第十七世噶瑪巴。十三世達賴也表示認同。遂於 1992 年 9 月 27 日在歷代噶瑪巴大寶法王的根本道場 —— 西藏當雄縣堆龍的祖普寺大殿舉行坐床典禮。2000 年為尋找歷世噶瑪巴活佛的法帽和法器，噶瑪巴法王離開楚布寺。現住錫印度，暫居達蘭薩拉「上密院」依止第十二世泰錫度仁波切為根本上師，學習完整的噶舉教法。

152　西藏自治區檔案館〈歷史的縮影和結論〉陳列室（http://www.Tibetinfor.com.cn/tibetzt/dang_an/5/menu.htm）。

清代雍和宮關公唐卡。
唐卡是藏傳佛教特有的一種繪畫或編織供奉的形式。

藏族學者才讓〈藏傳佛教中的關公信仰〉和西藏民族學院陳崇凱〈藏傳佛教地區的關帝崇拜與關帝廟考述〉兩篇論文都介紹說，藏文史籍《如意寶樹史》裡記載說，由五世達賴親筆所寫的〈尊贊神祀供文〉中已經明確敘述了西藏民間普遍信奉的贊神來歷：

來自漢地，且隨文成公主成番域守護神，於松贊干布前做許諾之，魯贊大威力者，願往積崖山之住地。[153]

五世達賴還重塑了赤尊贊神的形象，使他成為紅臉金甲、威風凜凜的將軍，從形體上與關帝更為接近。故其後土觀活佛也認為關帝與尊贊應出自同一心識。護法護財，祈雨平安，也正是關公神在中原鄉里地區的職司功能。拉薩奔巴日（漢語寶瓶山）為赤尊贊道場。每年藏曆年正月初三，拉薩的男男女女都到山頂插旗、掛幡，祈請這位護法神保佑風調雨順，六畜興旺、家宅平安。藏曆五月十五，稱為「南瞻部洲煙祭日」，居民們則爬山頭煨桑祭神。才讓還介紹說，在布達拉宮中最多的是有二十隻手臂的赤尊贊及他神仙妻了的畫像。赤尊贊是西藏發生內亂時被佛祖派來的西藏人的保護神，因此達賴喇嘛把關公看作仁慈的赤尊贊的化身，並非偶然。後來西藏民間傳說中，赤尊贊就是文成公主最早

153　才讓文載《中國藏學》（北京）1996 年第一期，陳崇凱文載《西北民族研究》（蘭州）1999 年第二期。又《如意寶樹史》又名《印藏漢蒙佛教史如意寶樹》，松巴堪布（Sum-pa mkhenpo, 1704 ～ 1776）撰。成書於 1748 年，漢文譯本有甘肅民族出版社 1992 年出版者。

由長安帶來的覺臥佛像之守護神。於是開始將赤尊贊附會成漢地的關聖帝君，遂與元代傳入的戰神關帝混為一體。

又清人《衛藏通志》卷六〈寺廟〉言：

> 拉薩東，二日，山南薩木秧地方，有俗稱桑鳶的喇嘛寺，相傳至今一千又四十三年……內供關聖帝君像。傳云：唐以前，其方多鬼怪為害，人民不安。帝君顯聖除之，人始蕃息。土民奉祀，稱尊號「格塞結波」。

「俗稱桑鳶的喇嘛寺」即桑耶寺，位於山南扎囊縣境內，始建於唐代宗寶應元年（西元七六二年），建成於大曆十四年（西元七七九年），是藏傳佛教史上第一座佛法僧三寶俱全的寺廟。

才讓文章又指出：關公與藏傳佛教的護法神尚論多傑東都（意為「降魔金剛」）也是同一心識。從「尚論」二字來看，松贊干布因迎娶文成公主，後世稱漢人為舅，「尚」者即舅之義，而「論」之意即「大臣」，這與關公做過漢王的大臣一致；而「東都」意為「伏魔」，也與關公封號「三界伏魔大帝」相符。另據陳崇凱說，藏傳佛教中還有一個與關公形象近似的赤面煞神叫「贊卡爾」，也可簡稱為「贊」。其神像常被以血或紅色染之，這也成為關帝神像易於被藏族接納的另一因素。

現存藏傳佛教明確供奉關公的儀軌，見於第三世章嘉活佛若必多吉的《文集》中〈關老爺之祈供法〉。〈祈供法〉先扼要地講述了煨桑祭祀儀軌，提到了煨桑用物、煨桑者應有的心態、所使用的咒語和手印等，其後便是對關老爺稱之為「札喇欽」的祈禱用語，譯文如下：

> 統領中國大地的大戰神，自己曾應諾要守護佛法，
> 出於「色」種稱為雲長帝，大神眷屬等臨此地而安住。

血肉飲食似大海匯集，及無漏甘露加持請享用。
請做瑜伽聖法修煉之助伴，息滅所有違緣而助順緣無餘成，
使佛法廣弘國境平安，瑜伽師徒及獻資施主等，
無論住家、外出、做事皆平安，願做心意似法成就之助友。[154]

可知章嘉已將關公看作是漢地的大戰神。從用「札喇」來稱呼關公，不難看出關公在藏族宗教文化中的地位。第二句源於關公從佛教大師受戒而成為佛教護法神的傳說。第三句中作者將「雲長」二字用藏文對應直譯為「真仁」，「真」意為「雲」，「仁」意為「長」，後面「加波」二字在藏文中一般稱王、國王、皇帝等，這裡當是「關聖帝君」之「帝君」的翻譯。說關公出於「色氏」，不知所據何典。按色氏是古代藏族四大姓氏之一。第三、第四句實際上是指名迎請關帝及其屬下神靈光臨祭祀處，也表明了祭祀的對象。這在藏文祭祀文獻中一般稱為「請神」，字面意思可直譯為「喚神」，要指名點姓喊叫，以免產生混淆。接下來兩句是請關公等享用祭祀者所奉獻的豐盛祭品。最後幾句是向關公「託付事業」，包括祈求幫助修煉聖法、提供順緣、佛法廣弘、國泰民安、瑜伽師徒施主平安等。

章嘉活佛傳記還自述乾隆元年（西元一七三六年）他從西藏返回北京，途經四川一座名叫襄陵的大山。住宿當晚就夢見被一位紅臉大漢請到山頂，獻上食品並說：「此地以下的漢地都屬於我管轄，向我布施食物者在西藏也有不少，特別是後藏的老年高僧一再供給我飲食。從今天起，我要做你的保護者，明日你在途中將遇小難，吾可排除。」次日途中果然受到猴子的侵擾，但無大礙。章嘉第二次赴藏途經當地，在山下獻酒祭祀紅臉大漢時，出現一隻老虎，一直將章嘉一行送到山後。後

154 《章嘉國師若必多吉傳》，土觀洛桑曲古尼瑪著，陳慶英等漢譯本，民族出版社 1988 年出版。

來章嘉住在北京，再次祭祀過紅臉大漢。章嘉第一世札巴悅色生於青海互助紅崖子張家，後改稱「章嘉」。康熙四十五年（西元一七〇六年）封為「灌頂普惠廣慈大國師」，蒙古各旗奉法「均爾一人之力，黃教之事，由藏東向，均歸爾一人掌管」。自此成為格魯派在內蒙古地區的最高教主。故能與達賴（主前藏）、班禪（主後藏）和哲布尊丹（主外蒙古）四大活佛並稱為「黃教四聖」。[155]

修復以前的拉薩磨盤山關帝廟（朱正明拍攝）

支持三世章嘉寫作〈關老爺祈供文〉的濟隆活佛，也與藏傳佛教中關帝崇拜有關。乾隆五十九年（西元一七九四年）八世濟隆意希洛桑丹貝袞波出任攝政，駐藏大臣參贊海蘭察等捐款在拉薩城郊磨盤山南麓為其修建寺廟作為佛邸，乾隆帝賜名「衛藏永安寺」（藏語意為「功德

155　順治六年第一世哲布尊丹巴入藏學習經典，八年達賴迫令第一世哲布尊丹巴由覺囊派改宗格魯派，外蒙古喀爾喀部也因此普遍改奉格魯派。康熙二十七年（1688）喀爾喀部受準噶爾部噶爾丹的進攻，一世哲布尊丹巴勸說喀爾喀部南下歸順清朝，爭取清朝援助，得到喀爾喀部部眾的一致擁護。一世哲布尊丹巴遂於康熙三十年受封為呼圖克圖大喇嘛，總管喀爾喀部宗教事務。

林」），成為歷世濟隆活佛駐錫地，因而濟隆又稱為「功德林活佛」。此寺恰恰依傍著福康安、和琳在乾隆五十八年（西元一七九三年）剛剛復建的關帝廟山下，不為偶然。藏族學者蘇發祥說，根據藏文史料記載，福康安修建拉薩關帝廟撥銀七千兩，就是全權委託八世濟隆經辦，責令卓尼第巴．格桑南傑及李善堂等負責施工的。故至今磨盤山關帝廟仍然歸功德林養護管轄。[156] 三世章嘉和七世濟隆既然都是乾隆朝最為倚重的藏傳佛教首領，他們對於關公神的推重，並將關公神引入藏傳佛教供奉的重要神靈，也反映了乾隆本人對於關公的推重。

此外三世章嘉的傳人三世土觀活佛還言及六世班禪羅桑益西（西元一六六三年至一七三七年）幼年所寫〈王子義成證道記〉中，亦言曾得一紅臉者之幫助，並允諾要做他的保護神。[157] 身處乾隆崇尚關公的高峰時期，三世土觀撰述的〈安定三界的大皇帝關雲長的傳說及其祈供法．激勵事業雨露之龍聲〉也順勢將關公信仰正式植入藏傳佛教供奉。其中心意旨是頌揚關公，祈禱吉祥，教導人們恭敬「三寶」。從祭祀文中可以看出，在藏傳佛教裡，關公是萬能的，其職責無所不包。跟其他的藏傳佛教護法神一樣，關帝最主要的職責是消滅或制伏各種邪惡勢力，即報害佛法、傳播疾病、引起爭鬥等災難的各種魔鬼。從「託付事業」的內容及祭祀者的心態看，祭祀者（即上師）與護法神的關係是微妙而複雜的，上師並非是一味的膜拜者。上師在請神等時與自己的本尊相應，是以本尊的面貌出現的。故上師有能力招請護法神，讓護法神做自己的助伴，為其特殊的目的服務；護法神受上師的招請，享用祭品，受人錢財，自然要替人消災了。另外，「託付的事業」並非單純是為了上師本

156　中央民族大學蘇發祥〈札基寺木匾考釋〉，《西藏研究》2005 年第 3 期。
157　李勤璞介紹說，蒙文〈普安寺〉謂班禪喇嘛也編寫過「《贊關帝》聖經」，唯惜無漢文譯本。

人，而提到了國泰民安及眾生的幸福，這也體現了悲天憫人的大乘精神和土觀本人作為一名受到清王朝重用的高僧的職責。

藏族學者馮智還進一步介紹說：

> 清軍駐藏由於分布點較多，凡清軍駐地（兵營）又多建有關帝廟，形成了在西藏的關帝廟群文化。據統計到一九六〇年代初，關帝廟在西藏尚存有十來座之多。當年清軍除在拉薩建有札什城和磨盤山關帝廟之外，還在定日、工布江達、昌都等地建造了幾座漢式風格的關公廟。見於史籍的還有：一是拉薩城東南方向的關帝廟。據《衛藏通志》載：「拉撒（拉薩）東南噶勒丹寺相近，其樓閣經堂佛像，與大小昭相似，內供關聖帝君像，傳云唐以前其方多鬼怪為害，人民不安，帝君顯聖除之，人始蕃息，土民奉祀，稱尊號曰革塞結波。」二是後藏札什倫布寺旁的關帝廟。為康熙年間平定西藏後所建，史稱「西藏自入版圖以後，即其地建帝君廟，歷昭靈應。」乾隆時駐藏大臣和琳曾做翻修，至今正殿門上仍懸掛著一七九四年和琳所書「慈悲靈佑」的匾額。三是山南澤當關帝廟。位於澤當鎮西，東南靠貢布爾日山，北臨雅魯藏布江岸。為十八世紀留居當地的漢民所建，當地俗稱「漢神殿」或「格薩拉康」。四是藏北嘉黎關帝廟，康熙年間常駐嘉黎（此地為通拉薩之路）之清朝綠營兵丁所建，被當地人稱為「加拉公寺」（漢神廟），「文革」被毀。[158]

此外川康滇邊境沿傳統兵道和商道還散布著很多關廟，形成另一條關公信仰的祭祀帶。

158　中國藏學研究中心馮智〈清代拉薩扎什城兵營歷史考略〉，《西藏大學學報》2006年第1期。

其他民族崇奉

從現存元代碑刻來看，元朝為關帝廟建廟立碑者不僅有蒙、漢官員，而且還包含女真、維吾爾族官員。如鞏昌府關廟的世代供養人就是隴西汪氏家族。其先為陰山（今內蒙古大青山）汪古部族，為金朝屬部，隸西京路，故元人稱出於「山西將種」；其中一支徙居鞏州鹽川（今甘肅隴西），先人世為其長，因取漢姓汪氏。[159] 金元之際家族首領為汪世顯（西元一一九五年至一二四三年），字仲明，以軍功擢千夫長。鞏州為金邊防要地，置元帥府統軍戍守。正大二年（西元一二二五年）因平元帥田瑞謀反功，先後授領同知平涼府事、領隴州防禦使。六年，改兼鞏昌府（鞏州升）治中，轉同知，兼參議帥府機務，佐知府兼總帥，金亡前授便宜總帥，為秦、隴地區最大軍事組織首領。入元後論功授為鞏昌便宜都總帥，賜虎符，軍民財賦皆聽其裁決。統領二十餘府州，轄土包括今之甘、寧全省和陝西、四川之半，面積之廣為各地漢人世侯所不及。世顯死，中統三年（西元一二六二年）忽必烈追封隴西公；延祐七年（西元一三二〇年）元英宗加封隴右王。汪氏五代人與元朝相始終，「為官者一百八十餘人，其中王者三，公者十」，號為「三王十國公」。[160] 文淵閣四庫本同恕《榘庵集》卷三〈關侯廟記〉謂：

> 皇元戊午（蒙哥汗九年，宋嘉熙元年），汪忠烈公神交千載，概遺構，毀撤首，營正殿，於後授兵告伐，應捷如響。貞肅公敬成先志，有嚴像設，躬薦蘋藻。文貞公又繪東西序。

159 王鶚〈汪忠烈公（德臣）神道碑〉，載民國間張維（鴻汀）輯錄之《隴右金石錄》卷五。

160 據報導：1972 年在甘肅漳縣發現了汪氏家族自元初到明代萬曆年間的墓地 200 餘座，出土文物多矣，曾作為「文化大革命」的勝利成果廣泛報導，被視為珍品。

據《元史》本傳，這裡提到的「忠烈公」為汪德臣，即世顯次子。中統三年（西元一二六二年）謚忠烈，追封隴西公。「貞肅公」即其姪汪唯正，喜從文士論議古今治亂，尤喜談兵，卒謚貞肅。

另揭傒斯奉詔撰寫〈敕賜漢昭烈帝廟碑〉言：

> 前遼陽行省平章政事，今中政院使哈喇特穆爾[161]相，以私錢若干，而殿堂門廡、像設器物之屬無不備。元統元年九月十日，為請於上降香幣，以落其成。明年三月六日，又言之奎章閣侍書學士實喇卜[162]使奏，命臣傒斯紀其事於石，而上皆從之。[163]

雲南大理「三月街」古城的武廟（關帝廟）白族廟會表演

以年代職銜合觀，揭傒斯所述之「哈喇特穆爾」應即《續資治通鑑》卷二百七《元紀二十五》「元統元年」條之「達爾瑪」；「實喇卜」應為《元史》卷一百二十四〈哈剌亦哈赤北魯傳〉述其六世孫「沙剌

161　李夢生點校《揭傒斯全集》（據《四部叢刊》影本）此處作「哈喇帖木兒」。上海古籍出版社 1985 年點校本，第 377 頁。

162　《揭傒斯全集》此處即作「沙喇班」。

163　文淵閣四庫本《文安集》卷十二。傳言揭傒斯為色目人之後，徐珂《清稗類鈔．姓名稗類》：「改從漢姓不自清代始。如以蒙古後裔顯於國朝者言之，則沔陽陸制軍建瀛，其始祖即為蒙人，元鼎革時始收漢姓為陸，著籍沔陽。蓋元季之亂，蒙古、色目諸族轉徙流亡，其存者皆冒用漢姓，如福建之薩，薩都剌之後也；江西之揭，揭奚斯之後也；江南之廉，廉希憲之後也。」

班」，均為畏兀兒人。[164] 這也說明大元混一天下，也將關公信仰傳播到其他少數民族中。

當年忽必烈是先滅大理，後入南宋的。因此隨軍入雲南的軍隊也很早就把關公信仰帶入雲南。天啟《滇志》記載：

大理府關王廟，在府治西南，元時建。

此為西南少數民族地區興建關廟之始。明軍進入雲南仍之。嘉靖《尋甸府志》言：

尋甸府關王廟：在府西北一里許鳳梧。所官每歲祭旗纛於此……祀旗纛、關王、關索，揚威振武，以靖地方……關索廟：去府治六十里。大門三間，正廟三間，穿堂一間，寢室三間。具廟記。

其中引人注目的是關索獨立建廟，也與元明時流行的關羽之三子「花關索征南」有關。萬曆二十五年《貴州通志》：

普定衛關索廟：衛南四十里。昔關索領兵征南至此，有神應，鄉人遂立祠於山巔。（元口口海夏言詩：雲領千重海翠湧，將軍祠廟爵嵯峨。金戈鐵馬何年事？王璽朱口此地過。西望險如秦道路，南征只為漢山河。艱難遠適悲遊子，感激臨風發浩歌）又關索行祠：城南關外。

乾隆元年《雲南通志》：

澄江府關帝廟：在府城南……關索廟：一在府城西北；一在江川縣城北一在州城北。關嶺，又名龍驤將軍廟；一在新興州城東南。

164 趙翼《二十二史劄記補遺》嘗引「《御批歷代通鑑輯覽》總裁諸臣欽奉上諭」言，「我滿洲與蒙古一字一音，即盡其一字一音之義，從無一音而有兩字以至數字，唯漢字則一音有多至數字者。於是以漢字譯清字者，得以意為愛憎，每取惡字以示見貶。不但於異國異字用之，即於同一漢文，頗有用是為抑揚者矣，此倉頡造字所以有『鬼夜哭』之語也。」故下令頒布標準譯音，以求「中外一統，治恰同文」，造成《元史》譯名與《續資治通鑑》人名每有不合。

又雍正五年《賓川州志》言：

雜異：神威退賊：明正德間，賓川州北力角三營遇賊，村人皆避，唯卜御、連環二人持棒與賊鬥，人謂其必死。頃之，賊奔退。後村人追得一賊，問之。賊曰：「當時見關聖，綠袍赤馬，揮刀下來，是以逃也。」

也是「顯形助陣」，與內地傳說無異。按滇黔一線關索祠廟及地名極多，但花關索其人於史無征。我有專文考探其始末淵源，文長不贅。[165]

關公信仰風俗在西北民族中也有展現。民國《大通縣志》：

大通縣元朔山：去縣城東南三十五里，人稱北武當。石磴盤梯，川流縈帶。山頂有太元宮，即關帝廟，故土人又呼老爺山。此外古廟不可勝計，盛夏花濃，名野芍藥，每逢天貺，士民遊集，稱大會焉。

大通今為回族土族自治縣，有漢、回、土、藏、蒙古等二十五個民族。這個活動雖然富於道教色彩，但也有喊「佛號」的儀禮。

此外，新疆察布查爾縣的錫伯族是當年奉命由東北整體遷徙至此的，向視關公為最崇敬英雄，其在清代，每個牛錄[166]都建有關帝廟。納達齊牛錄關帝廟已有一百五十多年歷史，始於道光六年（西元一八二六年）渾巴什爾河戰役與張格爾叛匪激戰，關羽從天而降，迅速扭轉了戰局。為此，錫伯營官兵一千五百人鑄鐘一口置於靖遠寺內，鐘扣鑄有關羽頭形，鐘身刻有「忠義神武仁勇靈佑諸神帝君」銘文，以示邊防將士

165　〈關公故事在元代不同民族的衍生：〈格薩爾〉與〈花關索〉之比較〉，『2007 臺灣嘉義第三屆中國小說與戲曲國際研討會論文。

166　牛錄（Niru）為滿語村落之稱，意為「強箭」，既是生產行政單位，又是作戰單位，帶有鮮明軍事色彩和戰爭職能。在新疆錫伯族中一直沿用至今，現相當於行政區劃中的鄉一級。

對於國家的忠誠和對於關羽的敬仰。每逢農曆五月十三日，各牛錄軍民還要在關帝廟內舉行「磨刀節」等各類慶祝活動，名曰替關公磨刀，以激發民族忠義、勇武、團結的風尚。[167]

167 〈錫伯族：他們是崇尚關公的民族〉，原載 2006 年 5 月 24 日《烏魯木齊晚報》。

第三章

漢民族的自覺與關羽崇拜

民族自覺

當年曹操表封關羽的爵號本為「漢壽亭侯」，其中「漢壽」為地名，「亭侯」為爵名，是漢代五等列侯中最低的一等。這在《三國志》中記載得明明白白。但從南宋開始便不斷出現「壽亭侯」的印綬，「漢」字被獨立出來，成為「漢代」的象徵。這一明顯失誤居然延續了四百多年，直到明朝嘉靖時有禮部官員上書澄清；又延後百年，至天啟年間才得到正式糾正。在素重典籍的中國官場，這個現象頗耐人尋味。我以為其中展現的正是「漢民族」形成過程的一個側面。試為次第論之，並求指教。

民族問題在中國歷史上有著特殊的意義，一是出土的早期文物已經證實了中華文明初始即已呈現著「多元共生」的形態；二是中華民族的發展壯大是多民族融會的結果；三是今日之漢民族本身也是多種民族血緣與文化交融的結果；四是中國境內仍然存在著數十個保留自己鮮明的語言文化宗教特性的少數民族。但這一命題如果回到歷史情境之中，則必須弄明白「民族」自覺意識的開始。

十九世紀末，中國西北邊疆歷史地理學曾隨考古學發現而盛行一時。日人宮崎市定在《東洋的近世》中，曾為中華民族的自覺意識選定了一個座標點，這就是立於唐玄宗開元二十年（西元七三二年）的〈闕特勤碑〉。[168] 該碑係突厥毘伽可汗為其弟闕特勤所立，共分四面，一面用漢文記載了唐玄宗的哀悼詞：「受逮朕躬，結為父子，使寇虐不作，

168　1889 年（清光緒十五年）以俄國考古學者雅德林采夫為首的蒙古考古隊發現了時間相當於唐代的〈闕特勤碑〉（*Kul Tegin Inscription*）和〈毗伽可汗碑〉（*Bilga Inscription*）。據介紹，兩碑現立於地理坐標約北緯 47.5 度，東經 102.5 度的今蒙古國鄂爾渾河舊河道及和碩柴達木湖附近，相距約為 1 公里，亦為兩人的墓園區。石碑用灰色石灰岩或不純淨的大理石所刻，其旁散佈著許多唐代石刻人像，墓區為唐代所建的碑廟遺址。可參王大方〈沉睡千年的唐代名碑 —— 突厥《闕特勤碑》與《毗伽可汗碑》〉，載《中華文化畫報》2001 年第 6 期。

弓矢載櫜，爾無我虞，我無爾詐。」結尾以詩為頌：「沙塞之國，丁零之鄉，雄武郁起，於爾先王，爾君克長，載赫殊方，爾道克順，謀親我唐，孰謂若人，網保延長，高碑山立，垂裕無疆。」其他三面分別用突闕文（鄂爾渾）、古土耳其文和「一種異體文字」（按當今學者認為三面都是突闕文）書寫記敘本民族征伐四方的歷史及其與「漢人」由衝突到互市、親近並結交的過程，且言葬禮時有「來自東方，即日出之方的莫離人，尚有叱利人、漢人、吐蕃人、阿拔人、拂菻人、黠戛斯人、三姓骨利干人、三十姓韃靼人、契丹人和地豆於人等。這許多民族前來送喪和哀悼。」並警戒後人不要丟失自己的民族特性。[169] 宮崎以為這塊碑記本身就意味著民族意識的普遍覺醒：

> 民族意識的昂揚，使擁有一定程度的文化一事成為必要，特別是以文字去記錄歷史。事實上，從這面碑上所記土耳其語的闕特勤傳記中，可以看出這些民族終於察覺到本身的國粹，而且有意識地去努力維持。[170]

魏晉南北朝雖有「五胡亂華」之說，但當時入主中原的各個民族卻沒有創造自己的文字以書寫本民族的歷史，相反卻有主動漢化的實例如北魏孝文帝然。事實上這些民族也多融合於中土，在中華民族的譜系中隱沒不現。此為史家常識之論，無須多談。當時雖有以「漢」為名的割據政權，但多出於少數民族政權。我認為晉雖混一宇內，但劉備推正漢室之影響並未因此消失。西晉「八王之亂」後，十六國中即有巴氐人李

169 1894 年丹麥人湯姆森在〈鄂爾渾和葉尼塞碑文的解讀〉宣布釋讀出雙碑。此後中國學者展開了對〈闕特勤碑〉的研究和拓印，王國維在《觀堂集林》卷二十〈九姓回鶻可汗碑跋〉中有詳細記載。該碑已有多種譯文，如韓儒林《突厥文特勤碑譯註》，岑仲勉《突厥史論集》等。近年有芮傳明譯本（http://www.guoxue.com/study/oy/tujue/jteqb.htm）。

170 《東洋的近世》，《日本學者研究中國史論著選譯》第一卷，第 204 頁。

特之姪李壽在成都稱帝，逕改「成漢」國號為「漢」；荊襄張昌率巴蜀流民起事，亦推山都縣吏丘沈為天子，改名劉尼，冒稱「漢」後；就連北匈奴之劉淵立國也以「漢」稱，理由是「昔王先人，與漢約為兄弟，憂泰同之」。可見「尊漢室以為正統」的觀念，在當時也並未消失。

元代末年災害踵接，政治黑暗，民族間矛盾也在加劇，故關羽崇拜在當時的漢民族中有何意義值得探討。「漢人」之稱雖然源於「五胡亂華」，卻大盛於遼、金、元之際，與「契丹」、「女真」、「党項」或「蒙古」、「色目」等形成對舉。尤其見於遼金元之典章制度，因而喚醒中原人之民族意識。尤其是北地舊族，競相以「漢」為宗，遂有「漢壽君」這樣並不正式的稱呼。流播日久，以至「漢」與「壽亭侯」分離，甚至有造出此類印綬以冒充古董者。這些軼事，從另一面證實了遼、宋、金、元時期民族衝突中，關羽崇拜亦是漢民族意識覺醒的產物。而南宋儒士也認為：

> 以為民心之得失，此興亡之大幾也。林少穎云：「民之思漢，則王莽不能脅之使忘；民之忘漢，則先主不能強之使思。」唐與政云：「民心思漢，王郎假之而有餘；民心去漢，孔明扶之而不足。」此中之「漢」，正如元人誤讀「漢壽亭侯」，「漢鍾離」之「漢」，亦寓有深意在焉。[171]

本文正欲摭拾這個話題，深入論之。唯民族形成問題有其複雜性的一面，尤其是中華主體民族久以「華夏」、「中國」等稱呼載諸典籍，故「漢民族」形成問題曾在現代化進程中屢起聚訟，筆者論述亦當由此開始。

171　《困學紀聞》卷七《孟子》。林少穎字之奇，侯官（今屬福建福州市）人，紹興進士，為校書郎。《宋史·藝文志》著錄其《觀瀾文集》六十三卷。唐仲友字與政，淳熙間任臺州太守，因與朱熹紛爭而為後世理學排斥。著有《詩解鈔》、《經義考》等，又《帝王經世圖譜》輯入《四庫全書》。《鄧廣銘全集》有〈悅齋唐仲友生卒年份考〉。

漢民族形成時間之謎

近代民族觀念傳入中國時，「中華民族西來說」亦隨之登陸。為了反駁這種無根之談，梁啟超發表〈中國歷史上民族之研究〉認為：

> 吾族自名曰「諸夏」，以示別於夷狄；「諸夏」之名立，即民族意識自覺之表徵；「夏」冠以「諸」抑亦多元結合之一種暗示也。[172]

要言不煩，但也開啟了中國民族學對漢民族形成問題的聚訟紛爭之始。一般以為，「漢族」的稱呼源於漢朝。如王桐齡《中國民族史》從民族間的通婚、各民族王朝王室和高官顯貴的民族出身、民族之間互相更名、改姓等問題入手，以漢族為中心縷述為八期，分別是「漢族胚胎時代」論述「漢族內部之融合」；「漢族蛻化時代」論述「東夷、西戎、南蠻、北狄血統之加入」；「漢族休養時代」；「漢族第二次蛻化時代」論述「匈奴、烏桓、鮮卑、氐、羌血統之加入」；「漢族第二次休養時代」論述「高麗、百濟、突厥、鐵勒、回紇、沙陀、党項、吐蕃、奚，契丹血統之加入」；「漢族第三次蛻化時代」論述「契丹、女真、蒙古及西域諸國血統之加入」；「漢族第三次休養時代」；「漢族第四次蛻化時代」論述「滿族、西藏血統之加入」。[173] 林惠祥《中國民族史》則以為「漢以前只稱『華夏』，漢以後則稱漢族。」[174] 自「馬克思主義民族理論」傳入以後，范文瀾輒以漢族為秦漢以下「獨特的社會

172 《梁任公近著》，商務印書館 1924 年出版，第 61 ～ 62 頁。

173 王桐齡《中國民族史》，北平文化學社 1934 年，第 3 ～ 4 頁。王著所言「蛻化」，是指一個民族「常能吸收外來血統，銷納於吾族團體之中，使之融合無問……造成龐大無倫之中國者，日唯善蛻化之故」，意即民族同化。王桐齡（1878 ～ 1953）任丘（今屬河北滄州）人，為梁啟超弟子，曾留日學習，後為北京師範大學歷史系主任。

174 《中國民族史》上冊。商務印書館 1936 年出版。按林惠祥（1901 ～ 1958），石獅（今屬福建泉州市）人。1921 年陳嘉庚創辦廈門大學時考取社會學系，為第一屆畢業生。曾從美國導師拜爾教授學習人類學，1949 年後為廈門大學歷史系教授兼系主任。

條件下形成的獨特民族」。[175]這曾經引發過一場「部族」還是「民族」的爭論。反對學者也分為兩派，一派以為「漢民族形成於鴉片戰爭以後」，一派以為「漢民族形成於明代後期」。[176]所以「形成」得如此之晚，其實是因為兩派都在套用蘇聯學者格·葉菲莫夫「封建制度消滅與資本主義發展過程中形成為民族的過程」的模式。[177]

一九八〇年代以來，對於漢族形成的看法依然未能統一，只是差距在逐漸縮小。一種意見認為「漢民族形成是分為兩步完成的」，第一步，華夏部族聯盟或者形成於原始社會末期，或者形成於夏代。然後在秦漢形成民族；另一種則認為分三階段形成，分別是夏商周、春秋戰國和秦漢。[178]有的學者還試圖定義，說是「以漢字為載體」，「以漢文化為主體」，「以漢朝為象徵」。[179]但以上諸說似乎都忽略了一點，就是當時或稍後稱呼「漢族」、「漢人」者主要是周邊民族和地區，並非中原民族的自主稱謂。

近年又有論者試圖綜合諸說。以為：

> 漢民族族稱的確定，經歷了一個曲折的交叉發展過程，即先後出現「秦人」、「漢人」、「唐人」之稱；同時「秦人」、「漢人」、「唐人」三稱又交叉使用。「漢人」之稱在曲折、交叉的發展過程中，逐步取得主流地位，最後確稱為「漢族」。[180]

175　〈試論中國自秦漢時成為統一國家的原因〉，《歷史研究》1954年第3期。
176　參閱論文集《民族問題的形成》，三聯書店1957年出版。
177　載《民族問題譯叢》，1954年第二輯。
178　參徐傑舜《漢民族發展史》撮述，四川民族出版社1992年版，第11～12頁。
179　陳玉龍等《漢文化史綱》，北京大學出版社1993年。
180　徐傑舜《漢民族發展史》，第215頁。

並花了很多篇幅，縷述史籍記載之「交叉曲折」，如《史記·大宛列傳》「聞宛城中新得秦人知穿井，而其內食尚多」，《漢書·李廣利傳》移載此事，僅改「秦人」為「漢人」等等。顏師古注《漢書》有「秦時有人亡入匈奴者，今其子孫尚號秦人」。「謂中國人為秦人，習故言也。」胡三省注《資治通鑑》亦有「據漢時匈奴人謂中國人為『秦人』」。實物也證實了這一點，永壽四年石刻〈劉平國治關亭誦〉言：

> 龜茲左將軍劉平國以七月二十六日發家，從秦人孟伯山、狄虎賁、趙當卑、萬羌、石當卑、程阿羌等六人共來作□□□□谷關。

故王國維言漢代「皆謂漢人為秦人」。此外，法人伯希和（Paul Pelliot, 1878 ～ 1945）注釋《馬可波羅遊記》中的 Cina 含義，曾舉古印度人稱中國為 Cina，希臘人稱為 Thin，羅馬人稱為 Sinae，以及現代西語普遍稱之的 China，都證明中國一直以「秦」名播海外。[181]

類似的例子不勝枚舉，但都有著同樣的缺陷，即這些證據所力圖證明的，仍然是中土以外民族、地區對於中國國屬的稱謂，而非生斯長斯之主體族屬的自我稱謂。現代民族學認定，自我稱謂（emic）才是一個人群自我界定最為有效的指標。[182] 所以我認為需要追溯的重點和中心問題，恰恰應該是源於中原的百姓何時開始自稱為「漢族」。

中晚唐外族緣於「安史之亂」進入中土，中華各族的融會方式又出

181　最近成都理工大學劉興詩〈CHINA 釋義新探〉（載《四川文物》1999 年）和上海東華大學周啟澄〈CHINA 來歷新說法：源於絲綢〉（2002 年 11 月 8 日杭州《新聞晨報》）以 china 之稱非源於「秦」而是「絲」的音譯而爭訟。但斯意久已流傳，算不得「新發現」。如伯希和〈支那名稱之起源〉、岑仲勉〈外語稱中國的兩個名詞〉、張星烺〈支那名號考〉、楊憲益〈釋支那〉，此外還有林劍鳴〈「支那」的稱謂源於秦還是楚〉（《人文雜誌》1981 年第 6 期）、汶江〈「支那」一詞起源質疑〉（《中國史研究》1980 年第 2 期）、黃興濤〈話「支那」〉（《文史知識》1999 年第 5 期）等。胡阿祥〈「支那」考綜述 —— 中日關係史中的國家稱謂問題研究之一〉（《江蘇文史研究》2001 年第 2 期）可以參考。

182　參見王明珂《華夏邊緣：歷史記憶與族群認同》，臺北允晨文化出版公司，1997 年，第 72 頁。

現了新的趨勢。其中契丹、党項、女真、蒙古各族先後都建立了自己的國號，創立了自己的文字，獨自書寫本民族的歷史，是其中最值得注意的特點。漢民族也正是在這樣相比較而存在、相鬥而發展的民族格局中，開始了自我民族意識覺醒的。

從現存史籍看來，這一時期最早揭出「漢」作為民族徽別的，應當是唐哀宗天祐二年（西元九〇五年）孤懸一隅的沙州（今甘肅敦煌）歸義軍節度使張承奉。他聞朱溫篡唐，即以「白雀之瑞」為讖，自立為「金山白衣天子」，建立「西漢金山國」。其國號之「西」為方位；「金山」為地理象徵；「漢」當為族別。張氏歿後，祖籍為亳州（今屬安徽）的長史曹議金繼任為帥，「請命中朝，授本軍節度使」，共歷五世一百一十二年。北宋景祐三年（西元一〇三六年）為西夏攻陷，封除。

但漢風漢俗卻未必能隨國除而泯滅。元初劉郁曾隨「皇弟旭烈兀統諸軍奉詔西征，凡六年，拓境幾萬里」，歸後寫作〈西使記〉時，就記述說：

與別失八里南以相直近五百里，多漢民，有二麥、黍、谷，河西注瀦為海。……又西南行，過孛羅城……西南行二十里，有關曰「鐵木兒懺察」，守關者皆漢民……出關至阿里麻里城，市井皆流水交貫[183]……回紇與漢民雜居，其俗漸染，頗似中國。又南有赤木兒城，居民多並、汾人。[184]

則知五代以後漢民已有遷徙到天山南麓者。劉郁在這裡使用了「漢民」、「中國」和「並汾」三個概念，無疑都具有族屬的認同感，只是

183　別失八里城即唐時北庭督護府所在地，位於今新疆昌吉州吉木薩兒縣城北 24 里處。阿里麻里，《元史‧地理志‧西北地》附錄作阿力麻里，廢城在今綏定城西北 13 里，霍城東北三十里處。

184　《全元文》第五冊第 66 頁。按劉郁字文季，渾源（今屬山西）人。中統元年辟充中書都事，出尹新河，召拜監察御史。卒年六十一。

「並汾」更強調地域鄉情而已。

又自沙陀人石敬瑭獻燕雲十六州於契丹之後，燕晉漢人陷於異族。劉知遠遂效仿劉備，託言東漢皇族之後[185]對抗契丹，建立「後漢」，仍以後晉石敬瑭用過的天福為年號，續為十二年（西元九四七年）。其弟劉崇則依託契丹建立「北漢」，仍以其姪劉承祐用過的乾祐為年號，續為四年（西元九五一年）。雖然看去仍然是踵繼前人故技，但同樣問題放置在隋唐以後，實質已經發生了變化。蓋緣魏晉時代的「漢人」仍襲前朝國號之稱，而此時的「漢人」已經具有族屬自謂的意義。陳友諒於至正十八年（西元一三五八年）起兵反元，二十年首先於江州稱帝，國號又是定名為「漢」，連「改為劉姓，託名漢後」的傳統把戲也都置之不顧，可知族屬意識的強烈以及「漢」之族號本身具有的號召力和影響力。後話不提。

其間「漢」還曾被用於蔑稱，北宋高承《事物紀原》卷十「稱漢」條：

> 《演義》曰：今俗罵人曰「漢」，蓋晉末胡亂中夏，故胡人罵中國曰「漢起」，南人罵北人為「胡」為「虜」。華夷自太始、太素以還，有國號者至多，獨以漢名曰，取兩漢盛者也。

這裡所說的《演義》非後世說部之小說，而是唐人蘇鶚所著《蘇氏演義》，[186]可知此說起源。又陸游《老學庵筆記》卷二曾經說過這麼一個掌故：

---

185 兩種《五代史》都說劉知遠「其先本沙陀部人也」，世居太原。今存黑水城出土之北宋唱本殘木《劉知遠諸宮調》、宋人講史《五代史平話》，以及元曲〈白兔記〉、署名羅貫中《殘唐五代史演義》等，均以劉知遠早年的傳奇經歷為題材，但都未強調他血緣殊異，而是作為下層平民「發跡變泰」故事描述的。

186 蘇鶚字德祥，武功（今屬陝西）人，家居杜陽川上。光啟年間（885～888）登進士第，仕履無考。著有《演義》二卷，已佚；《杜陽雜編》三卷，傳世。

今人賤丈夫曰「漢子」，蓋始於五胡亂華時。北齊魏愷自散騎常侍遷青州長史，固辭，文帝大怒曰：「何物漢子，與官不受！」此其證也。承平日，有宗室名「宗漢」者，自惡人犯其名，謂「漢子」曰「兵士」，舉宮皆然。其妻供羅漢，其子授《漢書》。宮中人曰：「今日夫人召僧，供十八大阿羅兵士，太保請官教點兵士書。」都下哄然，傳以為笑。

陶宗儀《輟耕錄》卷八「漢子」條也襲用過這個笑話。南宋人嘴裡的「承平時」即指北宋。可知這個賤稱沿襲已久，宋人已失其原意。《水滸傳》第二十二回〈閻婆大鬧鄆城縣　朱仝義釋宋公明〉結末表道：

宋江已有八分酒，腳步趄了，只顧踏去。那廊下有一個大漢，因害瘧疾，當不住那寒冷，把一鍁火在那裡向。宋江仰著臉，只顧踏將去，正跐在火鍁柄上；把那火鍁裡炭火都掀在那漢臉上。那漢吃了一驚，驚出一身汗來。那漢氣將起來，把宋江劈胸揪住，大喝道：「你是什麼鳥人！敢來消遣我！」宋江也吃了一驚。正分說不得，那個提燈籠的莊客慌忙叫道：「不得無禮！這位是大官人最相待的客官！」那漢道：「『客官！』『客官！』我初來時也是『客官！』也曾最相待過。如今卻聽莊客搬口，便疏慢了我，正是『人無千日好！』」卻待要打宋江，那莊客撇了燈籠，便向前來勸。正勸不開，只見兩三盞燈籠飛也似來。柴大官人親趕到，說「我接不著押司，如何卻在這裡鬧？」那莊客便把跐了火鍁的事說一遍。柴進笑道：「大漢，你不認得這位奢遮的押司？」那漢道：「奢遮殺，問他敢比得我鄆城宋押司？他可能！」柴進大笑道：「大漢，你認得宋押司不？」那漢道：「我雖不曾認得，江湖上久聞他是個及時雨宋公明，是個天下聞名的好漢！」

這裡所說的「那漢」、「大漢」便是貧窘無靠中的武松，「好漢」當然是指宋江。「漢」字在宋後的民間稱謂上又生發出這般變化，或許也正是漢民族自尊心提升的一種面向或者注腳。

遼金西夏的「一國兩制」

卻說契丹從石敬瑭處接受了幽、雲十六州以後，耶律德光就面臨著既要確保契丹不被「漢化」，又須統治難以「契丹化」的漢人，於是首創「一國兩制」政策。《遼史．百官志一》言

至於太宗，兼制中國，官分南、北，以國制治契丹，以漢制待漢人。國制簡樸，漢制由沿名之風固存也。遼國官制，分北、南院。北面治宮帳、部族、屬國之政，南面治漢人州縣、租賦、軍馬之事。因俗而治，得其宜矣。

又《百官志三》：

南面朝官：遼有北面朝官矣，既得燕、代十有六州，乃用唐制，復設南面三省、六部、臺、院、寺、監、諸衛、東宮之官。誠有志帝王之盛制，亦以招徠中國之人也。

正因契丹作為一個多民族的國體，統治區域內已有大量漢民存在，促使契丹採用了「於漢人行漢法」的變通措施。在這種管理體制下，無論源自中土還是同化異族，凡是「中國之人」事實上都已被強化了「漢」的族別意識。這個體制又為前金承襲，《金史》志第三十六〈百官一〉言：

漢官之制，自平州人不樂為「猛安」、「謀克」之官，始置長吏以下。天輔七年（西元一一二三年）以左企弓行樞密院於廣寧，尚踵遼南院之舊。天會四年（西元一一二六年）建尚書省，遂有三省之制。至熙宗頒新官制及換官格，除拜內外官，始定勳封食邑入銜，而後其制定。然大率皆循遼、宋之舊。海陵庶人正隆元年（西元一一五六年）罷中書門下省，止置尚書省。自省而下官司之別，曰院、曰臺、曰府、曰司、曰寺、曰監、曰局、曰署、曰所，各統其屬以修其職。職有定位，員有常數，紀綱明，庶務舉，是以終金之世守，而不敢變焉。

請注意「平州人不樂為『猛安』、『謀克』之官」[187]這一句。猛安、謀克本為金朝實行的一種兵民合一的基層政權形式，金朝女真族所建置的猛安、謀克，經過改革後納入州縣系統之中，與州縣同隸屬於節度使之下。猛安擬防禦州，謀克擬縣，各有品級。州縣主要管漢人等，猛安、謀克主要管女真戶，州縣下為村社，猛安、謀克下為村寨。村社設里正，村寨設寨使，掌同里正。[188]這裡說的是北地漢人不願意接受女真人部族政權的編管轄制，深層原因則是漢人的宗法組織體系與游牧民族方鑿圓枘，故不得不沿用遼法，用中土「漢官」的郡縣制度進行管理。

同時之党項族建立西夏二十二州，屬民亦包括漢族、吐蕃、回鶻、塔塔等。李元昊設立官制，亦採取凡屬左右侍從一類都由党項貴族中選用；凡是仿宋官制而設置的則參用漢人的辦法。

蒙古入主中原亦復如是。《元史》志第三十七〈百官三〉言：

187　《晉書．地理志．平州》：「後漢末，公孫度自號平州牧，及其子康，康子文懿，擅據遼東，東夷九種皆服事焉。魏置東夷校尉居襄平而分遼東、昌黎、玄菟、帶方、樂浪五郡為平州，後還合為幽州。」宋人和盟，以納幣形式「恢復」燕雲十六州。平州人張覺有意攜平、營二州歸宋，獲宋廷嘉勉並賜詔旨，這成為金人以「違盟」口實南下滅宋的由頭，參拙文〈宋代理學與關羽崇拜〉第一題第四節。

188　參張博泉〈論古代邊疆民族與疆域研究問題〉，《吉林大學社會科學學報》1999 年第 3 期。

國初未有官制，首置斷事官，曰札魯忽赤，會決庶務。凡諸王駙馬投下蒙古、色目人等，應犯一切公事，及漢人姦盜詐偽、蠱毒厭魅、誘掠逃驅、輕重罪囚，及邊遠出征官吏、每歲從駕分司上都存留住冬諸事，悉掌之……皇慶元年，省二員，以漢人刑名歸刑部。泰定元年，覆命兼理，置札魯忽赤四十二員，令史改為掾史。致和元年，以上都、大都所屬蒙古人並怯薛軍站色目與漢人相犯者，歸宗正府處斷，其餘路府州縣漢人、蒙古、色目詞訟，悉歸有司刑部掌管。

可見從遼太宗耶律德光（西元九〇二年至九四七年）開創的這項制度實際上一直延續到元末，在廣大的北方地區實行了四百年之久，這在中國歷史上是空前的。如果認為這還不足以強化漢人的自我族屬意識，那麼很難想像還有其他辦法來加強漢族的認同感和凝聚力了。

陳寅恪先生論及唐初文化民族之融合時，嘗言：

融合其所割據關隴區域內之鮮卑六鎮民族，及其他胡漢土著之人為一不可分離之集團，匪獨物質上應處同一利害之環境，即精神上亦必具同出一淵源之信仰，同受一文化之熏習，始能內安反側，外御強鄰，而精神文化方面尤為融合複雜民族之要道。[189]

金元時期何嘗不是如此。「漢人漢法」不僅使不同民族處於「同一利害之環境」，佛道兩教、儒家思想及其他民間信仰，又使為「漢人漢法」制約的多個民族，在精神上走向「同出一淵源之信仰，同受一文化之熏習」。前述關羽崇拜逐漸為各個民族所接受，亦即「融合複雜民族之要道」例證之一。

說起來，中國傳統區分「華夷」[190]的方式通常有兩種：一種主張血

189 《唐代政治史述論稿》上篇〈統治階級之氏族及其升降〉。

190 中原部族以文化自大的心理，蓋有年矣。《尚書．武成》云：「華夏蠻貊，罔不率俾。」孔傳：「冕

胤連繫，嚴「夷夏大防」，強調「裔不謀夏，夷不亂華」；[191] 另一種主張則以是否遵從華夏文化作為衡定標準，故有「中國入於夷狄則夷狄之，夷狄入於中國則中國之」的說法。所以前賢每以「文化種族」或者「血胤種族」兩端作為民族區劃之分屬。竊以為從歷史實際出發，合則兩全，分則兩傷。如果聚焦於遼宋金元時期的制度性演變，來揭示漢民族自覺意識的覺醒，或者更為公允。後文續論。

「漢人」的制度強化

鴉片戰爭以後「世界走進了中國」，也打開了雍乾以來士大夫日漸封閉的視野。由於有域外史料相參照，清末西北邊疆歷史地理成為一時顯學，明初宋濂編述《元史》的局限性也因此暴露無遺。孟森（西元一八六九年至一九三七年）曾批評說：

《元史》自今五百年來，為一朝正史，然以其在漢土傳祚不永，一切制度文物，又與漢土歷代不甚沿襲，故在漢人不推為至隆極盛之朝。而在全球棣通之世，則泰西所震聳於東方民族者，視蒙古在漢唐諸大朝之上。元朝之於蒙古，乃其統轄漢族之一區，全蒙統治之域，逾此遠甚。漢人作《元史》就近處所見言之，自漢族以外，蒙古本部已不求甚

服華章曰華，大國曰夏。」孔穎達疏：「華夏為中國也。」拙作《理學與關羽崇拜》第六題之〈春秋大一統〉節中，已討論過元儒「用夏變夷」及「素夷狄行乎夷狄」的變通性解釋，可以參看。

191　《左傳．定公十年》。魯迅《阿 Q 正傳》摹寫「精神勝利法」之名句，有「我總算被兒子打了，現在的世界真不像樣……」在崇信「血胤說」者看來，變亂異族統治者的血統是「用夏變夷」最直接有效的做法。《元史．順帝紀一》曾言「及明宗崩，文宗復正大位。至順元年四月辛丑，明宗后八不沙被讒遇害，遂徙帝於高麗，使居大青島中，不與人接。閱一載，復詔天下，言明宗在朔漠之時，素謂非其己子，移於廣西之靜江。」故自宋人起即有「金章宗之母，乃（宋）徽宗某公主之女也」的說法（周密《癸辛雜識》續集下，中華書局本第 212 頁），又明人亦有元順帝為宋之帝系血胤之說，參趙翼《二十二史劄記》卷三〇〈庚申帝〉（《校證》第 709 ～ 710 頁），清末復有乾隆為海寧陳家之後的說法，如天嘏《清代外史．弘曆非滿洲種》、許嘯天《清宮十三朝演義》、燕北老人《滿清十三朝宮闈祕史》等。孟森有《海寧陳家》辨析此事。

解，又安知其功烈之所居，視並包漢族之偉大，有倍蓰以上者耶？[192]

江蘇武進人屠寄（西元一八五六年至一九二一年）撰《蒙兀兒史記·行省宰相表》後論讚道：

論曰：「治漢人當用漢法」，忽必烈汗所知也。至元初政，八坐之中漢人幾居其半，其人又賢。當時治績，論者至比之唐貞觀焉。嗣時厥後，左右相專用蒙兀、色目人，即平章一位，亦幾無漢人容足地，而治道日非矣。然則華夏聲名文物，更數千年，民德雖衰，尚非游牧種人所能折棰而長治者歟？[193]

陳寅恪的古代民族語言絕學造詣，每使人以為深不可測。他在早年曾有短文〈元代漢人譯名考〉[194]，由宋元時代外族的古拼音文獻入手，提過一個獨特的觀點，似未引起方家續論，故不憚固陋，在這裡拈出一說。

陳氏先從「治元史者，莫不知元代社會有蒙古、色目、漢人三階級」談起，復舉陶宗儀《南村輟耕錄》卷一「姓氏族」條載有「蒙古七十二種，色目三十一種，漢人八種」，但所舉漢人之姓氏卻為「契丹、高麗、女真、竹音歹、朮裡闊歹、竹溫、竹赤歹、渤海（原注：女直同）」。後世論者每遇及此，咸疑為「訛舛」，陳先生卻以為「元代漢人之名，必有待發之覆」。因「兼采近年外國成說，核以蒙古波斯舊史之文，依其界說之變遷及涵義之廣狹，立一假定之說，以解釋之。」

他首先舉證明代《火源潔華夷譯語·蒙文編·人物門》，言「漢人」曰「乞塔」，[195] 復舉日本翻刻元泰定本《事林廣記》庚集卷十《治

192 元史二種之《蒙兀兒史記》民國二十三年三月孟森序，上海書店 1989 年 12 月影印版。

193 《蒙兀兒史記·行省宰相表》後論贊，第 1079 頁上。

194 原載前清華學校研究院 1929 年《國學論叢》第二卷第一號，輯入《金明館叢稿二編》，上海古籍出版社 1980 年版，第 90 頁。

195 此即斯拉夫語系對於中國的稱謂，參筆者《超凡入聖》中〈文化競爭（The Cultural Struggle）〉一

元譯語・人事門》「漢兒日『托忽歹』，蠻子日『囊家歹』」，校以「托忽歹」本為「扎忽歹」之訛，「而『囊家歹』之語，則本金人之故稱也。」以此對照拉施特《蒙古史》古波斯原文之記載：

Khatai 國者，蒙古人稱為 Djavkout，支那語謂之 Khanzi。以 Kara-monan（黃河）與 Matchin 過，即支那人所謂 manzi（蠻子）者為界。又與 Tchourtcheh 及游牧人所居 Kara-Khatai 荒漠之地接界。蒙古語 Tchourtcheh 之名，蓋因支那人稱此國為 Nangias。與 Khatai 以黃河為界。此水源出吐蕃及迦濕彌羅，常不可渡。其國都名 Khingsai。(即臨安，殆「行在」之音譯）距 Khan-balik（大都，按即汗八里）四十日程。

又以古波斯文舊題《譯言史貫》第八篇復校，其言：

Khatai 分為數國，其名隨各種語言而不同。支那語為 Khanjo-tchou（tchi）Tchoun-Koué。蒙古語謂之 Djavkout。印度人謂之 Tchin。吾等（波斯人）謂之 Khatai。

然後詳盡比勘了《蒙古祕史》征伐金國一段記述之蒙文對音，指出「扎忽惕」即 Djavkout，「或日『乞塔惕』，即與《華夷譯語》之『乞塔』同一字也。」亦即金人組成的「漢軍」之謂。我想這應當是「契丹」(Kitaia，Cthaia 或 Cathay) 的音轉。而「『蠻子』即『囊家歹』」，即 Nangias，伯希和 (P. Pelliot) 認為「即華語『南家』二字之音譯。」《三朝北盟會編》二二馬擴茂齋自敘言「黏罕云：『你說的也煞好，只是你南家說話多捎空。』」即此之謂。《蒙古源流》蒙語對音 Nangiad-ulus，意譯即是「中國」。陳氏的結論是：

節有關「契丹」族名與國名的變遷問題的考辨。

> 殊不知蒙古語當日自有「囊家歹」之專名，以稱「南人」，實不在「扎忽歹」即「漢人」總稱之內……蓋一時代之名詞，有一時代之界說。其涵義之廣狹，隨政治社會變遷不同，往往巨大之糾紛訛謬，即因茲細故而起，此尤為治史學者所宜審慎也。

照此引申，頗疑Khanzi即為「漢子」，Khanjo即為「漢軍」的對音。

如謂陳氏此說成立，筆者還可以推導出兩個結論。第一個是北地漢族既與契丹、女真等民族被蒙古一體視做「漢人」，則在元代管理體制下之民族融合，亦會強化這些民族「漢人」的族屬意識，並將他們中的部分或大部分融入元後「漢族」之中，理由同前所述。且一般而言，部族種姓越多，則其融合為「民族」的時期越短，如早期華夏諸部族然。所以第二個推論是：蒙古族人數雖少，種姓卻有七十二種之多，色目也有三十一種，「漢人」減至八種（其中高麗、女真都是今日的獨立民族），而數以千萬計的宋人（南人）居然只有一種「囊家歹」，說明無論從異族稱謂還是自我認同，宋人的族屬意識實遠較同時代其他民族更為自覺。

《劍橋中國遼西夏金元史》說：

> 在一二一五年到一二三四年征服金朝之後的二十年內，有兩千多萬定居人口，主要是華北的漢人，也有西夏的党項人、渤海人、高麗人以及中國北方的其他居民，處於蒙古人的統治之下。為了行政管理的目的，這些新被征服的屬民被稱為「漢人」。而對於漢人來說，這個詞本身指的則是漢文化共同體或漢民族共同體；當時在法律上被稱為「漢人」的蒙古屬民中的絕大部分當然也是漢人。但是這個詞又用來指所有曾經在中國北方的金朝統治下的屬民，不管他們是不是漢族，也不管他們是不是游牧民族。一二七五年至一二七九年蒙古人又征服了南宋，第

四等人也隨之被規定下來，這就是「南人」，它專指五千萬以上的南宋遺民。[196]

事後證明，這種區分並沒有縮小漢族文化共同體，相反卻是壯大了這種共同體。經歷元代以後，漢民族共同體及其活動的範圍反而得到了極大的擴展。

在《管錐編》第四冊二三七〈全後魏文〉論及張倫〈諫遣使報蠕蠕表〉「亦由中國多虞，急諸華而緩夷狄」時，錢鍾書曾以大段文字縷述歷史上多個入主中原的少數民族政權對於「華夷」觀念的看法及表述：

> 漢人自稱「華」而目鮮卑為「夷」，魏鮮卑自稱「華」而目柔然為「夷」，先登之齊鮮卑又目晚起之周鮮卑為「夷狄」；後來南宋人之於金，金人之於蒙古，若是班乎。《中州集》卷四周昂〈北行即事〉第一首：「聞道崑崙北，風塵避僕窪。至今悲漢節，不合度流沙。」又〈翠屏口〉第二首：「玉帳初鳴鼓，金鞍半偃弓。傷心看寒水，對面隔華風。山去何時斷，雲來本自通。不須驚異域，曾在版圖中」；金人對蒙古，儼然自命「漢節」、「華風」矣。至北齊人自稱「華」而目南朝為「夷」，則金人於南宋所未有焉。顧此特堂皇之語耳，私衷初不如是。[197]

竊以為此處所指「金人」周昂之詩作，即或未必代表女真貴族，但至少代表了北地漢臣的心態。與此稍後，還有金元世臣馬祖常對於家世的自敘：

> 昔我七世上，養馬洮河西。六世徙天山，日日聞鼓鼙。
> 金室狩河表，我祖先群黎。詩書百年澤，濡翼豈良鵜。

196 《劍橋中國遼西夏金元史》，第 720 頁。

197 《管錐編》第四冊，中華書局版，第 1478 頁。

嘗觀漢建國，在世有日磾。後來興唐臣，胤裔多羌氏。

《春秋》聖人法，諸侯亂冠笄。夷禮即夷之，毫髮各有稽。

吾生賴陶化，孔階力攀躋。敷文佐時運，爛爛應奎璧。[198]

雖然明承血胤原非漢族，但卻儼然以躋身儒者自得，就是融入漢民族之代表性的例證之一。正因為漢民族的主體意識在明代已經形成，所以清朝定鼎中原遂不復以「對漢人行漢法」，而是融合滿漢，[199] 同時對其他民族實行區域自治（如對內外蒙古、西藏、新疆諸民族），或者「改土歸流」（如對西南各民族）。實行少數民族區域自治的國策延續至今，後話不提。

相反相成的第三個例證，可由拒絕被異族同化的客家人入手證明。清末一度認為客家為少數民族，因為他們的語言、服飾、建築、民俗，均與當地土著顯有不同，故曾被誣以「客」旁加「犭」之名，十九世紀西方傳教士在調查中也曾誤以他們為獨立「民族」。自羅香林[200]開創「客家學」以後，在資料收集和研究中發現客家人漢民族的族屬意識特別強烈，不但自承「純粹漢族」，而且有論者認為：

198 《石田先生文集》卷五〈飲酒〉第五首。按馬祖常（1279～1338）字伯庸，先世為雍古特部，居於靖州天山（今內蒙古自治區四子王旗西北）。高祖錫里吉思金末為鳳翔兵馬司判官，即以馬為姓。曾祖月合乃跟隨元世祖忽必烈至汴，父潤，任漳州同知，徙家於光州定城（今河南潢川市），遂為光州人。元仁宗延祐二年（1315）廷試第二，官應奉翰林文字，後升監察御史。為人正直，以彈劾首相鐵木迭兒，得罪權貴，被降職為開平縣尹。後鐵木迭兒死，得復官，歷任翰林待制、禮部尚書、御史中丞、樞密副使等職。著有《石田文集》15 卷。有學者因黃溍、元好問記敘，以其先世為西域花門貴種，基督教聶斯脫里派教徒，可參馬文寬、李蘭琴〈《馬可波羅遊記》所錄中國基督教初考〉，商務印書館 1995 年《中西文化交流的先驅馬可波羅》，第 196～199 頁。

199 筆者另有長篇論文〈納蘭詞到《紅樓夢》——試論滿漢文化融合的青萍之末〉分證這個趨勢何以開始和如何開始，載故宮博物院、北京大學合辦之《明清論叢》創刊號（紫禁城出版社出版 1999 年 10 月出版）。有興趣者可以參看。

200 羅香林（1906～1978）字符一，號乙堂，興寧（今屬廣東梅州市）人。1930 年畢業於清華大學史學系，曾師從梁啟超、王國維諸名宿，歷任中山大學、香港大學、珠海書院教授，獲香港大學頒發之終身名譽教授榮銜。首創族譜學，又以《客家研究導論》、《客家源流考》、《客家史料彙編》等開創性著作，為客家研究之學奠定根基。

客家人的遠祖多是中原大族世家，即從魏晉以來形成的「衣冠望族」……這些正是漢族傳統文化的精粹，即正統觀念：以忠君為表現形式的政治意識，家族觀念，族群觀念，保守的、固執的祖宗之法的道德價值，以及出身高貴、書香世家或詩書傳家的文化教養而產生的優越感。[201]

客家人是在不同的歷史動亂年代間，由中原不斷遷徙到南方的，殆無疑義。流傳很久的一首客家〈遷流詩〉言：

人稟乾坤志四方，任君隨處立常綱。
年深異境猶吾境，深入他鄉即故鄉。[202]

我以為，這不但表明了他們已經具備了隨遇而安，自覺適應環境的能力和心態，而且具有傳承以儒家價值觀念為中心之漢族文化的自覺。

但是對於客家大規模移民究在何時卻有一些分歧。羅香林曾提出「五代宋初說」：

客家先民的移民運動，在五代或宋初是一種極其顯著的事項，「客家」一名亦必起於是時。[203]

長期以來幾為定論。但近年有學者提出異議，建議將時限後移到北宋末年。[204] 並舉宋末元兵大舉南下，臨安淪陷以後，以閩粵贛交界處

201　陳運棟〈客家文化的源流〉（未刊稿），轉引自王東《客家學導論》。上海人民出版社 1996 年，第 72 頁。

202　轉引自《客家學導論》，第 133 頁。

203　《客家研究導論》，臺灣眾文圖書有限公司 1981 年，第 18 頁。

204　參《客家學導論》第五章第四節〈關於客家民系形成於五代宋初的商榷〉。其中徵引王力《漢語史稿》（中華書局 1980 年出版）以元代《中原音韻》與清初耶穌會士的《西儒耳目資》比勘，發現漢語北南方言韻尾演變以至分離的規律時限一節，尤具說服力。但以杭州官話為據則較勉強，蓋緣杭州及其附近地區似無大規模的客屬群體存在。又關氏本為河東著姓，山西侯馬市關公文化學會、廣東省開平市關族圖書館及福建省姓氏源流研究會關氏研究室合編之《關氏三千年》據家譜證實，北宋時已有關氏出現於錢塘、會稽、臨海、甌寧一線，而福建莆田關氏家族則始於山西

為中心的客屬「大本營」居民不顧艱危，出師「勤王」為例。如廬陵人（今江西吉安市）文天祥即有「今已約贛州諸豪，凡溪峒剽悍輕生之徒，悉已糾集」[205]之語，吳萊復在元兵南下時「自江西初起，崎嶇山谷購募義徒，耕莽峒丁造韕門、請甲杖，不啻數萬」。[206]明初宋濂〈題文天祥手帖〉中，亦談及文天祥起兵抗元時，「贛州大姓起義旅相從者，如歐陽、冠、侯等，凡二十三家。」[207]在贛閩粵「客家大本營」及其附近地區幾經爭奪，極為慘烈。直至崖門海戰失敗，海上浮屍十數萬，無人投降。這種景象結局，是在中國歷朝陵替中從未出現過的。他們毅然挑起「興復宋室」之責，頗有效仿蜀漢將相「知其不可為而為之」的氣概。可見客家人漢族屬意識的自覺，已凝聚入強烈的政治意願。這種情形在明末清初又復出現，不為偶然。後文再論。

客家人對於關公崇拜也別有情懷。據介紹：

許多客家地區，幾乎找不到城隍廟，卻到處可以看到關帝廟，香火之旺，超過佛廟大雄寶殿，且給關帝廟賦予城隍廟的職能，如天旱祈求下雨，久雨祈求天晴，瘟疫流行祈求消災祛病，出遠門祈求平安，添丁祈求保佑等等，均將關公神像（多木雕），用四人大轎抬出遊村、鄉街道，或設壇供祭，十分虔誠。每家每戶正大門二扇門的上端，恭貼關公坐正位，關平、周倉站立兩側的彩色畫像（俗稱「門神」），使關公又充當了保家驅邪的衛官，扮演了鍾馗驅邪逐鬼的角色。甚至在現代城市

蒲州府人關元棠至正十四年（1354）曾任福建興化路海防府同知，從四品、關元榮（曾任浙江行省參政，從二品）兄弟元末因兵火阻隔，不能北上還鄉，遂相與「隱居福建興化府城北之待賓裡霞溪之坂，名其鄉日『蒲坂』，示不忘蒲州根本也。」（2001 年 10 月刊印內部資料，參第 116 ～ 149，第 189 頁）唯筆者不知閩廣關氏是否屬於客家，尚待查考。以其事涉專門，關係到譜牒民系、方言流變、歷史統計等多種學科，故不枝蔓。

205 《文文山集》卷十七。

206 《淵穎天先生集》卷一二。

207 《宋學士集》卷四八。

的香港，幾十層的高樓底牆角，年節也貼有關公像，設香案，求保佑，此乃香港客家人所為。為什麼客家人在尊神活動中如此特別崇奉關雲長呢？主要是客家人長期遷徙流漓，坎坎坷坷，極需有一精神寄託，用崇義來凝聚群體，謀求自身的生存和發展，這便自然把關公看成是義的化身，當作神來崇拜，又賦予更多的精神寄託。這就產生了上述有趣的演化。[208]

說明客家人信仰也是向海外傳播關羽崇拜的重要管道之一。但這只涉及客家普遍祭祀關公的現象，未中肯綮。電視節目《尋找遠去的家園》續篇六十六報導福建連城培田村客家人的〈關公祭〉則言：

客家地區也有關帝廟。但是跟閩南和廣東等地把關帝廟當財神來敬供的情況是不太一樣的。客家是把關帝當作中華民族的一位先賢來崇敬的，對關帝的敬仰主要是追慕其忠義，認為關帝忠義之氣愈久愈烈，無日不在天地間。關帝以其忠義護國、護民，也正因為如此，才得到了客家人對其精神品格的崇敬。

可惜該節目主持人未能深入「先賢」一詞開掘內涵。我以為如果結合宋元、明清易代之際，客家人忠義相尚，護衛漢族政權的史實，才能得其情實。鑑於客家人的歷史溯源及明確界分仍然在討論之中，故目前難以徵引古代客家文獻考探其崇奉關公之始源。故僅於斷代文獻中概述，以期有明確文獻可徵之際，再行通貫之論述。

此外按照宋代的「五行說」，漢、宋均應「火德」而稱帝，故有「炎漢」、「炎宋」之稱。元末戰亂初起，劉福通等「紅巾軍」推戴韓林兒為帝，以其父「山童，宋徽宗八世孫，當主中國」為由，建國曰

208　〈客家人界定初論〉，世界客家中心網。

「宋」，建元「龍鳳」。[209]當然也要順接五行之「火」，以南方為尊。後話另提。與一些強調膏腴閥閱，世德勳烈的開國君主相比，朱元璋自稱「淮右庶民」。他還上承元統，聲言「自宋運既終，天命真人於沙漠入中國，為天下主。傳及子孫，百有餘年，今運亦終海內。」[210]這也是一個不尋常的政治形態。

蒙元混一宇內，漢族僅為其治下廣大帝國多民族之一種，不但喪失了往日的文化優越感，「南人」亦且成為社會底層之代表。淪落到如此地位，也還是中原民眾士庶從未有過的體驗。其民族意識的覺醒，也只能透過宗教、民間祭祀，或者其他儒家符號一再暗示並增強。其實正一派所以要向元廷爭取「嗣漢天師」的封號，也未必沒有這層意思。好在蒙古、色目貴族涉儒不深，且敬奉神明，崇尚武功，對於「漢」究為朝代，抑或民族之徽號不甚了了。故關羽之「漢」將「漢」侯，與鍾離之「漢」神「漢」仙，遂得以在皇室及翰林諸公眼皮底下公然走私，流播及雜劇小說，公開於民眾之間，延續「漢燼」之炎盡，發為「大明」之復燃。此亦為民間文化遺緒之一脈，有意治中國文化史者不可不察也。

需要特別指出的是，元末各地之亂，固然有多種因素造成，[211]但是「胡漢」民族的對立再次被突顯出來，矛盾加劇，亦其原因之一。有記敘說：

209　《明史·韓林兒傳》。按《元史·順帝紀》復至正十一年（1351）的記述中，已有「福通……復鼓吹妖言，謂山童實宋徽宗八世孫，當為中國主。福通等殺白馬黑牛，誓告天地，欲同起兵為亂。事覺，縣官捕之急，福通遂反。」《元史》記載顯然早於《明史》。

210　四庫全書《明太祖文集》卷一洪武元年正月《即位詔》。朱氏在此詔及續後發表的文告中，即屢以「庶民」、「布衣」自稱，這與元代的黃金貴族及漢人世侯政治制度形成強烈的反差。

211　元末人陶宗儀嘗舉一時諺小令，更加全面地概括了造成元末政治經濟及社會總危機的諸種要素，說：「『堂堂大元，奸佞專權，開河變鈔禍根源。惹紅巾萬千。官法濫，刑法重，黎民怨。人吃人，鈔吃鈔，何曾見？賊做官，官做賊，混愚賢。哀哉可憐！』右〈醉太平〉小令一闋，不知誰所造。自京師以至江南，人人能道之。古人多取裡巷之歌謠，以其有關世教也。今此數語切中時弊，故錄之以俟采民風者焉。」（《南村輟耕錄》卷二三〈醉太平〉）

（宰相）脫脫議軍事，每迴避漢人、南人。時方入內奏事，回頭中書韓伯高、韓大雅隨後來，遽令門者無入，奏曰：「方今河南漢人反，宜榜示天下，令一概剿。諸蒙古、色目因遷謫在外者皆召還京師，勿令詿誤。」於是榜出，河北之民亦有變，而從紅軍者矣。[212]

而紅巾軍初起，還只是打著「復宋」旗號，所謂「虎賁三千，直抵幽燕之地；龍飛九五，重開大宋之天。」[213] 但後來宋濂草擬的朱元璋討元檄文〈論中原檄〉中，就不僅指責「元之臣子，不尊祖訓，廢壞綱常」，而且宣示了「驅逐胡虜，恢復中華，立綱陳紀，救濟斯民」的宗旨，[214] 明確提出了以文化為前提的民族主義政權訴求，在中國歷史上這恐怕還是第一次。同時檄文又指出凡蒙古、色目人「願為臣民者」則一視同仁，如同對待漢族一樣「撫養無異」。

請讀者注意，這裡指的「中華」，雖然仍有「中國華夏」的傳統涵義，但結合前述統稱「漢人」、「漢軍」的北方許多民族，經過近百年的「漢人」指稱和制度的混同管理，已經融入漢民族文化經濟共同體的現實，意義已經寬泛得多了。這或許可以為「漢民族」的最終形成，作出一個了斷。[215] 下文續論。

212　《庚申外史》卷上。其又言：「（民亂）事聞朝廷，省吏抱牘題曰『謀反事』，至脫脫前，改題曰『河南漢人謀反事』。識者知元朝不能有天下矣，『河南漢人』可追乎？」如果屬實，此亦加劇民族矛盾之由。

213　陶宗儀《南村輟耕錄》卷二十七〈旗聯〉。

214　洪武二年朱元璋在《免北平燕南河東山西北京河南潼關唐鄧秦隴等處稅糧詔》中再次重申了民族主義，言：「重念中國本我華夏之君所主，豈期胡人入據，已及百年。天厭昏淫，群雄並起。」（《明太祖集》卷一，黃山書社 1991 年排印本，第 4 頁）

215　1912 年 2 月 12 日清室頒布宣布退位詔後，2 月 15 日孫中山曾在南京舉行「民國統一大典」。親率「國務卿士、文武將吏」拜謁明孝陵。並頒布了〈祭明太祖文〉（輯入《孫中山全集》第二卷）。〈祭文〉發揮了朱元璋前述提法：「國家外患，振古有聞，趙宋末造，代於蒙古，神州陸沉，幾及百年。我高皇帝應時崛起，廓清中土，日月重光，河山再造，光復大義，昭示來茲」云云。徑以明承宋，這顯然是在 19 世紀第一輪「近代化熱潮」中，「民族－國家」學說盛行時漢民族之民族主義熱潮的產物。類似提法可參拙作《宋代儒學與關羽崇拜》之〈史學與「正統」之爭〉的相關注釋。不贅。

「壽亭侯」印綬失「漢」之謎

論述及此，再來回顧自宋至明代有關關羽印綬及封爵的幾則小傳聞，就更加富於意味了。

首先是宋人關於「壽亭侯」印綬發現的報導，趙彥衛（約西元一一四〇年至一二一〇年）《雲麓漫鈔》卷之五言：

《荊門軍圖經》：關將軍廟在當陽玉泉山。紹興初，潭州人有得其印於水者。二十有三年（西元一一五三年），寺僧法源白於高使君，得公牒，之潭州取之，歸於寺。其文為「壽亭侯印」四字，方廣一寸有半，其上有穿，穿有環，廣如其印。有其上，並二環，各廣七分，加其半以為之長，色皆剛瑩異常，銅環，古所以佩也。三十有二年（西元一一六二年），艮齋謝先生[216]自夷陵考試回，嘗見之。荊門太守王公錄云：「余幼時，侍先公為湖南提舉，常平時得觀之。印方二寸餘，紐上有雙環，闊可六七寸，篆不古，非漢魏間字體，莫可推曉。」或云：晉、宋以下，別有封壽亭侯者，亦未可知。予以慶元中因職事，嘗於左藏封樁庫見之，如其制。又有「關南司馬」一印。[217]字皆作迭篆，不知何時在左藏，則是別有此二印也。毗陵人張駒（千里）好古，曩嘗云：「建炎二年六月，復州寶相禪院因科修城木，於三門前大樹下斸四尺

216 謝諤（1121～1194）字昌國，因齋名稱艮齋先生，新喻南竹坡（今屬江西新餘市）人。紹興二十七年（1157）進士。著有《聖學淵源錄》五卷，《經解》二十卷，《艮齋集》十卷，《艮齋講義》三卷。《宋史》列傳第一百四十八有傳。按謝亦理學中人，《朱子語類》卷九八：「謝艮齋說西銘『理一分殊』，在上之人當理會『理一』，在下之人當理會『分殊』。如此，是分西銘做兩節了！艮齋看得西銘錯。先生以為然。」

217 連明人也跟著為這幾方印的真偽著急。郎瑛《七修類稿》卷四十二〈事物類〉言：「別部司馬。《漢志》：大將軍有校尉，有軍司馬，有軍侯，有軍假司馬假侯，其別營領屬為別部司馬。〈度尚傳〉：抗徐為宗資別部司馬，擊太山賊。又張超從朱儁征黃巾，為別部司馬。皆漢宮。王導為丹陽太守加輔國將軍，上牋曰：『倉舒愛子之寵，贈不過別部司馬。』關羽、張飛亦為別部司馬。」欲以此旁證「壽亭侯印」真偽。但明人既知宋學講求的就是「無一字無來歷」，偽造者當然也會深慮及此。

餘，得此印，環上刻『建安二十年壽亭侯印』，今環上卻無此字，又與荊門軍所載不同。」

淳熙四年（西元一一七七年）司馬智亦有〈玉泉寺壽亭侯印記〉言：

紹興中，洞庭漁人獲壽亭侯印，競以為金，報於官，納長沙庫中。時有光焰，吏不敢留，移文公安，送還侯廟。印徑二寸，其制甚古。印鈕有連環，四面兩相貫，上有一大環總之，所以配也。淳熙四年冬，元庵真慈摹畫印狀，具本末，將獻於東宮。是夕印留方丈，光發於函，輝燭楹廡。寺有仁宗皇帝所賜龍眉、龍角二物，宜與印同藏名山，永為鎮寶焉。予與元庵為方外遊，遠訪雲跡，悉所經見。故得而詳知。關前將軍贊曰：嗚呼！篡漢者，瞞也；成瞞篡者，權也。瞞，名漢臣也，實漢賊也；權，陽瞞敵也，陰瞞翼也。公批亢於前，而不虞奸於腋。七軍甫淹，六師隨厄，使永安之恨不在許昌，而在公安；建興之師不出樊城，而出祁山。安樂之牋與歸命之璧，而相後先，惜哉！雖然，不以間關而廢兄弟，不以亂雜而廢君臣，其峙如者山嶽，澄如者川流，而炳如者日月星辰。嗚呼！此其所以亙萬古而猶神也。[218]

筆者前書曾經談到建炎二年（西元一一二八年）金兵蹂躪京畿時，京西有人於關羽廟前貼出〈勸勇文〉，謂金兵有「五可殺」，激勵兵民奮起抗戰，後為上所聞，高宗頒詔加封關羽為六字之「壯繆義勇武安王」，誥詞云：「肆摧奸宄之鋒，大救黎元之溺」的事。此刻忽然發掘出「關羽印綬」並神異之，信非偶然。司馬智還首先提及曹、孫兩家俱

218　明人孫承澤《天府廣記》卷之九「附」，北京古籍出版社 1982 年排印本，第 101 ～ 102 頁。此外趙翼《陔餘叢考》卷三十五「漢壽亭侯」條舉宋犖《筠廊偶筆》記載清初「大內有壽亭侯印，九紐，連環四，翡翠爛然，傍有痕，似嵌寶石取去者。」則當時猶存「豪華版」仿品。或為明宮遺物。

為漢賊，實開後世理學議論先河。又洪邁《容齋四筆》卷八〈壽亭侯印〉亦曰：

> 荊門玉泉關將軍廟中有「壽亭侯印」一鈕，其上大環徑四寸，下連四環，皆繫於印上。相傳云：紹興中，洞庭漁者得之，入於潭府，以為關雲長封漢壽亭侯，此其故物也，故以歸之廟中。南雄守黃兌見臨川興聖院僧惠通印圖形，為作記。而復州寶相院又以建炎二年因伐木，於三門大樹下土中深四尺餘，得此印，其環並背俱有文云：「漢建安二十年，壽亭侯印。」今留於左藏庫。邵州守黃沃叔啟慶元二年復買一鈕於郡人張氏，其文正同，只欠五系環耳。予以謂皆非真漢物，且「漢壽」乃亭名，既以封雲長，不應去「漢」字，又其大比它漢印幾倍之。聞嘉興王仲言亦有其一。侯印，一而已，安得有四？雲長以四年受封，當即刻印，不應在二十年，尤非也。是特後人為之，以奉廟祭，其數必多。今流落人間者尚如此也。予為黃叔啟作辨跋一篇，見〈贅稿〉。

三記所載，實為一事。趙彥衛僅從字體「不古」有所懷疑，司馬智以「其制甚古」沒有懷疑，洪邁則指出了四大疑點：除印體量過大，不合古制和刻印年代有誤之外，復舉「『漢壽』乃亭名，既以封雲長，不應去『漢』字」，與「侯印，一而已，安得有四？」辨析尤為有力。他指出何以如此的原因：「是特後人為之，以奉廟祭，其數必多。」這印證了南宋「廟祭」已經普遍有以「關羽印綬」奉祀的現象，這或者還與張天師一系列以印符寶劍為驅魔作法之利器有關。[219] 此印更被玉泉寺視為鎮寺之寶，後來為復建寺廟，還與仁宗御賜之物一同拿到元大都宮廷，另文已敘。

219　此節可參拙著《「關帝斬蚩尤」考》第五題第五節〈道教論劍〉，其中談到張天師子孫相襲的重要法器和象徵為「驅魔劍」和「五雷神印」問題。

又據王寔《東吳小稿》之〈壽亭侯印銘並序〉，順帝至正六年（西元一三四六年）汴、淮淤塞，兩淮鹽司差卜顏監濬，又挖出「壽亭侯印」一枚。考慮到時間地點因素，這枚關印究竟是宋人遺留之物還是模仿至正十年（西元一三五〇年）韓山童、劉福通等借治黃工程造為「石人一隻眼，挑動黃河天下反」的讖言，就不得而知了。

趙翼曾以宋人熊方編撰的《補後漢書年表·異姓侯》稱關羽為「壽亭侯」，「壽亭上少一『漢』字」為「傳寫脫誤」，說明出現這種錯訛的已不止於印綬廟祭，還上了史書。但為何會失去「壽亭侯」前之「漢」字，趙翼推測過分簡單，倒是值得拈出一說。

如以現存沁縣〈威勝軍新建蜀蕩寇將□□□□關侯廟記〉而論，結合正文「將軍關侯」的稱呼，和「積功居多，累封為蕩寇將軍、漢壽亭侯」的敘述，中缺之四字，意補「軍漢壽亭」應無問題。說明北宋民間祭祀時，關羽爵號之「漢」並未闕失。政和聞喜關廟立碑，已是關羽封王以後，故只稱「王」而不稱「侯」。金元諸碑代相沿襲稱「王」，唯元泰定鞏昌府關廟碑稱「蜀漢前將軍忠義侯關雲長」。不知「忠義侯」之封始於何方，或係四庫館臣據乾隆諭旨改正所致，後文再論。但已足以隔斷「漢」與「壽亭侯」之連繫。這在明初就發生了問題。《明史》卷五十〈禮志四〉「南京神廟」：

關公廟，洪武二十七年建於雞鳴山之陽，稱「漢前將軍壽亭侯」。嘉靖十年訂其誤，改「漢前將軍漢壽亭侯」。以四孟歲暮，應天府官祭。五月十三日，南京太常寺官祭。

「訂誤」之事還另有所記。《明實錄·嘉靖十年九月》言：

南京太常寺卿黃芳言：「漢關羽宜稱『漢壽亭侯』，蓋『漢壽』，地名；『亭侯』，爵也。今去『漢』而稱『壽亭』，誤也。」疏下禮部，覆如其議。

明嘉靖二十五年刊本《三國志通俗演義》是現存最早的《三國志演義》版本之一，其開卷〈三國宗僚〉人物介紹中敘及關羽，亦僅言「壽亭侯」。可知禮部的這類學術性更正，並沒有在社會上產生應有影響。清初王應奎《柳南隨筆》卷五注意到一個細節：

《演義》又有曹操表關羽為「壽亭侯」，羽不受。加一「漢」字，羽乃拜命。[220]

反而突出強調於此，表明關羽「身在曹營心在漢」的正統立場，以致將近百年之後，關羽早已敕封為帝，成為全民崇敬的尊神，掌管祭祀的太常寺還不得不舊案重提，要求「典正」關羽的「神號」。清人李調元《新搜神記·神考》言：

熹宗天啟四年甲子明祀，典正神號。六月十三日太常盧大申題稱：「追祀漢前將軍壽亭侯，原奉我皇祖特封三界伏魔大帝神威遠震天尊關聖帝君，業已帝，而祀文猶侯，仰祈敕下部查議」云云。奉聖旨：「神號著遵照黃〔皇〕祖加敕封祀。此關聖帝君所由稱也。」……考：明太常少卿黃芳田以「漢壽」係封邑，而「亭侯」爵也，上稱「壽亭侯」者誤。乃改稱「漢前將軍漢壽亭侯關」。愚按：孫承澤引宋司馬智〈玉泉寺壽亭侯記〉云，據此則公固「壽亭」也。然終以邑名為是。

可見這個問題一直困擾著明廷，李調元本為清代鴻儒之一，甚至連他也沒有真正弄明白「壽亭侯」何以致誤。

220 《柳南隨筆》，中華書局 1983 年排印本，第 104 頁。

如從紹興元年（西元一一三一年）偽造的關羽印綬「出土」起算，至嘉靖十年（西元一五三一年）「訂誤」改正，漢時關羽封爵的錯誤書寫已有四百年的歷史；如從乾隆時代的李調元起算，這則錯誤又被延續了兩百年。關公原有爵封在其信仰歷史上，居然在這麼長的時間內引起聚訟紛紜，不能定奪，可謂咄咄怪事。我們注意到前引《元史》及《續文獻通考．雜祠》中凡提及關公者，都是「漢關羽」，包括「漢張飛」、「漢諸葛亮」，把「漢」作為朝代名稱。尤其明顯的是該書記述元順帝時「徐州牧董恩建呂梁洪廟，以祀漢壽亭侯關羽、唐鄂國公尉遲敬德」一條，以「漢壽亭侯」對照「唐鄂國公」，這個錯訛就更明顯了。

如果認為這只是單純因為朝代、封爵之兩「漢」重疊，故省略了一個「漢」字，以致成誤，那麼另有一個旁證，就是道教著名「八仙」之一的鍾離權，何時竟然變成了「漢鍾離」。

宋人《宣和書譜》卷一九言：

神仙鍾離先生名權，不知何時人，而間出接物。自謂生於漢，呂洞賓先生執弟子禮，有問答語及詩成集。狀其貌者作偉岸丈夫，或峨冠紺衣，或虬髯蓬鬢，不冠衣而頂雙髻。紋身跣足，頎然而立，睥睨物表，真是眼高四海而遊方之外者。自稱「天下都散漢」，又稱「散人」。[221]

明人胡應麟《少室山房筆叢》卷四〇：

221　「天下都散漢」之稱或以為新異。宋詞〈鷓鴣天〉：「我是清都山水郎，天教分付與疏狂。曾批給雨支風券，累上留雲借月章。詩萬首，酒千觴，幾曾著眼看侯王。玉樓金闕慵歸去，且插梅花醉洛陽。」舊題〈西都作〉，或者得其注解。作者朱敦儒（1081 ～ 1159）字希真，洛陽（今河南洛陽市）人。靖康、建炎間屢召不起。紹興三年（1133）以薦補右迪功郎，五年（1135）賜進士出身，守祕書省正字。歷兵部郎中、臨安府通判、祕書郎、都官員外郎、兩浙東路提點刑獄，致仕，居嘉禾。詞三卷，名《樵歌》。

今世繪「八仙」為圖，不知起自何代。蓋由杜陵有〈飲中八仙歌〉，世俗不解何物語，遂以道家者流當之。要之起於元世，王重陽教盛行，以鍾離為真陽，洞賓為純陽，何仙姑為純陽弟子，夤緣附會，以成此目。……蓋宋時羽士假托鍾離權，以誑王定國輩，其詩實唐鍾離權所作而假托者。不詳其世，以為即漢鍾利眛，故自稱生於漢，後世因以「漢鍾離」目之。

清人《陔餘叢考》卷三四「八仙」條同意上說，並加考源說：

今戲有《八仙獻壽》，尚是元人舊本。則「八仙」之說之出於元人，當不誣也。……鍾離權見《宋史·陳摶傳》：「陳堯咨謁摶，有鬉髻道人先在坐。堯咨問摶，摶曰：『鍾離子也。』」又〈王老志傳〉：「有丐者自言鍾離先生，以丹授老志，服之而狂，遂棄妻子去。」

浦江清先生嘗作《八仙考》[222]，指出「今通行本《宋史·陳摶傳》無此數語，比甌北所見不同，當有脫奪，或甌北誤記。」他別引鄭景望[223]《蒙齋筆談》談及呂洞賓的一則記載以實之：

權，漢人，邇者自本朝以來，與權更出沒人間。權不甚多，而洞賓蹤跡數見，好道者每以為口實。

此外，他還復舉《鐵圍山叢談》、《雲麓漫鈔》和《夷堅支志》中亦有關於鍾離權贈詩、施丹、草書的記載，認為「《太平廣記》無鍾離權，鍾離權的神仙傳說起於北宋」。金元間全真道列入其神譜，但敘述支離矛盾。

222 輯入《浦江清文錄》，人民文學出版社 1958 年出版。

223 《蒙齋筆談》一題葉夢得著。鄭景望字伯熊，永嘉（今屬浙江溫州市）人。亦理學中人。全祖望《宋元學案》言：「永嘉諸先生從伊川（程頤）者，其學多無傳，獨先生（周行己）尚有緒言。南渡以後，鄭景望（伯熊）私淑之，遂以重光。」

白化文先生踵繼其師，復據秦志安[224]《金蓮正宗記》，趙道一《歷世真仙體道通鑑》[225]及劉天素、謝西蟾《金蓮正宗記仙源像傳》[226]，記載綜述，認為鍾離權的來歷應當是這樣的：

> 道號正陽子，又號和谷子、雲房先生。可能是陝西咸陽人，也可能是燕臺（今北京）人。相傳五代石晉時曾任中郎將，遇異人授以真訣得道。後來傳道給呂洞賓和劉海蟾兩人。託名唐代知名道士施肩吾所編的《鍾、呂傳道集》大約是在宋代定稿，奠定了他在道教特別是後來在全真道中的地位。至於神話的說法，則說他本為西漢大將，更有根據他的「手跡」簽名「天下都散漢鍾離抹書」，認為他就是由楚入漢的大將鍾離昧的。[227]

白化文還介紹說，北京大學圖書館藏有宋皇祐四年（西元一〇五二年）立碑，元至正八年（西元一三四八年）摹立之〈重刻漢鍾離詩碑〉藝風堂拓片，證實他的草書簽押確為「天下都散漢鍾離抹書」。元人的馬虎，究竟是源於以「漢」字屬下，還是以「抹」為「昧」，或者兩者兼有，已不重要。但「漢」無疑已經是作為一個符號特別標示出來，以醒眾目了。

224　秦志安為全真道全盛時代之宋德方弟子，曾於蒙古窩闊臺（太宗）時代（1234 ～ 1239）營造的著名的全真道「龍山石窟」（今在太原市西南 20 公里），共有大小洞窟八個。又在平陽主持《玄都道藏》刻印，動用五百多名工匠八年時間，印量共有七千八百卷。

225　簡稱《仙鑑》。題「浮雲山聖壽萬年宮道士趙道一修撰」。載《正統道藏．洞真部．記傳類》。趙氏籍里生平不詳。廬陵劉辰翁為此書作序，署年「甲午」。按劉辰翁（1231 ～ 1297）字會孟，號須溪，南宋廬陵（今江西吉安市）人。景定三年（1262）廷試對策。時賈似道專權，劉在對策中有「忠良戕害可傷，風節不競可憾」等語。曾任濂溪書院山長，不肯擔任官職。宋亡後埋頭著書。以此推定，所署當為至元甲午（1294）。

226　輯入《正統道藏．洞真部．譜錄類》。元泰定（1324 ～ 1327）間成書。著者不詳。

227　白化文〈「八仙」續考〉，輯入胡小偉主編《閒聊叢書》之著者自選集《三生石上》，中國友誼出版公司 1998 年 2 月，第 122 ～ 123 頁。

如果進一步考察，發現在道教為「漢」鍾離假託身世的過程中，他的出身及相貌也在發生偏移。元人《歷世真仙體道通鑑》猶言：

父列侯，至雲中府生。仙誕之時，異光數丈，狀若烈火，侍衛皆驚。真人之相，頂圓額廣，耳厚肩長，目深鼻聳，口方頰大，唇臉若丹，乳遠臂垂，如三歲兒。

到了清康熙時，明陽宣史撰《歷代神仙通鑑》卷九則描述為：

其先雍州渭城人，父章，於元初中為征北胡有功，封燕臺侯，作官雲中。誕生權時，白晝有一長人，云是上古軒轅氏，當托生於此，大踏步進入臥房，見異光數丈如烈火，其日乃四月十五。生下不聲不哭不食，至第七日乃躍起，曰：「身遊紫府，名書玉清（一作『玉京』）。」自幼知識輕重，因名權。及壯，臉若丹塗，俊目美髯，身長八尺。

無論怎麼看去，這都是一個糅合了宋真宗托祖降神、道教造作神譜和元人雜劇中關公形象的綜合體。其中「征北胡有功」和「軒轅氏托生」的「感生神話」，都帶有明顯的「漢族」意象，而「烈火數丈」與「臉若塗丹」兩者，又是「南方赤帝」及「火德真君」的徽記，正類關羽。宋人記載有淳熙四年（西元一一七七年）玉泉寺僧真慈將所獲「壽亭侯印」獻之東宮，「忽光焰四起，眾皆驚，遂不復獻云。」[228] 實際上也是張揚此節。大約民間率先流行此說，宮廷尚未知曉，所以才鬧出這場事故，不歡而散。

228 宋人許觀《東齋紀事》亦有記述，參趙翼《陔餘叢考》卷三十五「漢壽亭侯」條。

國族國家（nation-state）

近代「民族國家」（nation-state，或稱「國族國家」）概念的形成，是十六世紀以來歐洲經過一系列戰爭和外交的產物。其中以宗教為核心的民族價值觀念的形成（nation），國家制度（state）、社會集團權益以及精確疆界（Country）的確立，是有效結合國家資源，進而實現近代化經濟結構和社會轉型的前提。近年來許多西方學者的研究，已經形成了一些共識。如美國學者安德森（Benedict Anderson, 1936 ～ 2015）在《想像的共同體》一書[229]中，曾從歷史的角度下手，將民族的起源與形成歸結為 nation 與 state 的結合，即以價值體系為中心的宗教信仰領土化，故創造出 nation-state 一詞。在現代民族學理論中特別注重西方近代資本主義興起，與大眾傳播手段，首先是印刷術普及之間的相互影響，及其對於國家語言發展的作用，而「大規模印刷企業」（print-capitalism）帶來的近代公共媒體效應，包括圖書、報刊的普及傳播所發揮的作用，更是「國族想像」不可或缺的生存紐帶。[230]蓋爾納（Ernest Gellner, 1925 ～ 1995）則指出：

> 不論是把國族當作是一套自然的、由上帝賜予的，用來區分人群的方法，或是把國族看成是一個代代相承……的政治宿命，（這些看法）都是神話。真正的情形是：國族主義往往奪占了既存的文化，將它們轉化成國族。[231]

229　《想像的共同體》（*Imagined Communities: Reflections on the Origin and Spread of Nationalism, revised edition*, London: Verso, 1991）臺灣時報書系有中譯本。

230　B. Anderson, *Imagined Communities*, PP. 37-46。安德森認為「國族」並非完全是由語言、種族或宗教等既定的社會條件所決定的產物，而須透過「想像」始得存在。（見 P.48）。

231　《國家與民族主義（*Nations and Nationalism*）》（Oxford: Oxford University Press, 1983）。

許多研究國族及國族主義的學者也都持有相似看法，如霍布斯邦（E. J. Hobsbawm, 1917 ～ 2012）特別強調國族塑造過程中虛構（invention）及社會工程等人為因素所發揮的作用。[232] 柯莉（Linda Colley, 1949 ～）在研究近代英國國族認同形成過程時，也得出一個類似「工具論」的結論：

> 對大不列顛的積極認同，並不是一項既定資源，而是學習的結果。而無論男女，只有在認為有利可圖時，才會去學習它。[233]

凱拉斯（James Kellas, 1936 ～）指出，只有伴隨著十八世紀以來長期而激烈的政治、經濟、文化變遷，西方各國的「人民」（people）才有可能被塑造成「國族」。儘管「國族」有著不容否認的「現代性」色彩，但是國族主義者對其自身國族的表述（representation）與宣示，卻幾乎毫無例外地指向渺遠的過去。所謂「民族復興」、「喚醒國家」等等激揚人心的口號，都是「國族塑造」過程中屢見不鮮的手段和策略。用安德森的話來說：

> 縱使人人一致承認國族國家是個「嶄新的」、「歷史的」現象……國族卻總是從一個無從追憶的「過去」中浮現出來。[234]

許多相關的研究證實：一個社會群體往往是透過對「過去」的選擇、重組、詮釋，乃至虛構，來創造自身的共同傳統，以便確立群體本質，界定群體邊界（boundary），以維繫群體內部的凝聚。[235] 保羅・利科

232　參《從 1780 年開始：國家與民族主義（*Nations and Nationalism since 1780*）》（Cambridge: Cambridge University Press, 1990）。

233　《大不列顛：打造國家：1707 ～ 1837（*Britons: Forging the Nation, 1707-1837*）》（New Haven, Conn.: Yale University Press, 1992, p. 295）。

234　《想像的共同體》，第 11 頁。

235　《華夏邊緣：歷史記憶與族群認同》，第 51 頁。

(Paul Ricœur, 1913 ～ 2005）則指出，社會記憶與社會意義的創造息息相關，社會群體通常要借助過去的重大事件，來構築對於自身的意象，並且不斷利用共同的公共儀式來強化他們與這樣的「集體過去」之連繫。因此，歷史意識形態（ideologies of history）對於社會群體的符號性建構（symbolic constitution）與社會凝聚力的創造，具有舉足輕重甚至是決定性的作用。[236] E. 霍布斯邦甚至宣稱：如果不審慎地注意「傳統的發明」（invention of tradition），便無法深入分析「國族現象」的意象內涵。[237] 比如英國歷史必須溯源到西元一〇六六年的「紅臉威廉」（亦稱「征服者威廉」，William the Conqueror），即使這位威廉根本不知道何為「English」；而採用西班牙文為「國語」的墨西哥人也將其歷史祖源，延伸到難以稽考的阿茲特克人與馬雅人 —— 阿茲特克人也不可能了解「墨西哥」的意義，可以說都是這種以「過去」為導向之國族想像內在邏輯的自然產物。[238] 正是因為如此，所以西方史學在其現代化過程中，都絕不會馬虎對待它們各自的歷史，把她看作是「任人打扮的小姑娘」。

鑑於文字產生既早，修史又有獨特的傳統，故中華民族不間斷的文明歷史一直有文字記述。尤其是宋金西夏元時期（約相當於紅臉威廉由歐洲大陸入主英倫之際），由於活字印刷術的出現和成熟以及交通流轉之便，官版、監本等官方印刷品與坊刻、宗教傳播同時並存，至少達到了歐洲十六世紀「大規模印刷企業」的普及水準，以滿足「國族想像」生存紐帶的需求，後人的「想像空間」自然受到更多的限制。這就需要

236　Paul Ricoeur, Phenomenology and the Social Sciences, ed.by J. Bier, The Hague: Martinus Nijhaf, 1978, PP. 45-46）; cited from Ana Maria Alonso, "The Effects of Truth: Re-presentations of the Past and the Imagining of Community," Journal of Historical Sociology, Vol. 1, No.1（March 1988）, p.40.

237　Eric Hobsbawm, "Introduction: Inventing Tradition," in Eric Hobsbawm & Terence Range eds., The Invention of Tradition，p.14.

238　參見《想像的共同體》，第 154 頁。

我們不但尊重當時典籍，並給予符合現代學科規範的解釋，又要注意掌握和解釋典籍記述中顯示出來的中國與西方的民族發展過程有所不同。

曾任香港大學校長的歷史學家王賡武曾對西方民族學使用的 Nation State 概念予以澄清，並告誡說：

> 多元民族的帝國是很平常的事情，世界到處都有過，但是多元民族的國家，也就是 Nation，那就不同了。很多西方的強國以為，每個國家的境內，就應該只有一個民族為主，用一種語言，共享一個文化，一個社會，一個宗教等。主導的民族支配其他少數民族，這是民族國家，即 Nation State 的原則。所以多民族的國家，在歐洲來講是不正常的，到現在還是如此。[239]

其說也是十九世紀以來，以大英帝國為代表的西方列強處心積慮地肢解奧斯曼帝國和印度帝國的主要原因。

但是中華民族多元共存，互相影響，共同發展的淵源既久，歷史上又同時存在著多種民族的「同化」和「異化」的現象。比如三國時代就有三種不同的民族政策，諸葛亮未出茅廬，已在〈隆中對〉裡提出「西和諸戎，南撫夷越」的主張，也就是說在取得西川根據地後，要用和撫的基本方式來解決與生活在今天甘肅、青海的氐、羌和雲貴川西南民族的關係問題。對此，史書記載和學者研究的結論，主要有這樣幾條：一是保持區域性民族自治，盡量少留漢兵，少派漢官；二是尊重當地民族習俗；三是待之以誠，取信於民，和少數民族保持友好關係，還指示部

239 〈海外華人的民族主義〉，原為 1996 年在新加坡吳德耀文化講座的演講，輯入《王賡武自選集》，上海教育出版社 2002 年 6 月，第 307 頁。這也是近世西方要瓦解奧斯曼帝國、印度帝國的依據。應當注意的是，日本部分右翼人士一直鼓吹中國應當分裂為十二個或六七個國家，臺灣李登輝 1999 年出版的《臺灣的主張》亦主張中國應劃分為東北、華北、華南、蒙、藏、疆、臺「七國」。從學理而言也都是秉承歐洲的 Nation 意識。這種說法既無視中國多民族共同發展的悠久傳統，又找不到如此劃分的歷史起點和民族學依據，邏輯亦混亂不清。

下官吏在當地廣交朋友，「投石結草」，拜為兄弟。還將中原一些先進的技術帶至當地，幫助發展少數民族經濟。這對後世，尤其是明代的西南民族政策發生了相當大的影響。楊慎〈滇載記〉：

> 諸夷慕武侯之德，漸去山林，徙居平地，建城邑，務農桑。

明代中期一本叫做《滇略》的書記載，僅雲南一地就有與諸葛亮有關的地名、遺跡四十多處，而當地少數民族對這些遺跡仍然「畏之如天地，愛之如祖考」。那還是在《三國志演義》沒有廣泛流行以前。此為後話不提。

清承明制，中國版圖之內民族區域自治格局一直延續下來，既尊重並長期保持了少數民族各自的語言文化、社會宗教，又能互相影響，和平相處，共同發展。認真推究起來，影響中國至今的民族同化歷史及現存民族的分布，與遼宋西夏金元時期關係極為密切，而這正是關羽崇拜形成的關鍵時期。

第四章
關公信仰的普及

明代社會的兩次轉型

前書曾敘及自中唐以後，由於茶、瓷開禁通商，人流物轉加劇，引發了「唐宋社會轉型」。元代又在規模空前、橫跨歐亞大帝國的背景下，將商業洪流推向洶湧澎湃的高峰。以致一部《馬可波羅遊記》的描述景象真偽在歐洲被當作「神話傳奇」，最終闡發了「地理大發現」，初始目的十有八九是希望尋覓這個「夢幻國度」，也從此改變了世界格局。晚明耶穌會士來華以後追尋馬可波羅足跡，仍然不時發出「是耶非耶」的疑惑和爭論，以致留下著名的「李約瑟難題」（the Question of Joseph Needham），至今困擾著中外學者，紛紜見解，不能統一。[240] 以其事涉繁雜，本書不能包容，故略。

元亡明興，中國社會再度轉型。將唐宋元三代形成的商業洪流一手拽回循規蹈矩的鄉里社會，完全出自朱元璋的個人愛憎。他還以《大誥》形式凝聚為法令律條，要求子孫世守，其中重要一環便是「崇本抑末」。在其《御制文集》中，緊接《即位詔》後的第一條詔書即為《農桑學校詔》：

農桑，衣食之本；學校，道理之源。朕嘗設置有司，頒降條章，使敦篤教化，務欲使民豐衣足食，理道暢焉。何有司不遵朕命，往往給由赴京者，皆無桑株數目、學校緣由，甚與朕意相違。特敕中書，令今有司：今後敢有無農桑、學校者，論擬違制，杖降罰；歷年後，注以吏事出身。民有不奉天時而負地利者，如律究焉。嗚呼！彝倫不整，實君、

240　所謂「李約瑟難題」，即英國李約瑟博士在其研究中國科技文明史（成果已集成長篇巨著《中國之科學與文明》）的過程中提出來的。核心為「既然能有這麼多早期科技成就，為什麼中國沒有近代科學呢？」圍繞於此的中外聚訟可參見〈學界關於「李約瑟難題」的部分見解〉（http://www.oursci.org/ency/phil/066.htm）及〈爭鳴：李約瑟難題〉專欄（http://www.china.com.cn）。這是一個科學史的熱門爭議，但似乎很少從社會經濟史角度考慮。

師之過；坐享民供，亦豈職分之當為？斯言既出，臣民聽行，永懷多福。故茲敕諭，想宜知悉。[241]

他還頒布了相當於國家職能部門官員職責規範的一系列誥詞，其中《戶部尚書誥（侍郎同）》中說：

古稱「天子富有四海」。斯言既出，永世人云，可謂患驕愚之君臣。何哉？蓋斯言似理而實阿，以其德隱而道微故也。言「富有四海」，而為四海用，所以民為命而供君，君為民而集給，此所以道德也。其似理者何？以其盡海內以供之，豈不巨有者乎？此「言富」之理也。實阿者何？所以奸人若至君之左右，使掌之，動以富為首言，則君悅富而妄費，不問民瘼之艱辛。若賢臣必欲致君知民瘼之艱辛，當數奏府庫之儲集，乃曰「民脂民膏」，若妄費則道德虧矣。若奏以艱難，謹以出納，則府庫倉廩有餘，庶職祿備而軍足食，民無橫科，則國之常經定，大道張，君德美矣。[242]

鑑於朱元璋幼歷極貧之境，長經貪賄之世，又懲於元廷忽視農桑，窮奢極欲，民不聊生，動亂頻生，故特以此標明其新朝於元政之「反動」（筆者按：此取老子「反者道之動」之意，非指「五四」以後之政治名詞），這都是可以理解的。但是國家基於民本之「言富」，非為個人一己之私欲，而應「取之於民，用之於民」，以求社會的整體發展，而非量入為出，斤斤計較之自然經濟狀態。從朱元璋兩諭措詞看來，顯然出於理學詞臣之手，把《孟子》「民本」理想塞進其中。朱元璋的政

241　張德信、毛佩琦主編《御制文集》，黃山書社 1995 年排印本，第 21 頁。

242　同前，第 63 頁。洪武八年（1375）六月莒州日照縣知縣馬亮、汾州平遙縣主簿成樂考滿入京，吏部上亮考：「無課農興學之績，而長於督運。」上曰：「農桑，衣食之本；學校，風化之原。守令不知務此，而日長於督運，是棄本而務末。」命黜之。上樂考：「能恢辦商稅。」曰：「商稅自有定額，何候恢辦？若額外恢辦，得無剝削於民？」命訊之。（孫正容《朱元璋繫年要錄》，浙江人民出版社 1983 年，第 273 頁）

策，象徵著唐朝中葉以來延續六百餘年的「重商」社會，在此拐了一個「之」字形的大彎，中國的社會形態重新回到「重農」的軌道上來。

由於《洪武大誥》身兼祖宗家法和國家法律的雙重身份，故延續百年，迄無大變。但是隨著新航線開通，亞歐貿易的龐大需求日漸明顯，經濟法則無由抗拒，商品和市場的新因素也不斷冒出，終於深入宮禁。

正德即位後，曾於西元一五一六年模仿坊市，設立「皇店」牟利：

> 正德十一年冬，帝將置肆於京師西偏。（齊）之鸞上言曰：「近者花酒鋪之設，或謂朝廷將以臨幸，或謂將收其息。陛下貴為天子，富有四海，何至競錐刀之利，至於倡優館舍乎？」[243]

齊氏勸誡之言，正是出自《洪武大誥》。但是我們在晚明時期看到的，偏偏是不但兩京大興「倡優館舍」，而且連皇帝都撇開中央財政，派出親信太監作為「礦使」、「欽察」，在全國範圍與民「競錐刀之利」了。[244] 這無疑是又一次帶有歷史意味的社會轉折。可惜其勢還未延伸盡至，就遇到清軍入關。滿人從游牧漁獵社會一躍而至成熟的農業社會，故樂於「清承明制」。且由於反清復明組織與海外聯繫的政治原因，清廷不但重申明初「海禁」，一度還下令沿海居民內撤三十里，其後亦廢除隋唐以來的海外貿易「市舶」制度，專以「廣州十三行」為唯一口岸，經辦官式貿易。從此中國經濟模式又開啟了一番新的輪迴，直到「鴉片戰爭」西方用強力打破這一限制。

243　《明史·齊之鸞傳》。

244　《明神宗實錄》卷三四七載有（萬曆二十八年五月癸卯）直隸巡撫劉曰梧所奏：「為奸棍假托詔旨，擅置官屬，竊弄威福，禍延京省。道路喧傳，武英殿帶俸中書程守訓奉密旨訪各處富商，搜求天下異寶，臣初不信，及至，則旌蓋車馬闐塞街衢，首有朱紅金字欽命牌二面，繼有二牌，一書『凡告富商巨室違法致富，隨此牌進』，一書『凡告官民人等懷藏珍寶者，隨此牌進』。四介冑騎士執之，其他戈矛劍戟擁衛如鹵簿。臣為之色奪。」皇帝卻置若罔聞，留中不報。可知礦監之外，復有公然往民間勒索掠奪財寶的欽差。「與民爭利」，至此而極。

朱元璋的政策在中明以後遭遇嚴重挑戰。無論從中國史還是世界史的視野來看，大明帝國面臨的內外問題，實際上都植根於中明。從制度層次到實踐層次上，都湧現出前朝從未出現的結構性挑戰。比如正德短短十六年間，就先後發生宦官擅權、理學大臣與皇權的嚴重對立、皇帝自稱喇嘛教「大慶法王」、朱寘鐇及朱宸濠兩次「藩鎮之亂」、劉六及劉七「流寇」問題，以及葡萄牙人進入中國海域，要求「通商」。又比如嘉靖嗣位引發「議大禮」造成理學大臣的分裂、崇道設醮、海疆「倭亂」、繼之而來的是萬曆「三大征」（寧夏哱、劉之亂，西南「苗亂」，以及隨之而至的壬辰「抗倭援朝」）[245] 等等。恰巧碰上正德、嘉靖這兩位堂兄弟還都是久荒朝政、行事怪異的「另類皇帝」，而嘉靖又是歷史上最著名之崇奉道教的皇帝之一。相對前明的波瀾不驚，中明可謂「多事之秋」。過去形容好的文章應當是「鳳頭、豬肚、豹尾」，其實研究熱門明史亦當作如是觀。如對中明歷史沒有透澈的概括，就永遠理不清晚明那些複雜故事的來龍去脈。

中明的思想界和經濟界也是最為活躍的。王陽明援佛入儒，創立「心學」，攪動了程朱理學的一統天下，並直接影響到晚明小說戲曲的繁榮。加之葡萄牙人進入澳門，歐人東顧，沿海騷亂，實開近代中外交通、外交歷史的新篇章，頭緒更繁。而關公信仰又恰巧是在中明時期超越朱元璋欽定的國祀神格，扶搖直上，並且普及城鄉，達於斯極的。這究竟是歷史的偶然還是必然？也是一個引人玩味的問題。

晚明商業勃興，史家早有定評。這實際上是一次社會的「再轉型」，重新回到「商品繁盛，人流物轉」的軌道上來。但由於海權早已喪失，已

245 萬曆二十年明軍到朝鮮援助抗倭作戰時，已「見朝鮮遍祀關帝，誦述滿其國中」。載萬立衡《關帝事蹟彙編》卷二，轉引自朱大渭〈武將群中獨一人 —— 關羽人神辨析〉，輯入《關羽、關公和關聖》。

經由宋元拓海，主動輸出，一變而為客商登岸，被動供給的局面了。延至清代，則指定以廣州為國家專賣場所，對外開放的窗口更加窄仄。

需要說明的是，以下幾章對於關公信仰普及和擴散的論述就是在這個特殊的社會經濟背景下展開的。

軍隊神

宋金元軍隊都以關公為護佑戰神，已見前文。明朝軍隊秉承宋元遺風，非常尊崇關羽，也一直流傳著關羽「顯神助陣」的神話。較早的是明太祖夢關羽邀「陛下鄱陽之戰，臣舉陰兵十萬為助」。[246] 以後又有永樂北征本雅失里，關公為之助陣的傳說。[247] 但都是誇飾帝王武功神佑之言，難以為據。洪武年間建立衛所制度，已把中原奉祀關羽習俗帶至駐地，比較有代表性的記述有蘭茂撰之成化昆明〈關王廟碑記〉：

> 聖朝洪武壬戌，平定雲南，凡將帥之臣，介胄之士，咸慕公之神靈異，以揚威武之助。所在軍衛，必建祠以祀之。[248]

不唯雲南，其他衛所也大抵如是。如海南瓊臺、湖南茶陵、廣西欽州、廣東雷州、浙江嚴州、貴州新添衛關王廟、雲南大理等。重要關隘明軍皆建有關廟，甚至不止一座。如明代著名的「九邊」[249] 無不建有關廟，例如雍正《畿輔通志》記載：

> 永平府關帝廟：山海關者七，唯石門寨稱最盛。

246　參褚人穫《堅瓠集．祕集》卷一「關聖廟」。

247　參《帝京景物略》卷三〈關帝廟〉，第 155 頁。

248　碑原在昆明市嵩明縣楊林堡，成化四年（1468）立。中國國家圖書館藏，索取號「各地 9408」。

249　從明代初年開始，為了備邊防禦，明廷在北部沿長城一帶先後設立了 9 個邊防重鎮，從東至西依次為遼東鎮、薊州鎮、宣府鎮、大同鎮、太原鎮、榆林鎮、寧夏鎮、固原鎮、甘肅鎮，簡稱「九邊」，共駐守 40 萬軍隊，以為日常御邊之用。

永平府即轄山海關，其中石門寨為其要衝之一。筆者三十餘年前曾在此地柳江煤礦曹山井口做過井下工人，惜其關廟已經蕩然無存。又乾隆《欽定盛京通志》載：「寧遠州關帝廟：有十六。」這是袁崇煥「寧遠大捷」[250]獲得重要勝利之所在，幾乎每個衛所和重要哨所都建有關廟。據徐渭（西元一五二一年至一五九三年）記敘，早在嘉靖年間守備參將就開始捐俸修建關廟了。[251]此外錦州亦為明清之際邊關重鎮，「錦州府關帝廟：有十六。」[252]，且大多沿襲到清末。餘外薊州、宣化鎮、大同鎮、太原鎮，榆林鎮、寧夏鎮、固原鎮、甘肅鎮嘉峪關甕城內都建有關廟。明長城隨九邊而建，關帝廟宇多築於險隘之間，為邊關平添了一道壯麗的風景線。

海防重鎮亦然。顧炎武曾有詩詠「南營乍浦北營沙，終古堤封在天涯。萬里風煙通日本，一軍旗鼓向天涯。」[253]浙江嘉興乍浦鎮是東南沿海的海防重鎮，先後建有六座關廟。其中部分廟宇是清朝改建或創設的，這是因為鄭成功復明及兩次鴉片戰爭，杭嘉湖平原面臨海上威脅。可知這個習俗也為清軍延續下來，後文再論。

吳晗〈明代的軍兵〉和郭汝瑰《中國軍事史·歷代兵制》都介紹了明代軍隊的組成及戰鬥力積弱的原因，枝蔓不敘。事實上自明軍精銳在「土木之變」（西元一四四九年）中喪沒殆盡，「時京師勁甲精騎皆沒，所餘疲卒不足十萬，人心恐慌，上下無固志。」[254]幸有于謙鼓舞，處理

250　袁崇煥臨危受命，監軍寧遠。天啟六年（1626）僅以一萬軍民，於城下大敗後金 13 萬兵，努爾哈赤隨後病亡，史稱「寧遠大捷」。翌年又大敗皇太極，史稱「寧錦大捷」。

251　詳見〈蜀漢關侯廟記〉，《徐文長逸稿》卷十九。（臺灣偉文出版有限公司民國六十六年影印件，第 807 ～ 811 頁）

252　四庫本《欽定盛京通志》卷四十四，第 4 頁。

253　〈海上〉四首之三，載王遽常《顧炎武詩集彙注》，上海古籍出版社 1983 年出版，第 117 頁。

254　《明史》卷一七〇〈于謙傳〉。

得當，終於堅守京師城池不破。但是格於制度及腐敗，士氣一直不高。故提高鬥志也須「神道設教」，「關公顯聖」的傳說因之頻繁出現在地方志中，如《嘉靖延平府志》所載：

義勇武安王行祠：在城普通嶺，神姓關，名羽，字雲長。蒲州人。宋端平中建祠，郡人事之甚謹。相傳正統十四年沙、尤寇叛，攻郡城，遙望城中皆赤面神兵，心慑喪，遂退。王師從而撲滅之。蓋神陰佑之功也。

正德間劉六、劉七之亂，關羽崇拜也曾鼓舞過明軍士氣。如隆慶《儀真縣志》言：

正德間劉賊過江上，我軍列陣守江，賊遂西去。後聞賊見陣中有巨人紅袍若王者，乃不敢登岸。

甚至連朱宸濠在謀反起事時，也不忘祭奠關王廟。[255] 可知奉關公為克敵致勝之神的傳統，自宋代以來始終在軍隊裡延續。晚明關羽崇拜之風大興，明軍中的督、監更視關羽為護佑之神。朱國楨言：

蹇理庵達，嚴事雲長，每事必告。居皖，夢侯語之為我公祖「已守平陽，解在部中」。後起總督薊遼。稅璫高淮張甚，禱更力，陰得濟其請，內帑亦然。累世信卜，叩之奇驗。嘗與聯和至百韻，後為一小令來贈，末云：「再揮戈薊北，重整江山。」果驗。[256]

除了護衛一方的保佑神功外，關公得到軍人崇信的另一個重要原因是他關懷遠征戍軍的疾苦。山西解州常平關帝祖廟側，至今尚有「於保

255　謝蕡《後鑑錄》卷中「寧王起兵」：「二十三等日，宸濠遣洪槺，祭旗纛、關王廟、教場三處。」（中國社科院歷史所明史室《明史資料叢刊》第一輯，江蘇人民出版社 1981 年，第 51、59 頁）

256　《仿洪小品》卷二十「關雲長四則」之四。按蹇達，巴縣（今屬四川巴中）人。嘉靖四十一年進士，官至右都御史兼兵部尚書，總督薊遼昌平四鎮軍事，曾為戚繼光、李成梁上司。

祠」一楹。其人為何，不見經傳，當地鄉人亦不知所以。現存的幾種記敘，也因旨趣不同而顯有差異，值得拈出一說。褚人獲《堅瓠續集》卷四轉述明人王同軌〈耳譚〉「關聖免軍」故事云：

萬曆間，解州俞保補戍騰越，妻王氏將粒米作信香，日夜懇禱關聖祠。歲餘，保在伍，夢關聖呼曰：「爾婦為汝虔禱，故來視爾。爾欲歸乎？」保伏地願歸，已不覺隨其馬馳行。獵獵猛風，吹送有聲。已落平沙林中，識是解州城外。因抵家叩門。王氏始疑，保具道所以，才啟戶，相抱痛哭，隨詣廟謝。明日復詣州言狀。移文騰越察之，稱保離伍僅一日，而軍籍復有「關聖勾免」四字。保遂得免。王氏有詩曰：「信香一粒米，客路萬重山。一香一點淚，流恨入蕭關。」

清代道光年間重刊《關帝寶訓像注》所載於保故事的插圖

西安碑林正德〈義勇武安王神像〉即言：

然於保脫軍於萬里，萘生冱魂於九泉，事神之驗，類多如此。[257]

這個故事至遲在中明已經開始傳播，實有極深厚的歷史內涵，不獨止於閨怨思鄉之常情以及虔禱佛門而如其願望之果報也。吳晗〈明代的軍兵〉談及明前期「軍士缺伍，勾捉正身者謂之跟捕，勾捕家丁者謂之勾捕」，最為民害。[258] 萬曆三年（西元一五七五年）徐貞明嘗疏言：

今數千里勾軍，離其骨肉，軍壯出於戶丁，幫解出於里甲，每軍不下百金。而軍非土著，志不久安，輒賂衛官求歸。衛官利其賂，且可以冒餉也，因而縱之。[259]

以此觀之，於保還鄉也可能屬於戍卒思鄉、衛官賄縱的老故事，不過假借「關公顯聖」作為幌子，以搪塞上司追究罷了。清人仍之。《古今圖書集成．博物彙編》卷三十八〈關聖帝君部紀事〉轉述此事，又將時代遠移至明洪武時，地點亦南挪至廣東。[260] 乾隆《解梁關帝志》中亦載此事，特別強調「至今黃童皓叟，皆能言之，而汪、於兩家尚有人焉。」以期坐實了俞（於）保故事，是以常平關公祖廟之中至今猶存其祠。逃軍正是洪武《大誥》重懲對象。《續誥．縱囚越關》條言：

洪武十九年四月，蘇州府管下七縣地方，捉拿黥面、紋身、髡發在逃囚徒一十三名、無黥刺一十九名，逃吏二十五名、逃軍六名。[261]

257　陝西省博物館藏「石號 741」。
258　《讀史札記》，三聯書店 1955 年，第 120 頁。
259　《明史》卷二二三。
260　《古今圖書集成》卷三十七，492 冊，第 34 頁中。
261　《洪武御制全書》第 841 頁。

《三編》第五條規定：民敢有身藏空引，偷逃軍、逃囚而去者，「梟令於鄉閭，籍沒其家，成丁家口遷於化外。」[262] 無異於視逃軍與逃囚同為犯人，全國為牢獄，關隘守將為牢頭。此類記載在《洪武大誥》中曾多次出現。中後期雖然有所鬆懈，但徵人思鄉主題無法磨滅。

福建漳州東山銅陵鎮亦為明初海疆銅山衛所，在臺灣和海外華人中著名的銅陵關廟本來是基於邊防護佑修築的。[263] 弘治四年《八閩通志》，其各州府縣之「祠廟」橫亙卷五十八至六十共一百二十一頁，所記多為唐宋元的當地神祇，衛所供奉亦只有城隍、旗纛，唯有莆田、福寧有關廟記載。[264] 萬曆元年《漳州府志》亦無關廟記錄。推想或者明朝鎮守邊遠的世襲指揮、千戶等多不通文墨，故不像文人儒士善於自留碑版銘刻，以致早期關廟淹沒不彰者眾。其駐防原為軍籍，也屬「戍人遠征」之列。萬曆元年刊《漳州府志》卷三十三記載：

銅山千戶所：原額旗軍一千二百二十名，充發在外。見（現）在軍三百七十四名（差操一百七十名，出海二百四名）。事故軍八百二十名。新選餘丁五百三十名……田及園共一十六頃八十四畝七分三釐，該納本色米三百五十四石……西門澳額調官軍一千八百六十七員，名官快哨船二十隻。內鎮海衛輪班把衛總指揮一員，千戶以下官軍一千一百一十三名。[265]

---

262 《三編·空引偷軍第五》。

263 黃仲昭撰，《中國史學叢書三編》第四輯（37），臺灣學生書局民國七十六年據中研院史語所藏明刊本影印。福建東山銅陵關廟就建於洪武時。據《東山武廟譜·鼎建銅陵關王廟記》載：「國朝洪武二十年，城銅山以防倭寇，刻像祀之，以護官兵。官兵賴之。」（徐曉望《福建民間信仰源流》，福建教育出版社 1993 年 12 月，第 404 ～ 405 頁）《明史·太祖紀》載該年江夏侯周德興受命入閩整頓海防，在閩中沿海建立了許多衛所，銅陵即為其一。實際上關羽此時還是被作為「軍神」供奉的。

264 《漳州府志·兵防志》，《中國史學叢書》（15），第 710 ～ 711 頁。

265 廟聯猶存東山關廟。按黃道周，銅山所（今屬福建漳州市）籍。天啟進士，官禮部尚書。以節氣著稱於朝。唐王監國，封大學士兼吏、兵兩部尚書，失敗被俘，堅不投降。臨終撕裂衣衿以指血在鎮海衛及陸鰲、銅山、玄鍾四所中，銅山所的陸地兵員僅屬中等，而以水軍為最多，現代兵制約略相當於團級單位。明末黃道周即為銅山所軍籍，自幼就在東山關廟之側讀書，曾為關廟題聯云：

數定三分，扶炎漢，平吳削魏，辛苦倍常，未了一生事業；志存一統，佐熙明，降魔伏虜，感靈丕振，只完當月精忠。[266]

明清之際鄭成功軍隊曾長期占據東山島，作為反攻復明的基地。據說清軍克服後一度把東山作為棄地，當地百姓也被視為「棄民」。大約水軍多由漕運船民而來，離鄉背井多年，沒有祖籍可以歸里。於是東山島民仿效招安明軍遺戶「共尊關聖帝君為宜，請置戶名曰『關世賢』」，編入民籍；公眾議決集體以「關永茂」名字為戶主，注籍成功。並仿效桃園結義：

考之上世，吾銅乃海外島嶼，為漁人寄居，民未曾居焉。迨明初，江夏侯德興周公沿邊設立，以此壤接粵境地，為八閩上游之要區，所以銅山名之。調興化莆禧眾來守此城，官與軍咸襲封，是為軍籍。里丁甲糧，世莫之聞。國（按指清）朝定鼎，凡天下衛所，仍舊無易……於康熙四十年將銅地戶口編入黃冊，而銅自此有丁糧之事焉。然泛而無宗，傍入門戶，實非貽燕良策。因聞詔（安）邑有軍籍而無宗者，共尊關聖帝君為宜，請置戶名曰「關世賢」，納糧輸丁，大稱其便。五十年編審，公議此例，亦表其戶名「關永茂」，眾咸為可。遂向邑侯汪公請立戶，批準「關永茂」頂補十七都六圖九甲，輸納丁糧。不但得劃一之便，且幸無他戶混雜，散而復聚，無而又有，將來昌熾，可甲字前……

書寫：「綱常萬古，節義千秋；天地知我，家人無憂。」

266　可參山西省侯馬市關公文化學會、廣東省開平市關族圖書館、福建省姓氏源流學會關氏研究室聯合刊印之《關氏三千年》（2001 年內部發行）〈關永茂碑記〉，第 426 ～ 427 頁。承莆田關啟新先生寄贈，謹誌謝忱。該碑猶立東山銅陵關帝廟內，影印件存廈門大學歷史研究所。

於是公諸銅人，當神拈鬮，分為七房。小事則歸各房料理，大事則會眾均匀，叔伯甥男，彼此手足，並無里甲之別，終絕大小之分。不得以貴欺賤，不得以強凌弱。有異視萌惡，許共鳴鼓而攻。故此方為無偏無黨，至公至慎。爰立石以垂不朽。

這就是康熙五十年（西元一七一一年）為盟誓豎立的〈關永茂碑記〉。至今原住居民無論張王李趙，一概稱關公為「關祖」，可知這是一個以關羽崇拜為信仰，由軍籍「流戶」改為「編氓」土著，異姓結為「宗親」，形成超乎血緣宗親的新型社會組織的特例，這恰好與明代社會轉型後土著變成「流民」，「宗親」散布異鄉的大趨勢逆向而動。其形態兩百年來有無變化，沒有作過調查。但至今銅陵每戶人家的客廳正面，都貼著一幅巨大的關帝像，有立像、有坐像，形態不一，較多的仍然是讀《春秋》坐像。筆者一九九七年六月到該地參加海峽兩岸關公文化研討會時曾目睹這一景象，嘆為僅見。略志一筆，以期引起歷史社會學研究者的重視。

清承明制，軍隊中的關公信仰甚至更上層樓。尤其是在乾隆時期。這位皇帝尤喜誇耀「十全武功」。曾作〈十全記〉一篇，並自鈐「十全老人」印章一枚，因以號之。所謂「十全」為：平準噶爾為二；定回部為一，掃金川為二；靖臺灣為一；降緬甸、安南各一；兩次受廓爾喀降，合為十。後世有人譏為「好大喜功」，恐亦未必，中國現存版圖就是大體形成於乾隆時代。這方面的專門問題，著述已多。本篇需要指出的是，關帝廟宇也正是隨著乾隆朝清軍的西征南伐逐漸覆蓋到中國領土的其他地區的。

自晚唐五代伊斯蘭教以「劍與火」的方式傳教，進入西域，當地民族遂拋棄佛教的多元神教義，改宗伊斯蘭一元神教義。毘沙門天王及其承繼者關羽，自然也無緣在當地立廟。這個局面在乾隆朝開始改變。乾隆三十五年（西元一七七〇年）伊犁將軍伊勒圖撰〈惠寧城關帝廟碑文〉言：

往者天兵西指，電擊霆誅，準噶爾之眾不崇朝，而耆定規方二萬餘里，無不賓服向化。外則哈薩克、布魯特各部落，皆延頸面內，願為臣僕，唯恐後時。自古聲教所不通，政令所不行，我皇上膚功迅奏，殊方重譯，罔有不庭，此豈盡人力也哉！即以茲城之經始也。其地僻處荒徼，曩特為準夷回部往來游牧之場耳。今一旦煥然，與之更始，建城郭、立制度，同文共軌，人物嬉恬，商賈輻輳，四郊內外，煙火相望，雞犬相聞，一轉移間，遂稱極盛。斯固由聖人在上，禎福錫極，獨能過化而存神，要其潛期啟默，俾萬里之外，軍民安堵，年穀順成，無一物失。所之患者，豈非神威布獲，有以襄此太平之盛烈也乎！[267]

已道盡清軍聲威，亦可知關帝廟已經成為新城規劃之必建部分。據乾隆四十年（西元一七七五年）《伊江匯覽》載：該廟實建於乾隆二十八年（西元一七六三年），且賜有御制「神佑新疆」匾額一。又一九八三年出版的《烏魯木齊史話》說：

一七七五年討平準噶爾部時，武聖關羽是清朝軍隊的「軍魂」，於是就在平頂山頭修建了一座朱紅牆垣的關帝廟，所以人們把當時的烏魯木齊稱作「紅廟子」，至今人們也還把那一帶稱作「老紅廟子」。鞏寧城修築後，鼓樓北隅為關帝廟。

267　轉自張羽新《清朝對其保護神關羽的崇奉》（《出土文獻研究》第四輯，中華書局 1998 年，第 183 頁）。唯張注聲稱出自格琫額《伊江匯覽》，但筆者查驗中國社會科學院中國邊疆史地研究中心的稿本，及全國圖書館文獻縮微複製中心 1990 年出版之《清代新疆稀見史料彙輯 —— 伊江匯覽》，均未能找到該文。疑其別有版本或出處。姑志待考。又《清史稿．高宗本紀三》：「（二十七年六月）己酉，以原任將軍班第、參贊大臣鄂容安在伊犁竭忠全節，命於伊犁關帝廟後，設位致祭。」

紀昀一度貶謫新疆，在他的《閱微草堂筆記》卷二十〈灤陽續錄二〉記述說：

由烏魯木齊至昌吉，南界天山，無路可上；北界葦湖，連天無際，淤泥深丈許，入者輒滅頂。賊之敗也，不西還據昌吉，而南北橫奔，悉入絕地，以為惶遽迷瞀也。後執俘訊之，皆曰驚潰之時，本欲西走。忽見關帝立馬雲中，斷其歸路，故不得已而旁行，冀或匿免也。神之威靈，乃及於二萬里外。國家之福祚，又能致神助於二萬里外。蝟鋒螗斧，潢池盜弄，何為哉！

「十全武功」中「定回部」，分別為平南疆大小和卓木之叛（香妃傳說即源於此）、蒙古土爾扈特部由伏爾加河流域返回祖國等事。筆者曾經拜訪過新疆喀什、庫爾勒（巴音郭楞蒙古自治州首府，土爾扈特部聚居地之一）和內蒙古額濟納（土爾扈特部王爺駐蹕地）等，當地關廟已無蹤跡可尋，敬盼耆宿有以教我。唯一九九七年出版的《塔城地區志》（亦土爾扈特部聚居地之一）言：

清乾隆三十五年（西元一七七〇年）在「綏靖」城修建綏靖寺、萬壽宮、關帝廟、先農壇等……同治三年（西元一八六四年）毀於戰火，現僅存城北樓關帝廟座基。遺址在今塔城軍分區後院及柴草巷西側魏家院內。

此外臺灣關廟大為盛行，也與乾隆一朝有關。今所見臺灣關廟尚無康熙朝建立者，大約初平明鄭政權時，臺南「開基武廟」奉祀的關羽仍被當地認為是護佑明廷的。臺灣現存關廟碑文最早一篇，為雍正十三年（西元一七三五年）彰化知縣秦士望的〈關帝廟碑〉，猶言：

前之宰是邑者，創立廟基於城南，而經營未就，殿宇仍缺……草創殿宇，聊竭予誠。未滿予志。至於後此之規模，何以開擴風雨，伺以無頹，不得不厚期於來者。[268]

而乾隆朝碑刻則有八篇，其中四篇是當時首府臺南關廟的。因臺灣關廟又關涉海外移民問題，後文一併論及。

據中國社科院考古所依據《乾隆京城地圖》編制的《明清北京城圖》逐一統計的結果，清末北京四九城內（即今二環路以內）僅以「關帝廟」名目存在的就有七十六座，以「伏魔廟（庵）」名義存在的則有二十五所，還不算以九城城門內（除德勝門獨祀真武而外）的關廟及以高廟、紅廟、白廟、鴨子廟、鐵老鸛廟等俗名為稱的關廟和各地會館內所奉關廟。更不包括並祀或者附祀的廟宇在內。[269] 真可謂人人敬禱人人拜，處處關廟處處香了。

嘉慶加封關羽，則緣於白蓮教亂。《光緒荊州府志》卷二十七言：嘉慶元年（西元一七九六年）白蓮教聶傑人等在枝江、宜都舉事，湖廣督臣畢沅率兵剿於當陽時，軍火匱乏之際，曾發生過這樣一件事：

日夜督造火攻利器，而土人田國香詣告：「郡城西北隅關廟土中，隱隱有炮形。」隨命吏往發之，得舊銅鐵炮六十有二，鐵丸一萬六千四百有奇。僉曰：「此神靈出現也。」乃簡送軍營，竟籍其力，當陽以平。

並為此新建關廟，御匾「威鎮華夏」。影響更廣的事件則是嘉慶十九年（西元一八一五年）白蓮教徒林清等襲擊大內的「奪門之變」，

268　碑存臺灣彰化市關帝廟，原大 130×58 公分。輯入《石刻史料新編》第三輯（17）《明清臺灣碑碣選集》，第 138 ～ 139 頁。新文豐圖書公司（臺北）1986 年出版。

269　《明清北京地圖》，北京：地圖出版社 1986 年出版，包括明、清地圖各一紙，統計書冊一本。

稗史傳聞甚多，正式說法當來自嘉慶「上諭」，見於洛陽關林〈加封關羽「仁勇」二字碑記〉：

禮部咨祠祭司案呈，嘉慶十九年正月初五日內閣抄出。

奉上諭：「上年逆匪突人禁門時，恍惚之中，仰見關帝神像，畏懼奔竄，立就殲擒。本日又據那彥成奏：『當滑城克復之時，賊匪於黑夜拚命突圍，官兵施放槍箭，未能真切。忽城旁廟宇自行起火，照同白晝，官兵兩路夾擊，始將賊匪截回，悉數殄除。事定後乃知，城旁廟宇供有關帝神像，廟雖焚燬，神像巋然獨存，毫無損動』等語。此次逆匪滋事，屢荷關帝靈爽翊衛，實深寅感。著該衙門於原定封號，敬擬加封二字進呈，候朕酌定，通須直省，用答神庥。其滑縣廟宇，候重修落成之日，該撫再行奏請御書匾額，敬謹懸掛，欽此。」

當經本部移會內閣，撰擬封號，去後嗣。「茲準內閣片稱，所有關帝封號，於本月十二日具奏，奉硃筆圈出『仁勇』，欽此。」到部恭查原定關帝封號，係「忠義神武靈佑關聖大帝」。今奉旨加封「仁勇」二字，所有關帝神牌，應敬謹書寫「忠義神武靈佑仁勇關聖大帝」字樣，相應移咨河東河道總督，轉飭所屬，一體遵照可也。嘉慶十九年閏二月初三日。[270]

由保衛家國，又回復到神庇自身，已是國事日蹙的跡象了。剿滅白蓮教亂時，清軍在湖北、四川邊遠州縣又新建、復建了不少關廟，誇飾武功之外復以為護佑。

直截了當宣示關公為清軍護佑神祇的，當屬道光八年（西元一八二八年）在京師正陽門所立〈加封關帝威號諭旨碑〉：

---

270 《中國關林》第 115 ～ 116 頁，石碑高 57、寬 105 公分，今鑲嵌於洛陽關塚南牆西側。

> 道光八年正月二十三日奉上諭：我朝定鼎以來，關帝屢顯靈佑。據長齡等奏：上年張格爾煽亂，遣其逆黨擾近阿克蘇。當官兵衝擊之時，陡起大風，塵沙飛揚。該逆等遙見紅光燭天，即被殲滅。又長齡等督兵進剿，師次渾河沿，該逆等竟夜擾營，風起猛烈。官兵乘風衝賊，俘馘無算。次早接仗時，據活賊僉供：因見紅光中兵馬高大，不能抵敵，即各竄逸。此皆仰賴關帝威靈顯赫，默褫賊魄，用克生擒巨憝，永靖邊圉。必應加展誠敬，以期億萬年，護國安民。著禮部擬加封號數字具奏。欽此。禮部欽遵諭旨，謹擬封號字樣，於正月二十六日具奏。奉硃筆圈出「威顯」。欽此。[271]

仍然踵繼著類似唐代「毘沙門天王顯聖」，或者宋金元明「關公顯靈護佑」一類神蹟。故德國學者海西希認為：

> 滿族人也奉關帝為戰神。
>
> 從十八世紀末一直到十九世紀末，尤其是在嘉慶和道光等大清皇帝執政年間，清朝政府安定了帝國的邊界省份及其本族的故鄉滿洲。他們在這些領土上遍修關帝廟。關帝作為一位國家的守護神和戰神，受到清朝兵卒和官吏的崇拜。僅僅在甘肅、蒙古、新疆和西藏等地，就為此目的而建了六十六座關帝廟，並且由國庫補貼。[272]

271　碑原在北京市正陽門關帝廟，中國國家圖書館中文碑拓索取號「北京 1176」。按張格爾為大和卓波羅尼都之孫，是逃居國外的伊斯蘭教貴族。自乾隆年間平定南疆大小和卓之亂後，波羅尼都之子薩木薩克逃居浩罕（中亞伊斯蘭教國家，時稱安集延），其第二子張格爾素有政治野心，陰謀潛回新疆恢復其祖先和卓時代的統治。從嘉慶二十五年（1820）到道光八年（1828）在浩罕統治者與英國殖民者慫恿支持下，三次潛入南疆發動叛亂，而以道光六年規模最大。張格爾率浩罕、布魯特五百餘人竄回喀什噶爾（今喀什）附近，以禮拜其祖先瑪雜（墳墓）為名，利用南疆的反清情緒及其宗教影響，集眾萬餘人發動叛亂。先後攻占喀什噶爾、英吉沙爾、葉爾羌、和田等城，自稱賽義德·張格爾蘇丹，復辟和卓統治。清政府命伊犁將軍長齡調集吉林、黑龍江、陝西、甘肅、四川清軍三萬餘人會師於阿克蘇，全面進攻，相繼收復喀什噶爾等城。道光八年初，張格爾逃至喀爾鐵蓋山，被清軍擒獲，解至北京處死，叛亂平定。

272　海西希著，耿昇譯《西藏和蒙古的宗教》。天津古籍出版社 1989 年出版。

待到後來太平軍起，模仿天主教組建「拜上帝會」，以「耶和華為天父，基督為天兄」，而洪秀全自稱「耶穌之弟，天父之次子」，採用「政教合一」形式組織起來。其信念一旦分裂，也無由彌合。雖有西方論者認為他們不過是「一方面揭種族革命之旗，一方面倡平等博愛之說」，「折衷耶、儒，以作創立新的國教與建國。」[273] 其實信仰上已經呈現出兩河流域之「一元神教」的特徵，同時屏棄了包括關羽在內的，中國傳統的所有神祇信仰。攻城掠鎮時也每燒燬關廟。這在篤信關羽的儒生商民中無異於「為淵驅魚，為叢驅雀」。到底在江南等大範圍內激起了人民的反抗之情，值得思考。如宣統三年（西元一九一一年）嘉定《黃渡續志》即言：

關壯繆侯廟：同治八年里人盛如瀚等募貲重建。粵匪之禍，鎮赭為墟。唯鄉間神祠尚存一二，餘則概遭焚燬。

光緒十四年（西元一八八年）寶山縣《月浦志（稿本）》亦言：

月浦鎮武聖宮：在東鎮。舊本武烈王廟，里民即其補為觀音閣。道光間里人何葵揚等捐資重修。同治元年四月二十日毀於粵匪，女尼茅屋數椽於殿前。後募建大殿，圓寂後僅有小尼，不克住持香火，為還俗里人改為武聖宮。

同年太倉縣《唐市志》言：

關帝廟：二。一在河東市中，一在語廉涇。嘉慶間里人移建南嶽廟左。規模宏敞，與岳廟相仿。汪志伊有記。咸豐十年為粵匪所毀，片瓦無存。

273　（法）佩雷菲特：《停滯的帝國——兩個世界的撞擊》，北京：三聯書店1993年中譯本，第622頁。

又民國無錫縣《涇里志（稿本）》：

> 東關帝廟：鎮東去里許，明參政顧言於都中歸，渡黃河，風作舟覆，舉首前見雲中現關聖像，跨馬持刀作躍起狀，舟因無恙。許願還家，建廟於基左，以奉祀事。……咸豐間為粵匪所毀。

類似記載不勝枚舉。尤其是商會會館關廟被焚燬，事後重建者甚多。故咸豐加速敕封關羽，無疑具有與太平軍尊奉西來宗教進行「文化對抗」的意義。咸豐時期所以會相繼出現由民間編著，分別具有道教色彩的《關聖大帝返性圖》以及託言佛教的《武帝明聖經》（一本題目作《桃園明聖經》）兩種書刊，以降乩、降神形式大講「忠義」教化，即應當與這一背景攸關，[274] 同時也是催生後來「義和團」的文化溫床。

另一方面，曾國藩以滿洲八旗綠營疲賴無用，重新編練湘軍時，實際上已在援引朱元璋鄉鎮里社之「保土安民」，利用鄉兵團勇的堅韌頑強，宗親戚里的團結信賴與之抗衡。這也是總結利用了朱元璋里社制度及嘉靖間東南沿海地區「抗倭」戰爭經驗教訓，立足精神文化，刺激傳統制度，故其雖然「屢敗」，卻能「屢戰」。[275]

按湘軍初起時，即有哥老會傳入其中，曾國藩雖曾嚴令「結拜哥老會、傳習邪教者斬」，但令行不止，反而迅速盛傳於湘淮川楚各軍。究

274　2001年涿州「中國歷史文化中的關羽」兩岸研討會上，中國社科院宗教所道教研究室王卡、汪桂平〈從〈關聖大帝返性圖〉看關帝信仰與道教的關係〉、佛教研究室方廣錩、周齊〈介紹清咸豐刻本《武帝明聖經》〉分別提交了介紹這兩種書刊的論文，可以參看。（分別載《關羽、關公和關聖》第88～96、122～145頁）

275　曾國藩曾總結關羽失敗教訓，言：「以齊桓公之盛業，葵丘之會微有振矜，而叛者九國。以關公之忠勇，一念之矜，則身敗於徐晃，地喪於呂蒙。」（《曾國藩文集》筆記二十七則「氣節·傲」）看來也是熟讀《三國志演義》的。又海寧馮氏《花溪日記》卷下引湖州守將趙景賢與太平天國忠王李秀成書：「至於譚將官傳述臺意，尤屬非宜。漢壽亭侯歸漢，千古美談，我何人斯，而敢希冀乎？此在左右或言之必踐，而賢則以為擬於不倫，華容道上，不知所報也。」按李秀成致書中有「為民父母，當以全身利人為要，若僅沽名殉節，不顧禍遍蒼生，亦豈志士仁人之所忍為」等語。故以關羽辭曹歸漢勸降。趙景賢時為候補道總理湖州團防。

其緣由，「一日在營會聚之時，打仗則互相救援，有事則免人欺；二日在營離散之後，貧困而遇同會，可周衣食，孤行而遇同會，可免搶劫，因此同心入會」。[276]以至「楚師千萬，無一人不有結盟拜兄弟之事」。[277]反而加速了關羽信仰在湘軍內部的傳播。咸豐堅信戰勝太平軍也是「關帝護佑」的結果，固然迷信世祚神佑，但是從更加廣泛的背景而言也可以說洪秀全剛剛帶來一知半解、現學現賣的西方教旨，還不足以撼動傳統中國文化的根基。待到義和團將所有傳統中國宗教及民間信仰捆綁一起，向洋槍洋炮的西方列強發起決死衝擊時，就又是另一番景象了。不提也罷。

治安（警察）神

近世有所謂「黑白兩道拜關公」的說法，就是指警察與「江湖社會」都拜關公的獨特現象。但是何以如此？史上並無明文，民間亦無清晰說法。這倒是引起了我的好奇，著意考察了一番。

宋徽宗時代唯一存留的關廟碑記，是政和年間的〈解州聞喜縣新修武安王廟記〉，可以見出北宋末年關羽崇拜在地域方面正逐漸擴展，崇祀的群體也在擴大之中。碑文言：

歷世為將者，奮身決戰，視死如生，苟臨利害，不顧名節，此匹夫之勇，往往皆是也。及其風塵畢起，群孽爭馳，忠以報上，勇以戡亂，雖千萬人中，蓋難其人矣。嘗閱諸信史，載其勳烈，較其成敗，故有優劣之異，及至臨大節而不可奪，輝耀今古，舍忠勇軼群，孰得而跂及？

276　《曾文正公全集·雜著卷二》，《營規·批牘卷三》。

277　李榕《十三峰書屋批牘》卷一。按李榕（1818～1890）字申夫，名甲先，劍州（今四川劍閣縣）人。道光二十六年進士，授翰林院庶吉士，改禮部主事。因曾國藩保薦歷升至湖北按察使、湖南布政使，為曾國藩心腹。同治己巳年罷任歸里。

唯王以義從昭烈帝，與飛為禦侮，恩顧雖厚，未嘗鮮禮，誓以其死，以事先主，可謂忠矣！至於率眾攻曹，水潰七軍，斬魏諸將，群盜畏服，威震華夏，曹公避銳，可謂勇矣！觀其曹公，感義而堅不能久留，雖圖報曹公而□〔委〕心於先主，終始不變，卓然過人，何異夫鏌邪之劍，至剛而不撓；松柏之幹，歲寒而不易。其遺風餘烈，凜凜乎如秋霜之嚴也。

王，解人也，去古浸遠，神靈不替，故能陰相我朝廷，屢有顯烈，由是累加封爵，以達神庥。聞喜，解之支邑也，中條稷山，南北相望，土廣民饒，最為繁劇。崇寧初，二寇擾民，當職者深以為患。弓級董政實令諸眾僅二十餘年，盜賊畏懼，挺然建議曰：我輩以擒捕為職，戮力用命；匪神佑於其間，不能屢捷。故臨出入，常禱於王，無不獲功。信乎王之德，生而忠勇，其名不隕，降靈在人，應於不測。故上可以佑國家，遠可以鎮邊疆，邇可以保鄉閭，昭然鑑□，若在左右。何其一鄉之人，不能建立廟貌，尊加嚴事，歸報神德？於是與同列□立，郭安協力營幹，罔（「無，沒有」之意）有異□〔志〕。遂卜縣城之西，擇為廟所，環垣周圍，計地三畝。

大觀三載，孟秋望日，殿廡方就，離軒之前，崇以為門堞；乾位之隅，敞以為花圃。植木之繁，以聚清蔭；面山之峰，以增遠目。故歲時鄉社之人，得以陳俎豆，備樂舞於庭。逮至政和七年，會令佐賢明，訟簡刑清，政修廢舉，命使立石，樂其功之罔墜。

噫！嘗謂王之行事，其忠節勇功，炳若丹青，鄉人之所詳聞。今略述其大概，俾忠義之士激昂奮勵，以報朝廷，豈不偉歟？里人從政郎洪嘉其誠意，相屬為文，以紀其實。

時政和七年（西元一一一七）九月望日記。[278]

278　胡聘之《山右石刻叢編》卷十七（第 434 ～ 439 頁）。署「穎川阮升卿撰，汴陽呂唐叟書，江夏李師哲篆額。」按胡聘之字蘄生，天門（今屬湖北荊門市）人。光緒年間曾繼張之洞任山西布政使及巡撫，主持山西新政。任上輯有《山右石刻叢編》四十卷，共收後魏正光四年（523）至元代至胡聘之按語云：

《宋史·地理志》：解州為防禦州，屬縣三，聞喜為望。《太平寰宇記》云：中條山在解縣南三十里，其山西連華嶽，東接太行，又稷下在解縣東北六十七里，引《左傳》杜預云：河東聞喜縣有稷山，是也。記言「中條稷山，南北相望，土廣民饒，最為繁劇」，檢史志及《寰宇記》所書語，亦適合。又此碑云「崇寧初，二寇擾民，當職者深以為患。弓級董政實令諸眾僅二十餘年，盜賊畏懼。」崇寧元年至政和七年止十六年，此云二十餘年，疑「二」字衍。觀是碑所記，崇寧初河、陝以東，民已不靖。大觀二年，盜遂紛起。此轉補史所不及矣。《職官志》：迪功郎，舊官將仕郎。承信郎，舊官三班借職。秉義郎，舊官西頭供奉。宣義郎，舊官光祿寺衛尉，將作寺丞。

所言甚是。但我認為這篇碑文的價值，在於從某方面展現了北宋胥吏崇祀關羽的事實。按該碑立碑人署為：「迪功郎、縣尉監管勾學事、專切管勾教說保甲吳翊，迪功郎、主簿兼權縣丞呂翼，承信郎兼酒稅杜安，承信郎兼酒稅田輔，秉義郎權巡檢來擇，宣義郎、知解州聞喜縣，管勾勸農公事，兼兵馬監押，專管勾河渠堤堰等事，專切管勾學事教閱保甲任諫。」包含了北宋縣級官府的基本成員，即知縣、主簿、稅監和縣尉。其中負責地方治安的主官是縣尉和巡檢。《宋史·職官七》言：

尉：建隆三年，每縣置尉一員，在主簿之下，奉賜並同。至和二年開封、祥符兩縣各增置一員，掌閱羽弓手，戢奸禁暴。凡縣不置簿，則尉兼之。中興，沿邊諸縣間以武臣為尉，並帶兼巡捉私茶、鹽、礬，亦或文武通差。

正二十七年（1367）間山右（今山西）石刻七百餘通。

> 巡檢司：有沿邊溪峒都巡檢，或蕃漢都巡檢，或數州數縣管界，或一州一縣巡檢，掌訓治甲兵、巡邏州邑、擒捕盜賊事。

倡議並「營幹」立廟的人，實為當地的「弓級」董政。按「弓級」一職未載於《宋史．職官志》，但由岳珂《桯史》記敘宋孝宗淳熙年間，部胥通同作弊，將呈文「增城縣尉司弓級陳某，獲盜若干」中的「司」改為「同」，「筆勢穠纖無少異」，遂使縣尉張某「名登於進卷」，以騙取獎勵升遷的故事看來，「弓級」應當是縣尉屬下負責捕盜的專責人員，類似後世警長。[279] 治下之員則為「弓手」。據高承《事物紀原》卷七〈州郡方域部三十五〉：

> 弓手營。《宋朝會要》曰：咸平五年八月，置縣尉、弓手營舍。

按「弓手」原為「鄉兵」之一，其初源於种世衡發現宋兵對抗西夏騎兵騷擾，弓箭是有效武器之一，於是大力提倡鄉人習射。[280] 後來則作為傜役，規定由富戶或中等戶充任或者僱役擔任，成為地方治安的基本力量。[281] 熙寧變法時曾遭裁減，「曾公亮以為置義勇、弓手，漸可以省正兵。」而為王安石拒絕。司馬光則提出了質疑：

279　《五燈會元》卷十二：「無為軍冶父實際道川禪師，崑山狄氏子。初為縣之弓級，聞東齋謙首座為道俗演法，往從之，習坐不倦。一日因不職遭笞，忽於杖下大悟，遂辭職依謙。」《宋史．許應龍傳》：「（宋理宗時）盜陳三槍起贛州，出沒江、閩、廣間，勢熾甚。而盜鍾全相挻為亂，樞密陳韡帥江西任招捕，三路調軍，分道追剿。盜逼境上，應龍亟調水軍、禁卒、士兵、弓級，分扼要害。明間諜，守關隘，斷橋開塹，斬木塞塗。」則弓級職責仍然延續至南宋時。

280　張載〈省戍〉言：「種世衡守環州，吏士有罪，射中則釋之；僧道飲酒犯禁，能射則縱之；百姓繫者，以能射則必免；租稅逋負者，以能射則必寬。當是時環之內外，莫不人人樂射。」（《宋文鑑》下冊第 1474 頁）

281　弓手能否雇人充任，北宋曾有爭議。據《宋史．食貨志上六（役法下．振恤）》，蘇軾「極言役法可雇不可差」，「司馬光不然之」。後監察御史上官均主張「役之最重，莫如衙前，其次弓手」，「近許當差弓手戶役得差人為代，此法最便」。以徽宗時代風氣及建廟實力而論，推想董政或許是當地富戶充任的地方治安官員。

悉罷三路巡檢下兵士及諸縣弓手，皆易以保甲。主簿兼縣尉，但主草市以里；其鄉村盜賊，悉委巡檢，而巡檢兼掌巡按保甲教閱，朝夕奔走，猶恐不辦，何暇逐捕盜賊哉？又保甲中往往有自為盜者，亦有乘保馬行劫者。然則設保甲、保馬，本以除盜，乃更資盜也。[282]

從這塊碑記看來，宋徽宗時代蔡京採用王安石之法時，也曾作過一些變通，故「保甲」與「弓手」制度並行。[283]

按北宋衙門胥吏向有自立祠宇、自立護佑神祇之習俗。葉適《石林燕語》卷五言：

京師百司胥吏，每至秋必醵錢為賽神會，往往因劇飲終日。蘇子美進奏院會，正坐此。余嘗問其「何神？」曰：「蒼王。」蓋以倉頡造字，故胥吏祖之。固可笑矣！官局正門裡，皆於中間用小木龕供佛，曰「不動尊佛」，雖禁中諸司亦然。其意亦本吏畏罷斥，以為禍福甚驗，事之極恭。此不唯流俗之繆可笑，雖神佛亦可笑也。[284]

既然無稽之神都可以堂而皇之地供在京城諸衙門裡，則關羽已然得到國家敕封，自然無可非議。其實此廟之立，主要是地方治安官員敬禱之用，已與沁縣威勝軍將士立廟宗旨顯有不同。但碑所言「上可以佑國家，遠可以鎮邊疆，邇可以保鄉閭」，自然也可看作「軍神」的延伸。

本文之所以喋喋不休說到「弓級」、「弓手」，正緣董政之流相信關羽當年也曾擔仕過類似職務。按《三國志．關張趙馬黃傳》：

---

282 《宋史．兵志六（鄉兵三）》。

283 臺灣中央研究院史語所黃寬重有〈宋代基層社會的武裝警備 —— 弓手〉探討這一制度的沿革，載《宋代社會與法律 —— 〈名公書判清明集〉討論》（臺北：東大圖書公司，2001.4）第 237 ～ 249 頁。

284 《筆記小說大觀》本第四輯第八冊，第 68 頁。蘇舜欽曾因所管衙門祠神，賣廢紙以具酒食，為政敵劾罷，則關係元祐黨爭事，下文再敘。

先主為平原相，以羽、飛為別部司馬，分統部曲。

據《三國志》各傳，劉備、黃蓋、呂蒙、孫盛等人都曾在微時擔任過別部司馬一職。又據《後漢書．百官志一》：「領軍皆有部曲……其別營領屬為別部司馬，其兵多少各隨時宜。……亦有部曲、司馬、軍侯以領兵。」則漢時別部司馬本為領軍之官，而非緝盜之職。但自從「說三分」將《三國志》故事化，這種區別或被當時的「說三分」藝人泯滅，至以「弓手」描摹關羽之出身微賤，因而在這個階層中也獲得了廣泛認同。

元人胡琦《關王實錄》鄭重記載說：

玉泉顯烈廟有司馬印二枚，相傳以為漢印，王所配之。其一方一寸，刻文曰「別部司馬」；其一方有五寸，兩環相連，繫於印紐。文已缺訛，唯左有「司馬」字可辨。俟考。

明人呂柟則言：

印文古雅，類漢人刻。知傳者非妄也。[285]

可知深信不疑。其實這樣低微的官職，印綬何以出現兩種規制？元、明兩代文人都不以考據見長，不談也罷。但是從某方面證實了他們熟知關羽曾為「別部司馬」的經歷。這個傳統後來還有延續，以至縣尉司衙都修有關祠。王惲〈重修義勇武安王祠記〉言：

285 乾隆《解梁關帝志》卷之一。山西人民出版社排印本，第 8 ～ 9 頁。按呂柟（1479 ～ 1542）字仲木，號涇野，陝西高陵縣人。正德三年（1508）戊辰科狀元。其學源於薛瑄，屬程朱理學一派，嘉靖間曾任北京國子監祭酒。史稱呂氏講席「幾與（王）陽明氏中分其盛」。曾「建解梁書院居之，選少而俊秀者歌詩、習小學諸儀。朔望令耆德者講會，典行鄉約。」（《少墟集》卷二〇〈涇野呂先生〉，又見《陝西通志》卷六三〈呂柟傳〉）曾增訂胡琦《關王實錄》為五卷本《漢壽亭侯志》，今存明嘉靖刻本（北京大學圖書館藏）。

汲縣縣治即故尉司公廨，內舊有武安王祠。莫究其所始，而可見者金泰和初信武將軍完顏師古重加修飭，昭默禱而答靈貺也。兵後廢撤不存。有元中統癸亥（四年），薄聶元擒詰強禦，未即厥事，假靈於神，已而如所願，遂即治左復廟而貌之。癸未之水，又從而圮焉。至元丙戌真定錄判劉聚來主縣簿，以游擊有功，田里頗安，不敢居其能，越神明是歸，遂以起廢為己任。[286]

主簿即地方治安主官，可知此風金元間猶存。又胥吏衙役亦官亦民，為中國社會一特別階層。明初《大誥》苛刑峻法，部分即針對元代胥吏蠹民之陋習。但他們的信仰究竟為何，向無專說。如果和三國、《水滸》故事的演變發展合觀，或者有些眉目。

元刊虞氏至治本《全相三國志平話》是今存最早的三國故事刊本，它描述劉備破黃巾後，到長安等待封賞。十常侍之一段珪公然索賄，張飛揮拳打落段的兩顆門牙，得罪權勢，結果分發安喜縣尉。張飛夜入官宅，殺死太守夫婦及「衙內上宿」的「弓手」二十餘人，又打殺前來問案的督郵，徑上太行落草為寇。後因國舅董承招安，才轉任平原縣丞的。劉備既然兩任縣尉縣丞，意度關、張作為屬下，則正類岳珂《桯史》所記「縣尉司弓級」矣。

嘉靖本《三國志演義》雖經理學儒生刪定，但仍保留了若干情節。如第三則〈安喜張飛鞭督郵〉，亦言劉備平黃巾有功，卻只授安喜縣尉，關、張隨從。復因受督郵之氣，張飛怒打督郵，棄官而去。又第九

286　四庫本《秋澗集》卷三十九。《全元文》第四冊，第 385 頁。按王惲（1227～1304）字仲謀，汲縣人。祖上仕金，元將史天澤攻宋時接以賓禮，後「轉翰林修撰、同知制誥，兼國史院編修官，尋兼中書省左右司都事。治錢谷，擢材能，議典禮，考制度，咸究所長，同僚服之。」「裕宗在東宮，惲進《承華事略》……凡二十篇。裕宗覽之，至漢成帝不絕馳道、唐肅宗改服絳紗為朱明服，心甚喜，曰：『我若遇是禮，亦當如是。』」卒後贈翰林學士承旨，追封太原郡公，謚文定。著述有《相鑑》五十卷、《汲郡志》十五卷、《承華事略》、《中堂事記》、《烏臺筆補》、《玉堂嘉話》，並雜著詩文，合為一百卷。《元史》有傳。

則〈曹操起兵伐董卓〉談及公孫瓚起兵伐董時：

統領精兵一萬五千人起發，路經德州平原縣過。軍馬正行之間，遙見桑樹叢中，一面黃旗，數騎來迎，遠遠看見公孫瓚下馬。瓚視之，乃劉玄德也。瓚亦下馬問曰：「賢弟何故在此？」玄德曰：「兄長失忘？舊日蒙兄保委備為平原縣令，因此出城閒行，偶遇尊兄到此，乃大幸也。就請兄長入城歇馬」云云。瓚指關、張而問曰：「此何人也？」玄德曰：「此是關某、張飛，備結義兄弟也。」瓚曰：「乃同破黃巾者乎？」玄德曰：「皆此二人之力也。」瓚曰：「呀！空埋了大丈夫耳。」

後世以此添加在著名的「溫酒斬華雄」上，突出關羽身雖寒微，但勇似天人。《三國志演義》第九回〈曹操起兵伐董卓〉寫關羽自請出戰，袁紹不識：

（公孫）瓚曰，「跟隨劉玄德，充馬弓手。」帳上袁術大喝曰，「汝欺吾眾諸侯無大將耶？量一弓手，安敢亂言。與我亂棒打出！」

就連講究人物性格各異的《水滸傳》，也不怕和「本雲長孫」的大刀關勝形象重複，特意安排了一個酷似關羽的緝捕都頭。第十二回〈青面獸北京鬥武 急先鋒東郭爭功〉寫道：

（濟州鄆城縣）本縣尉司管下有兩個都頭：一個喚做步兵都頭，一個喚做馬兵都頭。這馬兵都頭管著二十匹坐馬弓手，二十個士兵；那步兵都頭管著二十個使槍的頭目，一十個士兵。這馬兵都頭姓朱，名仝；身長八尺四五，有一虎鬚髯。長一尺五寸，面如重棗，目若朗星，似關雲長模樣，滿縣人都稱他做「美髯公」。原是本處富戶，只因他仗義疏財，結識江湖上好漢，學得一身好武藝。……那朱仝，雷橫，兩個專管擒拿賊盜。

李喬《中國行業神崇拜》「衙役」條曾列舉草鞋三郎、老吊爺、秦瓊、蒲圻大王、右太尉、謝子澄等。[287] 但都是地方一時所祀，不足以概括全部。其中引郭立誠《行神研究》所言「捕快家多供秦叔寶畫像。有案未破，必焚香叩祝，乞神佑，速獲主犯」一則，雖然也有《說唐》一類小說作為淵源，但材料相近，且未註明來源。[288] 震鈞《天咫偶聞》引濮青士《提牢瑣記》：

獄有神，有總司、分司，統尊之曰獄神。在祀殿者若關帝、龍神、門神。他若佛典部之大士、閻羅、社公，若道流之太乙、藥王、瘟部、火部，皆為位以祀。別一楹祀前明椒山楊公，而刑部尚書王公世貞、郎中史公朝賓、司獄劉公時守得祔焉。

亦為清代衙司所奉，或者承襲晚明風尚，值得拈出。

按自清雍正奉關羽為護國佑民之神，列人國家祭祀以後，且責於懲惡揚善，陰司報應，位在城隍神之上。這對於舊時常年尊聽上命，親手置人於生死邊緣的胥吏衙役階層來說，良心亦須安頓，信仰即是歸宿。由於澳門、香港等地早年割讓，沒有經歷中國現代化過程中的文化變革，故清代胥吏衙役的信仰得以存留，並且作為漢民族主義紐帶在對抗外來宗教侵蝕中得到某種意義上的強化。比如殖民時代香港英籍警官雖居高位，但也一定要拜謁關帝像，敬奉香燭，才能獲得華人警察的認同。[289] 後文再論。

---

287 《中國行業神崇拜》，中國華僑出版公司（北京）1990 年出版，第 370 ～ 372 頁。

288 郭立誠《行神研究》為中華叢書編審委員會（臺北）1967 年出版。按秦瓊字叔寶，歷城人，「始為隋將來護兒帳內」，「俄從通守張須陀擊賊盧明月下邳」，是唐朝開國元勳，封左武衛大將軍，死後陪葬於長安昭陵。新舊《唐書》均有列傳。民間說唱《響馬傳》及清人小說《說唐全傳》卻說他曾經作過歷城縣的「馬快」，為救朋友不惜兩肋插刀，實際上是《水滸傳》中朱仝形象的重複。

289 李存葆〈東方之神〉（《當代》，北京：2002 年第 2 期）說：「近年加（拿大）國警察署下達一道指令，允許華裔警察在辦公室裡擺放關公像。緣由是：一香港籍警察移居加國後，連破數個大案要案，既快且準，似有神助。加國警察署詰問其由，這位華裔警察回答：他每次辦案前，都先要一九九八年十一月我自臺北參加金庸小說國際研討會，回程經過香港時曾蒙時任國際刑警組織副主席朱恩濤雅意安排，在香港警務處公共關係科接待下，實地參觀採訪了油（麻地）尖（沙嘴）警署的關公崇拜習俗。據介紹，全體警員每年有兩次著裝集體參拜活動，第一次是農曆六月二十四日關帝誕辰日，第二次是歲末宣布升遷的日期，都要擺設大三牲，行禮如儀。警署公共餐廳常年供奉的關帝像就是為此而設的。此外閱覽室另有一尊小型關帝像，是為警署成員個人拜禱之用的：或為領受任務祈求神判，或因一時未破禱告神佑，或於結案以後感謝神庥，或緣個人原因致禱神靈而設的。據陪同的警官告知，澳門警方及臺灣刑警也都具有共同的關公信仰和大致相似的敬祀禮儀。[290]

以關羽為警察神的習俗，還因為在海外任職華警的增多，近年開始傳播歐美。據王大偉著文介紹說，當他陪同英國埃塞克特大學警察學研究所主任比爾·塔夫曼在北京購物時：

> 比爾上街買東西，王府井跑了一個遍，也沒稱心。原來他要置一張關公——關雲長的畫像。「關羽」的發音又不準，說成是Guan Dai（關岱）。說了半天，我才知道他是要買關羽的像。真是「林子大了，什麼鳥都有」！問他為什麼，他卻說你無知，關羽是誰？是世界警察之父。警察研究所的所長嘛，沒有關羽成什麼體統？[291]

在家中祭拜關公。」若果如此，則是香港警察信仰在英聯邦國家的延續。

290　另香港李慧筠（Li, Wai-kwan）有〈警察的關帝崇拜及其意識型態的研究（*The Police Force Worships Guan Di: Structure vs. anti-structure*, paper for application of the Chinese University of Hong Kong, 1992）〉（出自《香港浸會學院學期報告》）及〈香港警察的關帝崇拜〉（《臺灣宗教研究通訊》總第5期，2003年出版）。有興趣者可以參看。但據香港媒體報導，2004年香港警察遷入新警政大樓時已不再設立關帝像，「警隊新一代的管理階層已表示不會鼓勵拜關帝成為指定的供奉儀式，有些警區正考慮『請走』關帝。」「也有資深警務人員透露，拜關帝不僅是一種傳統，更演變成一種心理上的慰藉及上司與下屬之間一條溝通的橋梁。」（http://www.chinanews.com.cn/news/2004/2004-10-29/26/500117.shtml）百餘年後的「回歸」，卻導致千年傳統的消失，令人百感交集。

291　王大偉《龍的盾牌——中國警察在英國》，北京：農村讀物出版社，1999年，第7頁。作者持有趣的是，反而是昧於傳統的年輕中國警察，誤讀了關羽名諱。從晚明傳教士及明清歐洲商貿船隊開始，西人早已習慣將關羽按照閩廣口音和習慣稱謂，敬讀為「關帝（Guan Te）」，甚至稱做「關帝公（Guan-tecong）」，或仿效北方，直呼為「關爺（Guamya）」了，十七世紀歐洲出版物已經明確有此記載，李福清《關羽肖像初探》中曾予揭載。以其枝蔓，另文再敘。

農業神

關公之所以會成為「農業神」，重要原因在於由嶽瀆崇拜發展而來的祈雨功能，前書已有分說。但是後世為什麼會把祈雨之期鎖定在五月十三，並且跨越不同物候的廣大地區，我以為需要從元代以後的棉業種植開始考探。

蒙元之初郝經〈重建武安王廟記〉言：

> 郡國州縣、鄉邑閭井皆有廟，夏五月有十三日，秋九月十有三日，則大為祈賽，整仗盛儀，旌甲旗鼓，長刀赤驥，儼如王生。[292]

證明至遲此時「五月十三」已經成為關羽祀日，唯無關農作，倒更像是游牧民族趁夏草正肥的閱兵式。

按自石敬瑭拱手送給契丹燕雲十六州以後五個世紀以來，河北一帶始終存在著農耕畜牧混合的經濟形態。[293] 但自明初大量移民由山西進入河北、河南、山東飽經戰亂蹂躪之地，耕作作物、技術和相關民俗應發

贈，謹誌謝意。

292 繫年己酉，即蒙古海迷失后元年（1249）。《全元文》，江蘇古籍出版社 1998 年排校本，第四冊，第 385 頁。

293 黃仁宇《赫遜河畔談中國歷史．「藩鎮之禍」的真面目》曾論及「我們從各種跡象看，河北在 9 世紀好像已經成為農業和畜牧的混合區域。」（三聯書店 1992 年，第 124 ～ 125 頁）可以參看。

生變化。以北方麥黍產區而論，農曆五月中旬意味著夏作播種季節，而雨水又直接決定著秋糧的收成。但中原和華北地區由於多年連續性墾伐過度，夏季經常發生乾旱少雨，五月中旬的祈雨就成為影響民生國計的重要儀典。故明清以來，此日又以「磨刀雨」、「大旱不過五月十三」等農諺盛行於黃河南北。以中國之大，農業區域跨越了若干個植物帶，自然不能一概而論，需雨日期何以如此一致？我以為元代開始的棉業種植，或許能夠提供思考線索。

綜述元代歷史者，往往把元初棉花的引進和種植看作是忽必烈祖述開國君主素來「重農」的結果。以今人角度觀之，種植不過是棉業產品的技術開發，加工貿易才是拉動經濟成長和商業稅收的手段。隨著元帝國版圖的迅速膨脹，新興的世界性市場開拓，亦尾隨蒙古鐵騎而跟進。這一時期的南中國就像一個「世界工廠」，源源不絕地供應著當時富於獨有「新興技術」的產品，如絲綢、茶葉、陶瓷、鐵器和棉布。史載至元七年（西元一二七〇年）中國商業稅銀只有四萬五千錠左右，而到至元二十六年（西元一二八九年）就達到四十五萬錠。二十年間商稅收入增長十倍，繁榮可見一斑。其中作為新興產業的棉布貢獻不可忽視。難怪忽必烈要在這年「置浙東、江東、江西、湖廣、福建木棉提舉司」了。以後又把江南夏稅可用木棉布、絹絲綿等物輸納，變成了常年的「歲徵」。

棉花種植雖然與稻麥不同，但是依賴於水卻毫無二致，甚至更甚。現代科學統計表明，生產一噸小麥需水五百噸，一噸玉米需水三百四十至六百噸，而一噸棉花需水達到兩千五百噸。中國現代棉花種植技術認為，「苗期：春季回暖早，降水適時，利於棉花適時早播，培育壯苗形成豐產苗架。」「棉花全生育期需降水量四百五十至六百毫米，不同生育階段耗水量差異很大，其中開花——結鈴期需水最多，約占全生育期耗水量的一半。此時遇旱減產也明顯。」[294] 以下為現代棉花生長最需要雨水的時期：

發育期地區	出苗～現蕾	現蕾～開花
西北	五月中旬～六月中下旬	六月下旬～七月中旬
黃河中下游	五月上旬～六月上中旬	六月中旬～七月上旬
長江中下游	四月下旬～六月中旬	六月下旬～七月上旬
長江上游	四月中旬～六月上旬	六月中旬～七月中旬

上表所列日期是今之公曆。元代曆法雖然號為精密，但已不可詳考，現代使用的陰陽合曆已是清初耶穌會士結合西洋公曆所制曆法，陰曆一般較陽曆晚一月左右，而傳統技術條件棉花播種期也相應較晚。既然棉花種植以出苗——現蕾——開花期為有無收成的關鍵，以此推算，農曆五月孟夏已是各地傳統棉區植棉技術需雨的最後時刻。對於「大旱不過五月十三」的期盼，已不僅僅是棉農的心願，亦為依賴棉業加工貿易的其他鄉鎮居民的共同意願，故「關公誕辰」或者「磨刀雨」的慶典和祭祀熱潮也由宋元延續到明清，由農村延伸到了市鎮。[295] 今觀元代「浙東、江東、江西、湖廣、福建木棉提舉司」管轄區域，明清兩代仍多習慣於五月中旬求雨，或其遺俗。康熙《錢塘縣志》、民國《杭州

294 北京大學歷史系一篇研究報告說：「河北全年總降雨量大致尚能滿足棉花用水需求，但由於雨量分配不均，春旱現象較為常見。春間播種之後，倘遇天旱不雨阻害發芽，就只能改種大豆、粟等作物；或且早春不雨，便失去播種期。在棉苗生長期間，澆灌與不澆灌也大不一樣，收穫量可相差近一倍。據 1936 年滿鐵天津事務所調查科在定縣的調查，灌水棉田可增產 80% 左右。」（張會芳〈1928-1937 年河北省的棉花改良〉（http://dean.pku.edu.cn/jiaoxue/tzlw/427.doc）

295 後世崇奉關公的行業亦包括絲綢業，網上有《吳江絲綢志》關於舊時盛澤各絲綢行莊皆秉燭守歲，爭搶關帝廟頭香的記載，可以參看（http://www.wj.js.cn/silk/fengsu/fs10c1.htm）。

府志》、康熙《海寧縣志》、光緒《（無）錫金（匱）識小錄》、光緒《常昭合志稿》、民國《吳縣志》、同治《上海縣志》、光緒《孝感縣志》、《咸寧縣志》、同治《江夏縣志》、嘉慶《湘潭縣志》都記載有五月十三賽社祭祀關公，以求雨水。類似習俗，亦應因之流播，最終造成全國混一的風俗。

明清方志雖然沒有直接提及棉業生產與祭關風俗之間的連繫，但不等於未含有這種因素。原因無它，只是因為世代沿襲，司空見慣，習以為常，故略而不提。偏偏是錢鍾書注意到了史料中這一類型的「歷史失憶」：

> 舉世眾所周知，可歸省略；則同時著述亦必類其默爾而息，及乎星移物換，文獻遂難徵矣。……然一代之起居飲食，好尚禁忌，朝野習俗，里巷慣舉，日用而不知，熟狎而相忘；其列為典章，頒諸法令，或見於好事多暇者偶錄，鴻爪之印雪泥，千百中才得十一，餘皆如長空落雁之寒潭落影而已。[296]

何況棉業一節，也還不是關公崇拜走向全民化的唯一原因。此外，我們注意到這一時期的很多理學人物，如樓鑰、謝枋得、胡三省、丘濬都開始關注到國計民生的技術細節。如果配合理學「神道設教」的設計、「嶽瀆崇拜」的傳統和「倫常日用」的功夫，也許更能領會到這一類的民間習俗形成過程之中，也有儒家的一臂之力。

296　《管錐編》第一冊第 304 頁。北京：中華書局，1986 年第二版。

鄉里神

儘管以《大誥》強行規範和推行了社會政策，但朱元璋也深知，光靠一時「民間運動」並不能持續久遠，關鍵還得靠相應的制度體系運作來維持保障。這兩件事情可以視為互為因果，即為了建立他理想中的社會形態制度，必須掀起一場疾風暴雨式的民間運動；而大規模民間運動的目的，也正是為了建立一套與元代形態截然不同的社會制度。

朱元璋於此深謀遠慮。他曾認真總結元朝政權傾覆的原因，其中之一就是禮儀不修，「主荒臣專，威福下移，由是法度不行，人心渙散，遂使天下騷動。」就連元末各股義軍隊伍的先後失敗，他認為也是由於「皆無禮法，恣情任私，縱為暴亂，由不知馭下之道，是以卒至於亡」。所以初登吳王之位，便把「制禮」作為要務，告諭群臣說：

> 禮法，國之紀綱。禮法立，則民志定、上下安。建國之初，此為先務。[297]

洪武二年（西元一三六九年）八月，明太祖以「國家創業之初，禮制未備」，敕中書省傳令全國各地舉薦「素志高潔、博通古今、練達時宜之士。年四十以上者，禮送至京，參考古今制度，以定一代之典」。於是「儒士徐一夔、梁寅、劉於、周子諒、胡行簡、劉余弼、董彝、蔡深、滕公琰至京」，入局參修禮書。[298] 這些白衣秀士大多出於江南理學重鎮，而宋濂卻未能參與修禮大典。羅仲輝於此曾有詳盡考訂，可以參看。[299]

297 《明通鑑》前編卷三。

298 《明太祖實錄》卷四四。

299 羅仲輝〈論明初議禮〉，輯入王春瑜主編《明史論叢》，中國社會科學出版社 1997 年出版。

筆者注意到，《大誥》中還涉及鬼神祭祀的案例，如《初編·祭祀不敬第五十七》：

開諭：為一郡一邑之主，豈止牧民而已。其鬼神必欲依之。陰陽表裡，以行人道，故諭之。出則辭於神，入則告於神。官長既敬，民必畏從之。民人既敬，鬼神莫安，一方善惡，災臨福臨，必不至於妄加。諭後，曾幾人虔恭敬畏？豈止不畏，江浦縣知縣劉進等，盜其祭帛；鞏縣知縣饒一麟等，未祭而先食其牲牢臟肉；聞喜縣丞周榮，以活鹿送人為玩物，以死肉奉祀於山川社稷之神。嗚呼！人有不才者如是，然不旋踵而亡者幾人，其禍安得而逃耶？[300]

受到懲罰的具體案例及責任人的情況，也明白標示於《大誥》中，如：

洪武十八年冬十月，寧國府教授方伯循，實封寧國府知府韓居一，其辭曰「於齋戒未祭，先食牲牢肉臟，又且飲酒。」及其勾問，其官府並無二項非為，余罪不律者有之。詢其所以，府官嚴督學校，以致方伯循、生員張恆等五名憾是督責，遂於祭祀之際，窺伺府官飲茶，教授方伯循自行飲酒，逕率諸徒詣齋所，將府官祭服四面揪打。若奉上司明文，擒拿有罪者。如此非為，人神共怒。且府、州、縣教官，禮義風俗忠孝出焉。凡遇祭祀，則當訓誨生徒，明以持心守戒之道，至期率赴壇所陪祀群神。非獨本禮誠敬，將後生徒為政，不勞祀神，熟矣。其寧國府教授方伯循，不獨不本禮以奉神，於壇所大辱掌祭之官，可謂罪不容誅。又有餘罪，出納學糧不明，改換文案，以致本府檢舉，非止一端。嗚呼！有司提調學校，助君之急務也。生徒有奸頑者，師卒不能化，且得府官助其威嚴，以成成效，豈不美歟？奈何反與不才生往，誣辱提調

300　《洪武御制全書》，第 775 頁。

官，罪當皆死。所在學校，想宜知悉。[301]

方伯循與生徒被判了死罪，表明臣民對待國家祭祀儀禮虔奉與否，也是《大誥》查究的重點之一。

朱元璋是中國唯一有過底層職業宗教者經歷的皇帝。這對於他的成長經歷和人格究竟發生了哪些影響，是個很有趣味的問題。揣想這類案件之所以激起他的勃然大怒，或許和他開國之初曾建立一整套「神道設教」的文化設計攸關。出於自幼貧窮失怙，流落異鄉的切身感受，他切望建立一個以農耕文化為社會基礎，以鄉里為基本區域，以神鬼為祭祀中心，均貧富，等強弱，互助互濟的社會形態。

基於這一認識，他著手將人間政權「神道化」，以作為與城鄉政權系統平行的基本體系，從而把宋元理學承認的「神道設教」組織化、制度化。除祖陵、太廟等攸關皇室血胤崇拜的祭祀體系之外，他還建立了一套以先儒崇奉的天地山川、嶽鎮海瀆、風雨雷電等自然神崇拜的「壇壝」制度，以及儒家奉祀「文廟」、軍神崇拜「旗纛」的等級制度，作為國家祭祀的原點。這也是各級禮志、方志不可或缺的內容。此為常識，不待多談。值得注意的是作為政權體系的補充，他創立了城市——里社祭祀體系以及鄉飲制度，影響頗廣。後世關羽崇拜所以能夠遍及城鄉，正是借助這個祭祀體系得以實現的。

朱元璋的這個制度，在嘉靖「抗倭」時卻大大促進了關公崇拜在江南閩廣的普及。明軍初始可謂懵懂打仗，既不知彼，亦不知己。「倭寇」數量雖然不多，但出沒飄忽不定，於是不得不利用里社，結鄉兵以自保，成為各地防務的首要選擇。但鄉兵倉促應戰，作戰能力不高。於

301　《初編・教官妄言第七十一》。《洪武御制全書》，第 783 ～ 784 頁。

是有士大夫開始以「神道設教」，增強凝聚，鼓舞鬥志。起初並無固定神選。田藝蘅自述嘉靖三十四年（西元一五五五年）他在杭州參與「抗倭」的親身經歷時說：

嘉靖乙卯，倭寇大作，直攻會城。余鳩集鄉兵千人，為保障計。猶恐人心不安，乃擇日築高壇於西郊，以順金方肅殺之氣。刑性〔牲〕插〔歃〕血，為文告天，以求諸於古今名將，自武安王而下三十餘人。後賊臨方山，四日不退，鄉兵迎敵，不戰而遁。四方被擄人回云：「賊人西望，見雲中神兵眾多，金甲神將形甚長大，旗幟分明，是以不敢交戰而去也。」眾皆聞言，踴躍感悅靈應，已略載之《洄瀾橋記》中。余憶古今，此事常有。

遂不厭其煩，縷述自晉王導求助鐘山之神以御苻堅，唐太山陰兵助戰以破李師道，一直到明指揮使祭告岳飛墓，「請岳雲所貽神槍以破桃花洞賊」等等「顯應」諸事，復自解嘲言：

此皆正神大道，吾儒所當行者。但如唐之使妖僧誦咒祈禳，宋之宰相閉門修齋誦經，則不可耳。

但也承認：

方倭寇焚燒湖市時，城中官府及士夫亦有就寺觀設醮燒香，祈保退敵者。左道惑眾，可恥之甚也！正神乃肯助正人，若邪神必反助妖人矣。因思國制，旗纛上所圖天王等像，又不知何名，或昉於天寶間不空三藏之術也。[302]

302　《留青日札》卷三十八「神助陣」條，上海古籍出版社 1985 年影明萬曆抄本，下冊，第 902 ～ 904 頁。按田藝蘅錢塘（今浙江杭州）人。《明史》卷二八七其父田汝成附傳，著有《大明同文集》、《田子藝集》等。《留青日札》刊印於萬曆元年（1573），弁首〈品嵓子小傳〉言其「海上變作，立草丈二檄，鳩義兵千人，保障里社。幕府諸大夫壯之，聘督臨、余三邑兵四千，出入行陣者五年。」田還記載了「嘉靖三十六年督練鄉兵事宜提督軍門牌兩面」，自詡「組織義兵保障一方」，所謂「金甲神將，形甚長大，旗幟分明」云云，則分明踵繼了佛教毘沙門天王顯跡安西城樓，或道教關羽於宋宮現身「大身克庭」之舊事，筆者在《伽藍天尊》一書中已經詳述，於此可知明代軍隊旗纛上猶存天王等像。至於設壇求助「古今名將三十餘人」之「正神大道」，則分明展示出宋後理學敬祀鬼神之新發展。

但遍禱之三十餘「正神大道」中，畢竟只有關羽才能夠匯集綜合各階層信仰之大成，脫穎獨出，成為「抗倭」戰爭中的主神。此後戰爭一直在「半人半神」中進行。嘉靖「抗倭」戰爭中不僅湧現了一批傑出將領如譚綸、俞大猷、戚繼光等人，而且經辦此事的文官或文人如楊博、王忬、唐順之、張經、趙文華、徐渭等人也紛紛虔敬關羽，流傳有與關羽崇拜有關的文章或事蹟，用以號召民眾，鼓舞士氣。江南、閩廣也形成了關羽崇拜的濃烈風氣。

四庫本戚繼光編著《紀效新書》卷十六所附「南方關元帥」旗樣式。這是他在浙江義烏抗倭時訓練新軍所奉的軍旗之一。

如沈德符言：

唐以前，崇奉朱虛侯劉章，家祠戶禱，若今之關王云。然自壯繆興而朱虛之神又安之也。今世所崇奉正神尚有觀音大士、真武上帝、碧霞元君。三者與關壯繆香火相埒，遐陬荒谷，無不屍而祝之者。凡婦人女子，語以周公、孔夫子，或未必知，而敬信四神，無敢有心非巷議者，

所上十八策為「首載此事」（第1185～1186頁），可知帶領「抗倭」組織，亦是他平生快意之事。

行且與天地俱悠久矣。豈神佛之中亦有遭遇而行世者耶？抑神道設教或相禪而興也？[303]

此外如嘉興梅里、嘉定、蘇州雙鳳里、無錫里睦、南通狼山同一時期興建的關廟裡，都充斥著類似記述，碑刻亦遍及江南各地。對於這一過程比較完整的敘述，當屬唐順之〈常州新建關帝廟記〉：

嘉靖三十四年，倭寇繼亂東南，天子命督察趙公文華統師討之。師駐嘉興，軍中若見關帝靈響，助我師者。已而師大捷，趙公請於朝廷立廟嘉興以祀帝，事俱公所自為廟碑中。明年倭寇復亂，趙公再統師討之，師過常州，軍中復若見帝靈響如嘉興，趙公喜曰：必再捷矣！未幾，趙公協謀於總督胡公宗憲[304]，渠魁徐海等悉就擒。趙公益神帝之功，命有司立廟於常州。帝之廟盛於北，而江南諸郡廟帝，自今始……東南不淑，天墮妖星，島酋海宄，凶遜復生。競為長蛇，薦食我（注：疑缺一字）。帝靈在吳，能無怒乎？夷刀如雪，手彎不展。渠魁倔強，悉就烹醬。帥臣避讓，豈我之力？陰有誅之，實徼帝福。維何作廟以祀，東南廟地，自今以始。毗陵巽隅，古廟將壇。若有待帝，鬼兵踞蟠。天陰彷彿，長刀大旗。生欲拯吳，沒而來思。帝德吳民，無間生死。么麼小丑，永鎮不起。郡人入廟，踴躍歡喜。競起赴敵，強跳弱起。誰鼓舞之？帝有生氣。[305]

303　《萬曆野獲編》卷十四。

304　胡宗憲字汝貞，績溪（今屬安徽省黃山市）人。嘉靖十七年進士。三十三年出按浙江。因附趙文華，在平定江浙「倭亂」中得以總制大權。他與「倭寇」既受賄勾結縱容，又不時追殲的過程，使得這次戰鬥曲折不斷，但最後平息了「倭亂」。但攀附嚴嵩事始終被人追究，終竟瘐死。萬曆初復官，諡襄懋。《明史》列傳之九十三有傳。

305　《古今圖書集成·博物彙編》卷三十八〈關聖帝君紀事〉，中華書局影印本492冊，第34頁。按唐順之武進（今屬江蘇常州市）人。嘉靖八年會試第一，後調兵部主事。倭寇屢犯沿海，唐順之以兵部郎中督師浙江，曾親率兵船於崇明，破倭寇於海上。著有〈重修海州關侯廟開顏樓記〉、〈常州新建關帝廟記〉等。

某種意義上說，正是透過了這次磨難，關羽崇拜才迅速經由鄉鎮里社神祇，達到「家喻戶曉，人盡皆知」的程度。這與當時《三國演義》刊本是否普及、三國故事傳播到何等程度，沒有邏輯上的必然連繫。反而是江南關公崇拜的興起與理學儒士與官方「神道設教」的運作頗有關係，藉以動員民眾結鄉鄰以自保，提高軍隊的士氣。或者這才是明儒插手《三國演義》整理刊行，或者書商競相翻刻賈利的重要動力。

附錄

關公信仰形成發展簡明年表

時期	朝代～年代	地點	事件
漢	建安二十四年（219）	當陽	關羽率兵北伐，威震華夏。年底孫權偷襲荊州，關羽退保麥城，兵敗被擒，遇害當陽。
	景耀三年（260）	成都	秋九月，後主追謚故前將軍關羽曰壯繆侯。
隋	開皇十二年（592）	當陽	天臺宗創始人智顗往荊楚傳法，創建玉泉寺。後世關羽皈依佛法事即附跡於此。
唐	儀鳳年間（676～679）	當陽	禪宗北派六祖神秀依附玉泉寺創建度門寺，後世關羽為護佛伽藍事即附跡於此。
	開元二十九年（741）	洛陽	《關楚征墓誌》稱「昔三國時蜀有名將曰羽，即公之族系。曾祖元敏，祖玄信，父思渾，並代推雄望，蔚為領袖。」可知至遲此時已有自承關羽後裔的家族。
	天寶元年（742）	安西	僧人不空託言請得天王之子解唐軍安西之圍，皇帝頒詔天下府州縣城西北角修建天王堂。此為中國普遍繪像敬奉毘沙門天王之開始。
唐	建中三年（782）	長安	禮儀使顏真卿奏請武成王配祀增加關羽等，共 64 人。
	貞元二年（786）	長安	刑部尚書關播奏請裁撤配祀之「異時名將」。「自是唯享武成王及留侯，而諸將不復祭矣。」
	貞元十八年（802）	當陽	董侹撰〈荊南節度使江陵尹裴公重修玉泉關廟記〉，為現存關羽成神之最早記載。
五代	後唐明宗年間（926～930）	洛陽附近	〈（後）晉故隴西郡夫人關氏墓誌銘並序〉稱唐明宗皇妃之母關氏為「蜀將鎮國大將軍、荊州都督（關）羽之後也」。此為另一自承關羽後裔家族。

時期	朝代～年代	地點	事件
宋	建隆元年(960)	汴梁	太祖「幸武成王廟，歷觀兩廊所畫名將」，詔「取功業始終無瑕者」，配祀晉升灌嬰等 23 將，黜退關羽等 22 將。
	建隆三年(962)	汴梁	詔給昭烈帝、關羽、張飛、諸葛亮等歷代「功臣、烈士」各置守塚三戶。
宋	大中祥符七年(1014)	解州	始建關羽祠廟於其故里。
	慶曆三年(1043)	汴梁	用范仲淹議，武成王廟「自張良、管仲而下依舊配享，不用建隆升降之次」。關羽等將復入配祀。
	皇祐五年(1053)	邕州	此處原有關羽祠廟。元豐碑刻記述：「皇祐中，依賊陷邕州，禱是廟，妄求福助，擲杯不應，怒而焚之。狄丞相破智高，乞再完。仁宗賜額，以旌靈貺。」
	至和二年(1055)	桂林	釋義緣在龍隱岩題刻石壁，稱「智者大師，擎天得勝關將軍，檀越關三郎」。此為今存最早關羽崇拜的摩崖碑刻。
	嘉祐末年(1061～1063)	鳳翔	蘇軾任簽判，與時任監府諸軍之王彭結識交往，始聞「說三分」事。北宋「說三分」風習至遲在此前開始。

時期	朝代～年代	地點	事件
宋	熙寧九年 (1076)	荔浦	西夏前線將領郭逵率領的威勝軍神虎第七軍南下征交趾時，曾參拜關廟，並發軍誓祈神護佑。後果在遭遇戰中覺有「陰兵助戰」，遂得大捷。
	元豐三年 (1080)	沁縣	西夏前線將領，知威勝軍王文郁率威勝軍神虎第七指揮及宣毅第二十五指揮官兵集體捐資，於原駐地新建蜀蕩寇將［軍漢壽亭］關侯廟，報答神貺，並立碑紀念。此為現存以關羽替代毘沙門天王成為軍隊「助戰神靈」的最早記載。
	元豐四年 (1081)	當陽	玉泉寺住持承皓鼎新寺院，張商英撰〈重建關將軍廟記〉，重申佛教「關羽顯聖」，皈依佛門傳說。
	紹聖二年 (1095)	當陽	賜當陽關羽祠廟額「顯烈」。
	元符元年至三年 (1098～1100)	解州	鹽池潰堤遇水，基本停產。
宋	崇寧元年 (1102)	解州	鹽池經過整修，開始恢復生產。二月封關羽為忠惠公。此為後世加封關羽新爵之開始，亦為「關公戰蚩尤」神話的由來。
	崇寧四年 (1105)	汴梁	五月，賜信州龍虎山道士張繼元號虛靜先生。六月解池修復，全面恢復生產。
	大觀二年 (1108)	汴梁	加封關羽為武安王。
	政和七年 (1117)	聞喜	地方治安官員募修關羽祠，撰解州聞喜縣〈新修武安王廟記〉。此為後世治安官員崇祀關羽之開始。
	宣和五年 (1123)	汴梁	正月禮部奏請，敕封關羽為義勇武安王，從祀武成王廟。

時期	朝代～年代	地點	事件
宋 西夏 金 蒙古	宋建炎二年 (1128)	洛陽	京西路關羽祠有張貼〈勸勇文〉者，以「五可殺」鼓勵齊心協力抗擊金兵。提點京西北路謝貺「得而上之，詔兵部鏤版散示諸路」。加封關羽為「壯繆義勇武安王」，誥詞云：「肆摧奸宄之鋒，大救黎元之溺。」此為視關羽為寧死不屈、抵抗外侮象徵之始。
	宋紹興二十七年 (1157)	臨安	在西溪法華山建義勇武安王廟。此為江南三吳地區興建關羽祠廟之始。
	金大定十三年 (1173)	平遙	慈相寺住持新建關羽廟於法堂東廡，言：「今茲天下伽藍奉此者為護法之神。」郝瑛撰〈慈相寺關帝廟記〉。此為金國奉祀關羽現存之最早記載。
宋 西夏 金 蒙古	金大定十七年 (1177)	解州	下封村柳園社鄉人王興為關羽修建家廟，有〈漢關大王祖宅塔記〉存世。井上建有瘞塔，塔銘且言：關羽「於靈帝光和二年己未，憤以嫉邪，殺豪伯而奔。聖父母顯忠，遂赴舍井而身歿。」此為現存民間為關羽事蹟添加前傳之最早記述。
	金大定年間 (1161～1189)	鞏昌	相傳「西兵潛寇，城幾不守，乃五月二十有三日，見若武安狀者，率兵由此山出，賊駭異退走。」隨即在萬壽山建廟，府帥世代祀之。此為金軍猶自沿襲宋軍風習，以關羽崇拜對抗西夏毘沙門天王崇拜之記載。
	宋淳熙十四年 (1187)	當陽	因「疫癘不作，饑饉不臻，盜賊屏息，田裡舉安」，特封壯繆義勇武安英濟王。此為宋代對於歷代功臣烈士之最高封爵，亦為現存以關羽為祈雨神祇的最初記載。

時期	朝代～年代	地點	事件
宋 西夏 金 蒙古	金明昌年間 （1190 ～ 1195）	河南、 河北	開州（濮陽）、固安等地建立關廟。
	蒙古成吉思汗 二十一年（1226）	黑水城	成吉思汗率大軍攻破西夏黑水城，直逼國都。黑水城守將於城破之前將佛經圖籍等藏入佛塔。其中包括金人版刻之〈義勇武安王位〉關羽神像。
	蒙古海迷失后元年 （1249）	清苑	張柔建順天府城，設關廟，郝經撰〈重建武安王廟記〉。此為蒙古政權建關廟現存最初記載。其中言及「夏五月十三日，秋九月十有三日，則大為祈賽，整仗盛儀，旌甲旗鼓，長刀赤驥，儼如王生。」則為現存關羽祀典日之最初記載。
元	中統四年 （1266）	汲縣	王惲撰〈重修義勇武安王祠記〉。又蔚州〈大元加封顯靈英濟義勇武安王碑銘〉稱：「本朝以武功定天下，所在郡邑，悉建祠宇，士民以時而享。」
元	至元六年 （1269）	徐州	州牧董恩建呂梁洪廟，以祀漢壽亭侯關羽、唐鄂國公尉遲敬德，以二公於徐州皆有遺蹟。此為漕運祭祀關羽之最初記載。
	至元七年 （1270）	大都	八思巴設藏傳密宗「鎮伏邪魔獲安國剎」大法會，歲正月十五日，以「八衛撥傘鼓手一百二十人，殿後軍甲馬五百人，抬舁監壇漢關羽神轎軍及雜用五百人。」遂成「游皇城」制度，元末乃止。
	至元二十二年 （1285）	遼陽	建立關廟。此為東北地區設廟之始。
	大德～至大年間 （1297 ～ 1308）	當陽	儒士胡琦編纂《關王事蹟》（又名《新編關王實錄》），開始將關羽祖系、生平年譜、關王書札、身後靈異，到歷代封贈、碑記、題詠等匯刊一處。此為關羽虛構事蹟系統化之開端。

時期	朝代～年代	地點	事件
元	至大元年（1308）	當陽	玉泉寺住持鐘山復新廟宇，發現關羽祠地基。延祐元年（1314）完成復建，毛德撰〈新建武安王殿記〉記其事。
	皇慶二年（1313）	徐州	趙孟頫撰〈關、尉神祠碑銘〉，以「二公生為大將，歿而為神，其急人之患難，夫豈愆於素志」為由，奉為漕運護佑神。
	至治年間（1321～1323）	建安	虞氏刊本《全相三國志平話》刊印。此為現存最早的三國平話話本。
	泰定二年（1325）	大都	元帝、后出資復新西四北羊角市關廟，吳律撰〈漢義勇武安王祠記〉記其事。
	天曆元年（1328）	大都	加封漢關羽為顯靈威勇武安英濟王，遣使祀其廟。
元	至順二年（1331）	大都	封（關羽）齊天護國大將軍、檢校尚書、守管淮南節度使，兼山東、河北四門關招討使，兼提調諸宮神剎、無分地處檢校官、中書門下平章政事、開府儀同三司、駕前都統軍、無佞侯、壯穆義勇武安英濟王、護國崇寧真君。
	元代	大理	據天啟《滇志》記載：「大理府關王廟，在府治西南，元時建。」此為西南少數民族地區興建關廟之始。
明	洪武二十七年（1394）	南京	以蜀漢原謚建關廟於雞鳴山，列入祀典。
	建文年間（1399～1402）	寧海	方孝孺撰〈關王廟碑〉。
	宣德年間（1426～1435）	北京	宮廷畫家商喜繪製巨幅〈關羽擒將圖〉。
	成化十三年（1477）	北京	奉敕建廟宛平縣之東，祭以五月十三日。皆太常寺官祭。大學士商輅奉敕撰碑。此為明廷歷代皇帝在北京興建祀典關廟之始。

時期	朝代～年代	地點	事件
明	嘉靖元年（1522）	不詳	修髯子序繫年於此，一般認為現存羅貫中本《三國志通俗演義》此年刊印。
	嘉靖十年（1531）	北京	以出生地鍾祥升為承天府，荊門、沔陽等三個府州歸入承天府轄治。當陽原屬荊門，亦併入承天府治下。敕建正陽門小關廟，釐定關羽為南方神，為帝系轉南，護佑帝祚之保護神。
	嘉靖三十四年（1555）前後	江南	閩廣：江南、閩、廣屢遭「倭亂」，士民競以關羽為護境保民之神，爭傳顯靈助陣之事，紛紛修建關廟，以為一方護佑。此為關羽祠廟深入鄉里之始。關羽護佑科第士子的傳說，也於此時最早在江南士人的筆記碑刻中開始流傳。
	嘉靖三十五年（1556）	江陵	《關王忠義經》楊博序繫年。嘉靖近侍黃錦、陸炳捐資復新當陽關羽墓寢。
	萬曆十八年（1590）	高家堰	潘季馴治漕河，「以神顯靈高堰，詔加尊號，頒袞冕，賜廟額曰『顯佑』」，封此廟神為「協天護國忠義大帝」。此為封關羽帝號之始。從此大運河沿途競相建立關廟，以祈保人流物轉之平安。此為後世關羽司職財神之重要緣由。
	萬曆二十二年（1594）	北京	孫丕揚主吏部，為避免中貴干謁，轉效正陽門關帝籤，以掣籤方式決定官員銓選。此為後世官員舉子及行商坐賈競相掣取正陽門關帝籤之開始。並應道士張通元之請，敕解州關廟供奉神祇進爵為帝。
	萬曆四十二年（1614）	北京	以「夢感聖母中夜傳詔」，敕封天下關廟之神為「三界伏魔大帝神威遠鎮天尊關聖帝君」，「五帝同尊，萬靈受職」。實為護佑福王之藩。自此關羽成為無上尊神。

時期	朝代～年代	地點	事件
明	萬曆四十五年 (1617)	北京	萬曆帝親撰〈御制敕建護國關帝廟碑記〉，聲稱「曩朕恭謁祖陵，俄頃空中彷彿金甲，橫刀跨赤，左右後先，若護蹕狀。」「帝秉火德，熒惑應之。顏如渥丹，騎日赤兔，盡其征也。陽明用事，如日中天，先天則為南，當乾；後天則重明麗正，天且弗違。」明確以關公為明廷護佑神。
清	崇德八年 (1643)	盛京	以瀋陽為京城，敕建關廟，賜額「義高千古」。
	順治年間 (1644 ～ 1661)	寧古塔	被罪流放之漢人記述：「滿初人不知有佛，誦經則群伺而聽，始而笑之，近則習而合掌，以拱立矣……不祀神，唯知關帝，亦無廟，近乃作一土龕。」
	(明)永曆二十二年 (1667)	臺南	建立關帝廟，明寧靖王親書「古今一人」匾懸於廟內。
	雍正三年 (1725)	北京	頒詔比隆孔子儀典，「追封關帝三代俱為公爵，牌位止書追封爵號，不著名氏。於京師白馬關帝廟後殿供奉，遣官告祭。其山西解州、河南洛陽縣塚廟，並各省府州縣擇廟宇之大者，置主供奉後殿，春秋二次致祭。」此為關羽列入符合儒家規範之國家祭祀主神的開始。
	乾隆四十一年 (1776)	北京	頒詔「所有《(三國)志》內關帝之諡，應該為『忠義』。第本傳相沿已久，民間所行必廣，慮難以更易。著武英殿將此旨刊載傳本。用垂久遠。其官版及內府陳設書籍，並著改刊，此旨一體增入。」

時期	朝代～年代	地點	事件
清	咸豐四年 (1854)	北京	頒詔更定關廟祭禮，「（原）跪拜禮節，僅行二跪六叩，雖係照中祀例，然滿洲舊俗於祭神時俱行九叩禮，嗣後親詣致祭，亦朱定為三跪九叩禮，用伸儼恪之誠。」此與祭孔規格已全然相同，封爵則過之。僅因時值太平軍亂，未能按工部造圖，鼎革各地官修關帝廟。
民國	民國三年 (1914)	北京	大總統袁世凱「允陸海軍部之請，特將關帝及岳王合祀武廟。凡有軍人宣誓的大典，均在武廟行禮。」
	民國十七年 (1928)	南京	北伐成功，國民政府宣布廢除武廟祭祀。
	民國二十七年 (1938)	北京	日偽政權宣布恢復武成王祭祀，以關羽等為陪祀。

再版後記

山西是關雲長故里，民間相傳關夫人姓胡，先父胡小偉先生開玩笑說自己是關公親戚，雖為戲言，實存深意。於是在山西出版傳媒集團·北嶽文藝出版社推動下，有了二〇〇九年出版的《關公崇拜溯源》上下冊六十萬字，也即開創關公文化學的里程碑著作、五卷本兩百五十萬字的《中國文化史系列·關公信仰研究》的簡明本。

二〇一四年父親猝逝，沒能看到自己念念不忘的二〇二〇年關公大義歸天一千八百週年之際全球信眾共懷英雄的盛況。然而關公信仰仍在人心，不斷有人尋求關公研究的權威著作，因此有了本書的再版提議。此次修訂始自二〇一九年年底，逐一核對書中古今中外文獻出處，訂正各種訛誤，儘管如此，仍不排除有疏漏之處。有識者認為胡先生開創的是一門新的學科，即關公學。既然屬於學術研究，必然需要研磨切磋才能發展，還望讀者不吝指正。

借此機會向決策再版的幾任主編致謝！編輯樊敏毓老師即將退休，把此書作為告別職業生涯的紀念並付出很大精力。北嶽社的老編輯王靈善先生通校了全稿。審校者席香妮老師是先父母多年好友，以深厚的感情嚴格要求。遺憾的是初版責編胡曉青老師已故，未能得知再版的好消息，深為痛惜。此次再版，承蒙先父好友毛佩琦先生賜序，為我們講述那一代知識分子的共同追求，親切感人。此次修訂盡量替換了較清晰的

再版後記

插圖，提供者有運城關帝廟和在線古籍公益圖書館「書格」（http://new.shuge.org），一併鳴謝。

胡泊

時在辛丑小雪

於京華瞰山室

關公崇拜溯源：
從手持偃月刀到身騎赤兔馬，那些你以為的關羽形象居然都是假的？

作　　者：胡小偉
發 行 人：黃振庭
出 版 者：崧燁文化事業有限公司
發 行 者：崧燁文化事業有限公司
E-mail：sonbookservice@gmail.com
粉 絲 頁：https://www.facebook.com/sonbookss/
網　　址：https://sonbook.net/
地　　址：台北市中正區重慶南路一段六十一號八樓 815 室
Rm. 815, 8F., No.61, Sec. 1, Chongqing S. Rd., Zhongzheng Dist., Taipei City 100, Taiwan
電　　話：(02)2370-3310
傳　　真：(02)2388-1990
印　　刷：京峯數位服務有限公司
律師顧問：廣華律師事務所 張珮琦律師

定　　價：320 元
發行日期：2023 年 08 月第一版
◎本書以 POD 印製
Design Assets from Freepik.com

國家圖書館出版品預行編目資料

關公崇拜溯源：從手持偃月刀到身騎赤兔馬，那些你以為的關羽形象居然都是假的？ / 胡小偉 著 . -- 第一版 . -- 臺北市：崧燁文化事業有限公司 , 2023.08
面；　公分
POD 版
ISBN 978-626-357-509-7(平裝)
1.CST: (三國) 關羽 2.CST: 傳記 3.CST: 崇拜 4.CST: 文化研究
782.823 112010552

電子書購買

臉書